本书系国家社科基金项目"中学生校园群体暴力的心理生成机制及干预研究"的最终成果(项目批准号:16BSH104)

"十四五"湖北省高等学校优势特色学科群"运动与脑科学"资助成果

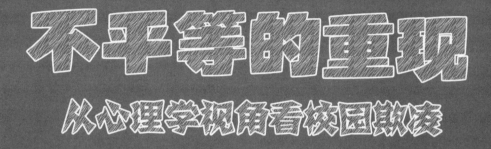

不平等的重现

从心理学视角看校园欺凌

王 磊◎著

南开大学出版社

天 津

图书在版编目（CIP）数据

不平等的重现：从心理学视角看校园欺凌 / 王磊著.
-- 天津：南开大学出版社, 2024.3
ISBN 978-7-310-06554-7

Ⅰ.①不… Ⅱ.①王… Ⅲ.①校园-暴力行为-心理
干预 Ⅳ.①G474

中国国家版本馆CIP数据核字(2023)第227737号

不平等的重现：
从心理学视角看校园欺凌
BUPINGDENG DE CHONGXIAN:
CONG XINLIXUE SHIJIAO KAN XIAOYUAN QILING

南开大学出版社出版发行
出版人:刘文华
地址:天津市南开区卫津路94号　　邮政编码:300071
营销部电话:(022)23508339　营销部传真:(022)23508542
https://nkup.nankai.edu.cn

天津泰宇印务有限公司印刷　全国各地新华书店经销
2024年3月第1版　2024年3月第1次印刷
230×170毫米　16开本　22.5印张　1插页　311千字
定价:118.00元

如遇图书印装质量问题,请与本社营销部联系调换,电话:(022)23507125

目 录
CONTENTS

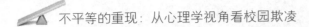

引 言

我们一般都会用"暴风骤雨"描述处于青少年时期的中学生。这一时期的中学生情绪变化大，矛盾性强，存在追求独立与依赖他人之间的冲突，自主性发展需求强烈，个体心境混乱，渴望冒险行为，希望对自己有一个更准确的了解和探索、对未来有更清晰的规划，在乎他人的评价，渴求在同伴中的地位，种种发展特点决定了这一时期不会"风平浪静"。此外，这一时期学业上的压力也会导致亲子冲突、师生冲突增多，获取外在支持也在一定程度上成为这一时期的个体更关注的事情。

一、校园暴力与校园欺凌

校园暴力，一个并不新鲜的词汇。随着网络技术的发展，近几年关于校园暴力的报道日益增多，该话题也得到了更多研究者的关注。联合国教科文组织2012年针对儿童暴力问题的报告指出，全世界有10多亿儿童在上学。这些儿童有享有在安全环境中接受教育的权利。然而，一些儿童受到了欺凌，包括基于性别特征的暴力，以及其他形式的暴力。此外，通过社交网站进行网络欺凌的现象也开始增多（UNESCO，2012）。

校园暴力包含了校园欺凌，其包括身体暴力、心理暴力、性暴力和欺凌（UNESCO，2017）。身体暴力包括任何形式的带有伤害意图的身体攻击，如体罚或由成年人和其他儿童实施的身体欺凌。心理暴力分为语言暴力和情感操纵，包括孤立、拒绝、忽视、侮辱、散布谣言、编造谎言、辱骂、嘲笑、羞辱和威胁以及心理惩罚等形式。心理惩罚不是身体上的惩罚，而是羞辱、诋毁、威胁、恐吓或奚落等精神层面的惩罚。性暴力包括性恐吓、性骚扰、非自愿性的接触和强奸，它对男孩和女孩都有不利影响。2017年《教育蓝皮书》将"校园欺凌"的类型分为身体欺凌（故意冲撞）、语言欺凌（起难听绰号）和关系欺凌（联合孤立）（李宏葵，2018）。欺凌是一种行为模式，它不是孤立的事件，如果不及时进行干预，后果会变得更糟。它可以被认为是欺凌者故意的实施具有侵犯性的行为，该行为反复发生在受欺凌者身上，受欺凌者会真实感知到力量不均衡，感到无助，体验到自己无力保护自己。欺凌行为可以是身体上的，包括殴打；可以是言语上的，例如戏弄、侮辱和威胁；也可以是关系上的，例如散布谣言和排挤。

校园暴力指向的对象为老师和学生，校园欺凌指向的对象是学生，校园暴力和校园欺凌具有一定程度的重合，并且校园欺凌和校园暴力的特征较为相似，因此，本书将校园暴力等同于校园欺凌，即我们关注学生之间发生的校园暴力行为，对校园欺凌行为的心理发生机制及其干预方法进行研究。校园欺凌不是一对一的行为，而是多人对一人的行为，在这一过程中，存在力量上的不对等、时间上的长期性，并给受欺凌者带来了消极影响。校园欺凌是群体行为，存在一个群体过程，其参与者角色分为不同类型，这些不同角色之间的互动会直接影响欺凌行为的发生和发展。

据估计，全球每年有2.46亿儿童遭受校园欺凌。受校园欺凌影响的儿童的比例在不同的国家和不同的研究中有所差异，从不到10%到超过65%不等。在2016年联合国儿童基金会儿童暴力问题特别代表（SRSG-VAC）民意调查中，来自18个国家的10万名年轻人接受了调查，其中三分之二的受访者表示他们曾是欺凌事件的受害者。国际儿童热线2014年的报告显示，欺凌是儿童拨打求助热线的最常见原因（UNESCO，2017）。中国青少年研究中心在2016年针对10个省市5864名中小学生的调查显示，有近三分之一的受访者表示自己在校时有过被欺凌的遭遇。

欺凌不是一个孤立的事件，它对受害者、施暴者和旁观者都有不利影响，因此，我们需要关注校园欺凌，包括网络欺凌。

二、关键词

（一）校园欺凌的角色

在校园欺凌中，存在施暴者、受害者和旁观者三种角色，他们之间的互相影响对欺凌行为的发生、发展具有推动作用。

施暴者具体可以分为公开的施暴者和相关的施暴者。公开的施暴者是从行为层面上攻击受害者，相关的施暴者通过操纵关系，伤害他人。

受害者具体可以分为公开的受害者和相关的受害者。公开的受害者是在行为层面被他人伤害，相关的受害者是在关系层面被他人伤害。

旁观者是一个更大的群体，他们对欺凌行为有直接影响。有研究认为（Casper，2013），旁观者群体包括以下几种。①公开的协助者：这类人类似于"助纣为虐"，直接配合施暴者实施欺凌行为；②公开的强化者：这类人就是"冷眼旁观"，但其在群体归属上是偏向施暴者的，其旁观行为助长了施暴者的行为；③公开的局外人：这类人不参与也不阻止欺凌行为，处于中立地位；④公开的防御者：这类人从行为层面帮助受害者对抗施暴者，相当于受害者的积极保护者；⑤相关的协助者：这类人擅长的是关系攻击，以间接的方式帮助施暴者；⑥相关的强化者：这类人对关系攻击的情况很了解，通过不作为对受害者造成伤害；⑦相关的局外人：这类人是中立群体，不了解情况，也不想了解情况；⑧相关的防御者：这类人是助人者，他们从关系层面帮助受害者，减少欺凌行为对受害者的伤害。依据对这些角色的分析，研究者专门编制了参与者角色量表（Participant Role Scale，简写为PRS），通过进一步细分旁观者群体，我们能够更清楚地了解校园欺凌行为的内部过程，为有效干预提供理论指导。

（二）环境变量

1.家庭因素

在校园欺凌中，相对于个体因素，家庭因素和学校因素对欺凌的影响更大（Arseneault & L.，2018）。

家庭对个体的发展成长有不可替代的作用。作为个体早期最主要的生活环境，家庭塑造了个体的认知加工方式，也形成了个体的应对方式。在校园欺凌中，家庭因素对于不同个体的影响需要我们作进一步的深入分析。

（1）社会经济地位。这里的社会经济地位指的是个体家庭的社会影响力，包括经济收入、父母职业、居住环境等。家庭贫困、居住环境较差、身体有残疾的儿童更容易遭受校园欺凌，其本质上与他们的社会经济地位有关。社会经济地位分为主观社会经济地位和客观社会经济地位，客观经济地位一般偏向于对个体家庭实际经济地位的测量，主观社会经济地位指的是个体感受，一般需要把自己的家庭经济收入与其他家庭相比较，比如与同班同学比较。个体感受会对自己的心态产生影响，因此，主观社会经济地位会对个体有更显著的影响。

（2）父母教养方式。在专制型家庭中，青少年必须无条件遵守父母制定的规则，这算不算另一种形式的欺凌？当个体在这种家庭环境中长大，他们会不会默认为这种方式是合理的，进而也会使用相同的方式对待同伴？以往研究更多关注父母教养方式，但对单独的父亲教养方式或母亲教养方式关注较少，特别是关于父亲教养方式的研究更少。已有研究发现，父亲对个体安全性依恋有重要影响（胡娜，陈旭，刘欣怡，2018），同时对个体性行为、自尊和心理健康有着重要影响（王菁，刘爱书，牛志敏，2017；蒲少华，李晓华，卢宁，2016）。

2.学校因素

校园欺凌现象在初中阶段达到高峰，校园欺凌事件中的各个角色的形成都和学校环境有着直接的关系。学校对于校园欺凌的容忍程度，任课教师、学校管理人员以及学校心理咨询中心教师对待校园欺凌的态度也会影响校园欺凌的发生频率。

（1）学校文化。学校文化是由全体教职工共同塑造的，学校管理者的管理方式和对待校园暴力的态度，会对其他教职员工产生影响，这种影响既反映在校园硬件环境上，包括监控设施及其覆盖面，也反映在课堂教学中，教师在授课过程中表现出来的对待校园欺凌的态度对学生会有潜在影响。

（2）班级环境。①集体自尊，该概念最早是由 Crocker 和 Luhtanen 提出的，他们指出集体自尊是个体感知到的对自己所属社会群体积极评价的程度。②集体效能感，班杜拉（Bandura）在自我效能的基础上提出了集体效能感概念，认为集体效能感是指群体成员对通过共同努力能够实现群体目标的信念。③集体道德推脱，指的是班级成员为消极行为辩护的集体倾向。

3.社区环境

研究显示，社区效能感越高，小区的犯罪率就越低（Morenoff, J. D. et al., 2001），这就意味着社区集体效能感越高，小区成员的共享信念价值也越高，他们对于社区内发生的欺凌现象有更多的干涉可能性，这会在一定程度上减少校园欺凌的发生。随着城市化进程的发展，社区生活成为越来越多城市、乡镇青少年的生活常态环境。因此，社区集体效能感这一变量值得关注。

4.媒介因素

家庭环境中的电子产品设施数量、个体参与网络游戏的频率、个体对暴力视频的偏好等，都会影响个体参与校园欺凌的可能性。

媒介因素包括网络游戏、网络社交、暴力视频等，长时间接触这些媒介，会增加个体参与网络欺凌以及被网络欺凌的可能性。同时，随着手机等电子产品的发展，青少年参与网络游戏的人数比例不断上升，在接触网络游戏的过程中，个体会不会形成对不同攻击主题的喜好？因此，探讨攻击主题偏好与校园欺凌之间的关系也极具价值。

（三）个人因素

1.风险因子

（1）道德推脱。道德推脱是对欺凌行为最有预测力的指标。根据精神分析的观点，个体具有心理防御机制系统，其中包括"合理化"，即对自己的行为做出合理的解释。对于施暴者而言，欺凌别人的行为是不被社会道德规范接受的，他们必须发展出一套解释体系对自己的欺凌行为做出解释，道德推脱指的就是这个过程。对于个体而言，既存在个体水平的道德推脱，也存在班级层面的集体道德推脱，它们对于个体参与欺凌具有不同的影响。

（2）感觉寻求。感觉寻求在青少年冒险行为中研究较多，在校园欺凌行为中，我们也需要关注感觉寻求在其中的作用。

2.保护因子

（1）同理心。不管是对欺凌者、受欺凌者，还是对旁观者，同理心都是预测校园欺凌的一个有效指标。低水平的同理心是欺凌行为和低干预冲突意愿的有力预测因素（Jolliffe & Farrington，2011；Mitsopoulou & Giovazolias，2015）。高水平的同理心会增强个体在目睹欺凌事件时实施干预的意愿（Espelage，Polanin，& Low，2014；Gini，Albiero，Benelli，& Altoè，2007），对对抗欺凌者从而帮助受欺凌者的行为有预测作用。元分析显示，网络欺凌犯罪者在情感和认知同理心方面得分较低。网络受欺凌者在情感同理心方面得分较高。这就意味着研究者需要进一步厘清认知和情感同理心以及不同的网络欺凌角色之间的关系（Zych，Baldry，Farrington，& Llorent，2018）。

（2）自尊。研究发现，校园欺凌和网络欺凌受害者的保护因素包括较高的同伴地位、积极的同伴影响和同伴支持。高自尊和良好的自我概念与较少的受欺凌相关，有效的防御和高水平的情绪管理预示着较少的受欺凌。

（3）未来取向。它指的是一个人关于其未来的思想、计划、动机和感觉，最常用来表达一个人对未来的期望及其所执行的与未来有关的行动（Nurmi，2004）。青少年正在向成年阶段过渡，这一时期的个体正在思考未来，对于制定个人计划和目标很迷茫。（Crespo et al.，2013；Nurmi，2004）。这会不会是导致初中阶段是校园欺凌高发期的重要因素？提升青少午的未来取向意识，或许能够有效减少校园欺凌，这也是我们在后期进行课程干预的一个主要出发点。

（四）校园欺凌的动态过程

校园欺凌不是一次性事件，它有一个持续发展的过程，在这一动态过程中，不同的角色发挥着不同的作用，特别是欺凌角色之间存在转化过程，即从欺凌者转化为受欺凌者，从受欺凌者转化为欺凌者，还存在欺凌者–受欺凌者的双重角色，以及数量庞大的旁观者群体。因此，需要基于信息加工理论，分析校园欺凌中不同角色的信息加工过程，分析欺凌者、受欺凌者形成的过程，从而更有针对性地预防校园欺凌。

本课题重点关注不同欺凌角色的预测模型，以及不同欺凌角色的发展特点，从而为后续的旁观者干预提供有效的理论依据。

（五）干预

对于校园欺凌而言，我们需要关注为什么有人容易被他人欺凌，有人则勇于拒绝。因此，肯定存在一些对个体而言具有保护作用的因子，这些因子可以预防个体被他人欺凌。如果我们能在学校生活中有意识地培养学生具备这些因子，就能够预防欺凌，减少欺凌对个体的消极影响。

本课题重点关注了以下变量在预防校园欺凌中的重要作用。①坚毅：找到自己的兴趣，并能长时间坚持下去，这可以培养学生的未来取向意识，提升自我控制能力；②成长性思维：个人的未来有无限种可能性，问题有多种解决办法，提升学生对于问题的发展性认知；③敬畏：心有敬畏感，才会感知自己的行为后果。

（六）问卷填写的自评与他评比较

对青少年教养方式的测评显示，父母自己填写其教养方式时会有偏差。一方面，他们可能在一定程度上忽略了子女的敏感性，比如他们认为夫妻之间私下的冲突不会被子女知晓，离异的父母都会隐瞒离异情况，防止对子女的学习产生消极影响，但现实情况是大多数子女都会知晓这种情况；另一方面，从社会赞许性角度讲，父母自评教养方式容易高估自己教养的效果（刘畅等，2017）。让子女评价父母教养方式，一是他们有更多细微的感受，二是他们的评价也会更为客观、准确（Teubert D et al.，2011）。也有研究发现，青少年评价父母教养方式与父母自身评价其教养方式，存在显著正相关（McHale J.P. et al.，1999）。因此，在校园欺凌研究中，采用学生自评的方式研究家庭因素和学校因素对他们的影响可能更为合适。

第一章

校园欺凌的理论解释

达·芬奇说过，热衷于实践而不要理论的人就像一个水手登上一只没有舵和罗盘的船，拿不稳该往哪里航行。研究校园欺凌也需要对现有理论进行归纳总结。

第一节　不同学科背景下的校园欺凌理论解释

校园欺凌常发生在什么时间段，为什么会发生？

第一，从时间段上看，校园欺凌更多发生在青少年时期，大学生校园欺凌的比率已经大为降低，小学低年级校园欺凌发生的概率也很低，因此，校园欺凌是一个发生在特定时期的事件。第二，校园欺凌不是打架，因为打架双方具有力量上的相对对等性，校园欺凌是力量强势的一方对力量弱势一方的影响。因此，校园欺凌（包括网络欺凌、校园群体暴力等）发生的时间大都在青少年时期，为何会在该时期发生校园欺凌现象，需要我们从青少年身心发展特点出发，对校园欺凌做出自己的解释。

校园欺凌是一个群体过程，在校园欺凌中，存在欺凌者、被欺凌者，同时也存在旁观者，这些不同身份的个体之间的互动过程，对校园欺凌的发生、发展具有推动或者抑制作用。因此，解释校园欺凌现象，需要关注这三个群体形成的缘由。

在对欺凌的解释中，从心理学角度解析校园欺凌现象的研究占据了绝大部分，学者们识别了校园欺凌发生的个体层面的危险变量，比如个体的人格特征和行为。从另一个角度来讲，欺凌是一个复杂的、涉及多方面的问题，需要我们从其他学科角度分析和解释，这样才能更全面地理解个体或群体参与欺凌的原因。因此，学者们已经意识到将心理学理论与社会环境观点（比如社会学、人类学、政治经济学）结合起来的重要性（Lawson & King，2012）。这些多学科视角可以丰富关于欺凌的发生机制和结果的观点，引入新的研究方法，进而提出关于预防和干预新方法的重要论点（Holt et al.，2016）。

对于校园欺凌的理论解释，我们主要从四个学科角度进行分析，即心理学、社会学、人类学和政治经济学。

一、心理学学科视角的校园欺凌

从心理学视角解释校园欺凌时，存在以下特点：有学者会把欺凌的缘由很大程度上归结于个体异常或家庭功能失效（King，2012）；也有学者会尝试解析个体经历以及对经历事件的心理加工过程如何影响一个人的暴力行为倾向（Kumpulinen，2008）；还有学者会从个人特质与社会环境的互动过程出发，阐释欺凌行为的发生（Espelage，Holt，& Henkel，2003）。目前，心理学对欺凌行为的解释主要包含：依恋理论（从家庭角度出发）、社会学习理论（从家庭功能角度出发）、信息加工理论（从个人特质与环境互动角度出发），以及压力评估和应对理论（从个体心理加工过程角度出发）。

（一）依恋理论

依恋理论是一种被广泛接受的发展理论，研究者通过陌生情境实验区分了个体的依恋类型，并针对不同依恋类型如何影响个体成长做了大量研究。依恋理论解释了儿童和主要照顾者之间的情感纽带的本质（Bowlby，

1958）。依恋理论为探讨理解社会情感关系如何影响个体认知情感结构提供了一个框架，这种认知情感结构对于个体建构关于自我、外部世界和理解他人具有重要意义（Kennedy & Kennedy，2004）。早期经验对个体发展具有重要价值，儿童早期形成的与照料者之间的关系质量，对他们理解他人行为、建立人际关系具有重要预测作用。

儿童的依恋行为包括寻求与主要照顾者的接触，主要是在最初的18个月里发展起来的。家庭早期的依恋模式已经被证明能够影响孩子未来的行为（Thompson，2000），依恋理论为父母和同伴之间的关系提供了重要的联系（Bowlby，1988）。研究发现，低质量的亲子关系与欺凌和受欺凌行为有着直接（Kokkinos，2007；Walden & Beran，2010）和间接（Eliot & Cornell，2009）的联系。此外研究发现，与照料者之间的不安全依恋类型，能够正向预测个体的欺凌和受欺凌行为（Eliot & Cornell，2009；Monks，Smith，& Swettenham，2005；Walden & Beran，2010）。Monks等人（2005）的发现表明，欺凌者与母亲之间的依恋类型是不安全依恋，而受欺凌者往往与母亲之间存在安全型依恋。Walden和Beran（2010）发现，与照料者之间具有高质量的依恋关系的个体，不太可能欺凌他人，也不可能被同龄人欺凌。

依恋理论可以对欺凌者和受欺凌者的行为进行解释；同时，对于旁观者的各种行为反应也可以做出相应解释。

（二）社会学习理论

对欺凌的发展的解释来自社会学习理论。该理论认为"大多数人类行为是通过观察而习得的：通过观察他人的行为，可获得榜样行为的符号型表征，并可以此引导观察者做出与之相似的行为"（Bandura，1977）。社会学习理论强调榜样的作用，即如果父母频繁做出暴力行为，儿童会认为暴力行为是一种正常行为，从而模仿，欺凌他人。长期被父母体罚的儿童，他们会认为自己之所以被父母惩罚，是因为自己的力量不够强大。因此，他会在学校中对力量不如自己的同伴实施同样行为。这样，个体就对父母的行为进行了观察学习。因而在研究校园欺凌时，需要关注父母在家庭中对个体体罚的情况。

研究发现，那些在家庭和/或同龄人中遭受暴力行为的青少年可能会接受并学习这种行为，以此作为处理冲突或实现目标的方法（Akers，2011）。研究一致发现，在儿童的生活背景中，攻击性行为的暴露情况与欺凌之间存在显著性关联（Knous-Westfall，Ehrensaft，Mac Donell，& Cohen，2012）。在家庭环境中，欺凌者的父母往往没有密切监督他们或没有提供足够的社会支持（Lereya，Samara，& Wolke，2013）。在一些家庭中，父母可能会鼓励孩子使用暴力来解决冲突，一些欺凌者曾报告遭遇或目睹过家庭暴力（Espelage et al.，2013）。此外，受欺凌者往往来自有虐待或教养方式不一致的家庭（Lereya et al.，2013）。相比之下，当青少年与父母关系密切时，他们就不太可能成为受欺凌者（Bowes et al.，2010）。

无论是依恋理论，还是社会学习理论，都关注家庭环境对个体欺凌行为的影响，尤其关注家庭教养方式对个体欺凌行为的影响。大量研究表明，家庭教养方式能够影响个体的欺凌行为，特别需要进一步关注父亲的教养方式对个体校园欺凌的影响，同时需要对比父亲教养方式与母亲教养方式对个体欺凌行为的影响，这样提出的建议会更有针对性。此外，国内学者伍新春等对父母家庭教养投入、父母教养协同等因素进行了研究，未来可以将其与校园欺凌之间的关系进行进一步研究，从而把家庭因素变量如何影响个体欺凌现象的心理机制探索得更为深入。

家庭因素确实对个体欺凌的发生发展具有重要影响，但过于强调家庭因素，忽略个人的主观能动性，会影响对欺凌行为的解释度。在相似的家庭环境中，不同个体会做出不同的行为反应，比如有人被欺凌后选择沉默，有人在被欺凌后选择反抗乃至报复，有人看到欺凌发生会选择袖手旁观，有人看到欺凌事件会选择及时干预，这就意味着除了家庭环境因素之外，还有其他因素在影响欺凌行为，这也是社会学习理论在解释欺凌现象时的不足。

（三）信息加工理论

基于儿童攻击行为的研究，Dodge于20世纪80年代提出了一个颇具影响力的攻击行为的信息加工模型。1994年，Crick和Dodge对该模型进行了修订和完善，最终提出了"儿童社会适应的社会信息加工模型"（A refor-mulated social information-processing model of children's social adjustment，以下简称"SIP模型"）（见图1-1）。

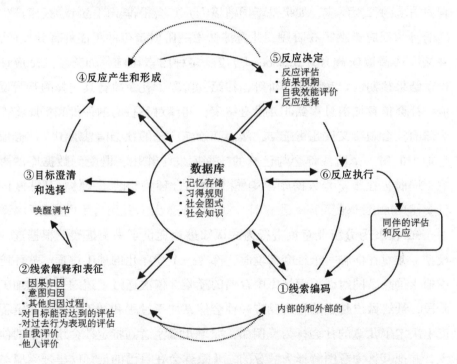

图1-1　儿童社会适应的社会信息加工模型（寇彧，马艳，2004）

SIP模型假设儿童带着一系列生物限定的能力和过去经验、记忆构成的数据库，来到某一特定的社会情境，并在此基础上接收新的社会线索或信息，其行为反应是对新旧信息进行加工的函数。SIP模型的信息加工阶段依次是：①线索编码（encoding）；②线索解释和表征（interpretation & representation）；③目标澄清和选择（goal clarification）；④反应产生和形成

（response access or construction）；⑤反应决定（response decision）；⑥反应执行（enactment）。

在第①和第②阶段中，儿童选择性地注意某些特定的情境线索和内部线索，并对这些线索进行编码和解释；第③阶段要澄清和选择自己期望达到的结果或目标，期望目标使儿童处于某种唤起状态，这种唤起指向于特定的希望产生的结果；在第④阶段，儿童从记忆中搜索并产生出可能的适合该情境的行为反应，如果是新异情境，儿童会根据当时的社会线索产生新的行为反应；在第⑤阶段，儿童评估上一阶段产生的可能的行为反应，并从中选择最佳行为方式，这一阶段受多种因素影响，如儿童的反应评价、结果预期、自我效能评价等；在第⑥阶段，儿童执行其选择的行为反应。社会信息加工过程到此并没有结束，同伴对其行为的评价和反应将作为新的社会刺激又被儿童感知，从而开始新一轮的社会信息加工。社会信息加工的每一个阶段都会与已有的数据库发生作用，既受到数据库的影响，同时也在丰富着数据库。SIP模型的闭合环路反映了个体循环往复的社会信息加工过程。

SIP模型为分析儿童攻击行为的认知过程提供了一个框架。根据这一模型，儿童在面临一个社会情境时，都有一个程序化的加工过程。从环境中输入信息，同时调用记忆库中存储的经验，依次通过上述六个认知加工阶段，最终做出特定的行为反应。社会信息加工过程和加工结果在一定程度上决定了儿童的社会行为。例如，如果儿童注意到特定社会情境中的他人，并把其行为意图解释为敌意的，儿童就会在自己的记忆库里搜索应对敌意的行为类型，于是可能选择导致同伴关系破裂的行为，例如报仇等。在自我效能感的评估上，他对自己的攻击性行为也就会有自我辩护倾向。研究者指出，儿童在信息加工的任一阶段都有可能产生偏差，从而产生不良行为（如攻击行为）。但是当儿童未把情境中的线索识别成挑衅的，认为他人行为的意图是非敌意的，就不会选择应对有敌意的攻击行为。

（四）压力评估和应对理论

面临相似的压力时，个体会出现不同的行为后果，压力评估和应对理论对这种现象做出了相应的理论解释。该理论关注两个方面：一个是评估（如何解释这种情况），一个是应对行为（用于处理这种情况的策略）（Lazarus，1999；Raskauskas & Huynh，2015）。

评估包含感知到的控制、威胁以及社会支持。其中，对被欺凌者而言，感知到的控制和威胁程度在欺凌事件中是调节变量，感知到的社会支持是中介变量。对被欺凌者而言，在欺凌事件中，其感知到的控制程度越高，其报告的调整能力水平就越低，感知的控制程度是一个调节变量，影响受欺凌者的调整效果（Catterson & Hunter，2010；Hunter et al.，2010；Hunter，Mora-Merchán，& Ortega，2004）。对威胁而言，威胁水平的评估与受欺凌者的心理失调存在正相关，威胁水平的评估是一个调节变量，对非歧视欺凌中的个体的调整效果产生影响（Catterson & Hunter，2010；Hunter et al.，2004，2010）。研究表明，感知到的社会支持是一个中介变量，能够中介欺凌和自杀观念之间的关系程度（Bonanno & Hymel，2010）。自我效能感和自我责备的评估，也被研究者发现是中介变量，在欺凌和自我调节之间起中介作用（Barchia & Bussey，2010；Graham，Bellmore，& Mize，2006）。

这种评估被认为是应对反应的直接决定因素（Lazarus，1999）。例如，感知到的控制程度越高，个体越容易表现自信（例如直面欺凌），也更容易采取积极的欺凌应对策略（例如反击），而感知到的威胁程度越高则个体越会出现回避行为（例如逃学）（Hunter，Boyle，& Warden，2006；Terranova，2009）。

压力评估和应对理论强调在欺凌事件中，个体对于可感知到的控制、威胁以及社会支持等三个变量的评价，会对其应对行为产生影响，不同的认知评估，会导致个体采取不同的行为反应，进而影响个体的心理健康水平。研究欺凌行为，需要关注个体的评估水平和评估方式，这样才能对其有效干预，提升干预效果。

在学校环境中，群体成员可以对个体产生影响，也可以对学校群体产生影响。反欺凌方法或策略要适应由同伴压力引起的欺凌行为，包括群体层面的干预，比如"支持小组"方法、"共同关怀"方法，或者旁观者社交技巧训练。在学校中，同伴群体的力量对青少年许多方面的行为都会产生影响，相对于个体因素，同伴群体的凝聚力更能预测欺凌事件。

欺凌可以被看作群体内部的互动过程，是个体特征之间的交互作用。保持对群体的归属感，能够支撑群体成员之间秉持的价值观、信念，同样能够激励群体成员对欺凌行为的倾向性。

除了上述四种学科角度，情绪也可以对校园欺凌进行理论解释。

1.认知-新联结主义模型

Berkowitz提出的认知-新联结主义模型（简称CNT）解释了情绪唤醒与外显行为的关系，特别是愤怒情绪与欺凌行为的关系。该理论认为个体记忆中有关欺凌的观念、情绪和行为倾向是联结在一起并能够相互激活的网络。任何消极情绪活动都将激活这个网络，同时，网络上的任何一个成分被激活往往会引起其他成分也同时被激活（Berkowitz，1993）。欺凌行为的出现是因为个体在经历负性事件时，激发了消极情绪和一系列与欺凌相关的知识结构，从而引发了欺凌行为。Berkowitz认为，如果行为者注意到他所应验的认知历程，认知控制力量将得以引发去修正其所经历情绪的强度，进而抑制欺凌行为（任朝霞，2002）。

Berkowitz的认知-新联结主义模型弥补了以往理论研究忽视的情绪因素，将情绪纳入欺凌行为的解释变量中，能进一步证实情绪对欺凌行为的影响，而作为情绪两极中偏负性的一极，负性情绪对欺凌行为的作用不言而喻。

2.资源保存理论

资源保存理论提出（Hobfoll et al.，2003），当心理资源不足时，人们会体验更多消极情绪，感受到更大的心理压力；而充足的资源会为个体带来更好的应对与幸福感。因此，情绪可能成为心理资源与行为之间的中介变量。情绪是对刺激的一种反应，最终会导致个体在情绪表达（如表情）或态度、行为和认知上的变化（Frijda N. H.，1993）。情绪的唤醒与动机功能使许多前因变量通过情绪和情感来影响个体的认知、态度和行为。自我报告的消极情绪往往与高攻击行为相关（Berkowitz L.，1990）。在组织情境下，一项基于情绪的自主工作行为的模型认为，消极情绪主要增加消极行为（如攻击、欺凌）的倾向，而积极情绪有助于增加积极行为的倾向（Spector P. E. & Fox S.，2002）。

3.认知-情绪-行为模型

Crossley（2009）在前人研究的基础上，把欺凌者的动机整合到"认知-情绪-行为模型"中，这是有关报复的理论模型。结合消极情绪对攻击行为的影响，这似乎可以解释被欺凌者因为受到侵犯而做出的攻击行为。一旦被欺凌者确定欺凌者的行为是有意的，他们会立即开始解释、回顾整个过程以确定欺凌者的潜在动机，据此来评估侵犯的严重程度。在此过程中，被欺凌者产生的情绪对其行为反应即是否做出反击有很大影响。Crossley把认知和情绪作为调节变量，强调情绪对欺凌行为的作用。

二、社会学学科视角的校园欺凌

社会学的独特视角是将暴力视为社会结构的功能而非个体病理学（Lawson，2012）。社会学家为我们关于暴力的认知做出了很大的贡献，其认为这是社会过程和制度的问题（Walby，2012）。从社会学的角度来看，欺凌现象不仅源于微观系统层面的因素，还包括宏观系统层面的因素，这是许多社会学理论的关注点（Jeralds，2011）。根据Pascoe（2013）的观点，对欺凌的社会学解释表明，欺凌中的青少年扮演的不同角色，是社会结构不平等在青少年群体中的重现，欺凌是社会结构不平等的一种体现，这些是社会固有的。在关于欺凌的社会学理论解释中，它试图将欺凌描述为社会结构和系统的功能（Lawson，2012）。社会学学科视角下的校园欺凌包括一般压力理论、社会控制理论、常规活动理论（日常活动理论）和性别角色社会化理论。

（一）一般压力理论

一般压力理论（General Strain Theory）认为个体感知的压力如果得不到缓解或者发泄，就会导致偏差行为的发生。该理论的核心假设是：压力事件和人际关系可以正向预测个体参与欺凌行为的可能性。愤怒水平和受挫折程度影响压力感知的程度。

一般压力中的"压力"泛指人们不喜欢的事件或情形，这些事件或情形会使人产生犯罪倾向甚至导致犯罪行为。一般压力理论提出了三种造成越轨行为的压力来源：一是无法实现的重要目标；二是丧失了有价值的人或物；三是遭遇负面事件。一般压力理论提出，人的负面情绪是压力和犯罪之间的重要中介（张爽，2010）。

该理论认为，生理与认知的缺陷以及压力生活事件的交互作用，会导致个体出现心理障碍。卷入欺凌是一个压力事件，个体会受各种压力源影响。报告更多社交绝望（socially hopeless）和较少家庭支持的个体更可能出现自杀行为。关于自我、世界和未来的信念在个体人生早期就形成了，个体在9岁左右会形成比较稳定的认知结构。随着抽象思维的发展，青少年对于自我、世界与未来会形成更稳定的认知概念。消极的自我概念是预测个体欺凌或者被欺凌的有效因素。被欺凌者会形成负面的自我图式，形成自己不值得被爱以及没有价值的认知，认为外部世界是充满敌意的，未来是消极的，这增加了其产生抑郁情绪的风险。欺凌者会形成威胁图式，形成负面的自我-他人信念（在他人害我之前我先下手），导致个体出现更多攻击行为，维护自己的控制能力和权力。他们对自己和他人形成敌对图式，对他人持负面看法，形成权力感，从而对欺凌产生道德推脱。

一般压力理论认为，体验到压力的青少年可能会感到愤怒或沮丧，这些青少年犯罪或越界行为的风险更高（Agnew，1992）。换句话说，青少年如果把同伴关系视为一种负担，他越可能实施侵犯行为，欺凌行为发生的可能性就越高。因此一些研究发现，欺凌是一种压力来源（Cullen et al.,

2008；Hinduja & Patchin，2007；Wallace，Patchin，& May，2005）。然而Agnew（2001）认为，欺凌也会产生相应的影响，因为它满足了四种情况：①这是不公正的，因为欺凌行为违反了基本的正义准则；②欺凌被认为是严重的（同伴关系对青少年至关重要）；③欺凌与传统的社会控制没有关系，因为它经常发生在成年人的权威之外；④欺凌向他人暴露了自己的紧张（Hay，Meldrum，& Mann，2010）。总之，大量实证研究结果证实（Hay，Medrum，& Mann，2010；Patchin & Hinduja，2011），欺凌和伤害是个体消极的社会关系或负面经历的压力所造成的（Jang，Song，& Kim，2014）。有研究发现，经历过紧张情绪的青少年，参与面对面的欺凌和网络欺凌的风险更高（Patchin & Hinduja，2011）。

　　一般压力理论认为，个体如果遭受有价值的目标没有实现或者失去重要的人生前进动力（如失去父母、失恋）以及出现负面刺激（如受欺凌或受情感虐待）这三种压力，会有消极情绪（如愤怒、焦虑）出现。这些压力可能外化为偏差行为或暴力行为（Agnew，1992），青少年的偏差行为是对其所经受的压力带来的消极情绪（如愤怒、沮丧、抑郁等）的发泄和缓解（Moon & Jang，2014），也就是说攻击行为是愤怒情绪的一种表达，或者是试图缓解愤怒情绪的一种外化方式（王磊等，2018）。

　　压力会导致犯罪（AgNew，1992）。压力会使人产生负面情绪从而外化为犯罪或暴力行为（AgNew，1992）。一般压力理论认为，压力是由个人的感觉引起的，例如感觉到来自父母的"敌意"、被排斥在同龄人之外等（Hay & Meldu，2010）。Hay和Melmud对426名青少年进行了调查，发现欺凌行为的受害者与自残或自杀意念之间存在显著的相关性。传统的欺凌行为引发了被欺凌者极端的负面情绪，然后引起自残（Hay & Melmud，2010）。因此，欺凌行为是个体的消极社会关系或消极经验引发压力的结果。关于自残和自杀意念的传统欺凌行为的研究结果对网络欺凌也有重要意义（Hay & Meldu，2010；Hay，Meldu，& Mann，2010）。另一项研究发现，自我控制是欺凌的一个重要指标（Moon，Hwang，&McCluskey，2011）。

根据一般压力理论，我们可以预见，传统的欺凌行为可能会使受欺凌者产生负面的体验和情绪。反过来，那些受欺凌者也可能会成为欺凌者。

但有研究对一般压力理论提出了质疑，特别是发现在韩国，被欺凌者没有产生一般的行为不良问题（Moon et al.，2009）。

（二）社会控制理论

Hirschi（1969）的社会控制理论以个人和传统社会机构相联系为前提，了解青少年犯罪行为。当一个人与社会和社会机构联系较弱时，偏差和犯罪行为很可能会发生。此外，当青少年与社会机构（如学校、家庭、社区）的联系减少时，可能会出现欺凌行为（Pittaro，2007）。与此相反，与父母、老师和学校的紧密联系被认为能够减少青少年参与欺凌的可能性。社会控制的四个组成部分可以解释一些青少年为什么有可能参与欺凌：①对父母、同辈和传统社会机构的情感依恋；②对长期教育、职业或其他传统目标的承诺；③参与常规活动（如家庭作业、业余爱好）；④对社会规则和法律的信仰（Hirschi，1969）。社会控制的四个要素中的任何一个都可以独立地抑制欺凌；但是，这些要素的综合作用对欺凌行为的抑制作用最强，要大于单独一个要素对欺凌的抑制作用（Peguero et al.，2011）。已有研究支持Hirschi的主张。实证结果显示，青少年对其主要照料人的情感依恋、与学校和老师的联系、对学校的承诺，以及参与常规的课外活动，可以保护学生不受欺凌或使其不参与欺凌。

Hawker和Bolton（2001）利用社会秩序理论对欺凌做出了解释。在社会中，个人具有不同的角色，也有不同的权力，而权力的一种表现方式就是欺凌。Terasahjo和Salmivalli认为有两种形式的欺凌行为：身体欺凌和言语欺凌。欺凌行为会被强化，权力在群体内部被认为是有价值的（Terasahjo & Salmivalli，2003）。Cardigan发现，在许多质性研究中，欺凌被视为社会化实践和性别化的结果（Cardigan，2003）。这些研究者认为，在社会化实践过程中，权力被认为是有价值的，而某些个体由于行为和外貌上的偏差，最后变成了被欺凌者。

（三）常规活动理论（日常活动理论）

20世纪70年代末，常规活动理论（Routine Activity Theory，以下简称RAT）成为犯罪学领域的一个重要理论方法。科恩和费尔森主张探索受害情境中的社会交往（Davis，2005）。持RAT的专家指出，当一个青少年离开家的时候，欺凌和被欺凌的机会都会增加（Groff，2007）。学者们还应用RAT来研究受欺凌者被欺凌的时间地点和相关人员（Navarro & Jasinski，2012；Popp & Peguero，2011）。RAT还包括三个共同激发欺凌行为的因素：①有动机的罪犯（欺凌者），②有吸引力的目标（受欺凌者），以及③缺乏有能力的监护人（Schreck，Wright，& Miller，2002）。有动机的罪犯可能是任何从受害目标中获得利益的人。有吸引力的目标则包括任何引发罪犯做出欺凌行为的人（Felson & Boba，2010），也可能是那些不符合青少年社会规范和没有朋友的人（通常是社会地位较低的人）（Jeralds，2011）。有能力的监护人是通过增加有动机的罪犯被抓住和惩罚的可能性来阻止其参与欺凌行为的人（例如教师）或某些事物（例如监视措施）（Felson & Boba，2010）。

RAT认为，罪犯需要适当的"资源"或有必要的手段实现犯罪。除了有适当的犯罪时机，罪犯还需要具备实施犯罪的能力、技能或工具。而且在某些情况下，其与共同犯罪者合作是必要的。罪犯会在权衡收益和回报以及时机的情况下来决定是否犯罪，同时他们所掌握的资源也是其犯罪成功的重要因素。

RAT的基本原则是，当具备了一个有动机的罪犯和未受保护的潜在受害者在同一区域的条件，那么极有可能发生犯罪。

依此来看欺凌现象，欺凌者具备了一定的时机和动力、资源、能力，如果受害者是未受保护的潜在受害者，那么很有可能会发生欺凌。

（四）性别角色社会化理论

随着个体从童年发展到青春期，起绰号的欺凌形式开始变得"性别化"。研究发现，在中学时期，青少年会试图通过使用语言或性骚扰异性的行为来表现自己的异性恋倾向。因此，性别角色社会化理论提供了一些解释，说明性别规范，并强调违反性别规范会导致欺凌和性别歧视。

在社会建构主义框架内，男性和女性意识形态是个体把文化界定的性别角色规范和意识形态内化的结果（Oransky & Fisher，2009）。这些规范和意识形态影响着个体的行为和态度，特别是当一个人对这些性别角色意识形态的特定方面持有强烈的观点时。研究表明，坚持传统的男性标准的男孩更容易做出暴力和侵犯行为（Oransky & Fisher，2009），并且更容易接受对女性实施暴力的行为（Flood & Pease，2009）。当女孩拥有传统的性别角色时，她们更有可能成为人际关系中的受害者（Flood & Pease，2009）。在一个将男异性恋视为理想的社会中，其他形式的男性气质和女性气质被认为是不太理想的，因为在广泛的社会中，彰显男性气概的行为得到了强化。因此，处于青春期的男孩将他们的欺凌行为归咎于自身的阳刚之气，认为其可以增强自身的"男子气概"，在同辈群体中获得权力和地位（Wei & Chen，2012）。当青少年偏离既定的性别规范时，他们很可能成为被欺凌和性别骚扰的目标。

三、人类学学科视角的校园欺凌

人类学，更具体地说是社会文化人类学，这是一门有潜力的学科，主要通过民族志研究设计来进行有关欺凌和受欺凌者的研究（Holt et al.，2016）。直到20世纪80年代，"暴力人类学"领域才受到更多研究者的关注，成为一个研究热点（Accomazzo，2012a），暴力主要由心理学和社会学范式所主导，它将暴力理论化为人类的自然倾向或者是他们所处的社会条件或文化的产物（Thomas，2012）。然而对于人类学家来说，文化本来就比我们所理解的更为复杂和微妙，更重要的是，暴力理论也反映了这一观点（Moore，2008）。此外，攻击的进化基础也是人类学领域一个激烈争论的话题（Accomazzo，2012a）。人类学视角下的欺凌理论框架包括进化论框架和社会文化人类学框架。

（一）进化论框架

体育人类学包括植根于达尔文的进化生物学理论（Accomazzo，2012a）。体育人类学领域所使用的暴力研究的早期方法倾向反映人类社会的进化观点（Thomas，2012）。进化观点的基本思想是物种为了生存和繁殖而进化或展示特定的行为或特征（Koh & Wong，2015）。从进化的角度来看，青少年也有两个基本目标：成长/健康/生存和寻找合适的伴侣（Konner，2010）。进化观点也将攻击和竞争等特征视为所有人类固有的特征；因此，欺凌可以适应性地获得更好的机会（Volk，Camilleri，Dane，& Marini，2012）。欺凌也被认为是各种动物固有的，并且具有适应性，因为它可以提高动物获得物质资源、社会资源和性资源的机会（Book，Volk & Hosker，2012）。欺凌行为完成进化的主要机制是自然选择（即"适者生存"），因为这些青少年获得攻击者的美誉（对他们而言，攻击者是一个好的称呼），他们被认为是坚强的、坚韧不拔的，这能够保护他们免受他人攻击（Archer & Benson，2008；Koh & Wong，2008）。此外，实证研究结果表明，相对于被欺凌者而言，实施欺凌行为的青少年在身体素质上更健壮，精神健康状况更好（Juvonen，Graham，& Schuster，2003）。就性机会而言，一些研究表明，实施欺凌行为的个体，不论是男性还是女性，他们的青春期开始得都比较早，开始约会的时间也比较早（Connolly，Pepler，Craig，& Taradash，2000）。此外，男性欺凌者被认为对异性更有吸引力，能获得更多青睐（Volk et al.，2012）。

（二）社会文化人类学框架

社会文化人类学强调通过民族志探索研究文化的重要性。20世纪50年代到70年代，对暴力的研究大多局限于"传统"或"部落"社会。然而自20世纪70年代以来，社会文化人类学家已经认识到，暴力发生在所有社会（Whitehead，2004）。社会文化人类学家已从专注于小型社区转向研究受全球主义、殖民主义和资本主义影响的整个社会（Accomazzo，2012a）。从跨文化的角度来说，欺凌并不是社会文化人类学领域的核心话题。许多关于青少年和社会化的民族志研究也探讨了学校中欺凌和攻击背后的文化背景和文化模式（MacDonald & Swart，2004；Merton，1994）。在豪登省一所小学的民族志报告中，麦克唐纳和斯沃特探讨了特定学校的文化如何影响欺凌。研究表明，欺凌是欺凌者为了获取社会地位和提升在同伴群体中的受欢迎程度而产生的。其他民族志研究还将欺凌与同龄人和学校文化固有的差异联系起来（Thornberg，2011）。在受欺凌者身上贴上所谓的"奇怪"和"偏差"等标签，可以用来证明欺凌和社会排斥的正当性（Goodwin，2002；Thornberg，2011）。

四、政治经济学学科视角的校园欺凌

社会经济地位是否会影响欺凌行为的发生？贫穷对个体会有什么影响？社会经济地位和贫穷引起的不平等感受是否会导致欺凌发生？

从政治经济学角度研究欺凌和受欺凌是很少的，尽管研究人员已经达成共识，认为从更宏观的环境中研究与欺凌行为有关的特征和因素是非常重要的（Horton，2012）。政治经济学指的是国家经济事务的管理（Caporaso & Levine，1992），以及政治制度或环境与经济制度（例如资本主义、社会主义等）互相影响塑造的过程（Weingast & Wittman，2008）。

传统政治经济学家运用政治经济学理论来阐释如何理解集体暴动和种族骚乱（Accomazzo，2012b）。新古典主义的政治经济学理论承认，由资本主义和自由市场引起的阶级冲突会导致集体暴力（Caporaso & Levine，1992）。政治经济学的激进理论也支持贫穷、歧视和不平等这样的结构性因素来自资本主义（Barone，2004），并且会强化虐待的可能性，导致更多冲突和暴力行为的产生的观点。政治经济学的激进理论认为，社会经济不平等与获得资源权力的不对等有直接关联，有些人会更容易获取资源，有些人会更难获取资源（Chaux，Molano，& Podlesky，2009）。这种权力的不对等会导致欺凌行为的产生，那些拥有更多权力的群体会直接对拥有

较少权力的群体实施欺凌。有研究发现，在欺凌者群体中，中高等社会经济地位的家庭所占比例最高，而在低社会经济地位家庭中，受欺凌者比例偏多（Jankauskiene, Kardelis, Sukys, & Kardeliene, 2008）。

在经济类文献中，相对于不平等与贫穷之间的关联，不平等与暴力行为之间存在更为显著的关联（Fajnzylbor, Lederman, & Loayza, 2002）。据报道，生活在恶劣政治和经济条件下的儿童，出现欺凌行为的可能性更高（Chaux et al., 2009; Carlson, 2006）。用一个例子阐释，在哥伦比亚，Chaux 等选取了 1000 个学校的 53316 名儿童，对社会经济因素、社会政治因素，以及社会情感因素与欺凌之间的关系进行了探讨，该研究报告显示，武装冲突和经济不平等更能预测学校欺凌情况。

心理学视角下的校园欺凌更多关注个体特征和人际关系，同时，个体特征、人际关系变量会与社会背景变量比如学校、家庭、社会之间存在复杂的交互作用。此外，研究者也发现，欺凌与社会经济因素、种族以及民族等变量存在关联，因此，需要考虑社会政治因素的作用。社会学家认为欺凌是一个社会过程，社会结构的不平等导致欺凌发生。人类学家则认为需要考虑欺凌产生的自适应过程与进化功能。政治经济学视角下的欺凌则更容易与社会经济地位建立联结。从多学科视角分析和理解欺凌，能够使我们对欺凌的产生和发展过程把握得更全面、更深刻、更科学。

第二节 参与者角色视角下的校园欺凌理论解释

校园欺凌是一个群体过程，这个过程中存在不同的角色，分别是欺凌者、被欺凌者、参与者，为什么个体会变现出不同的角色？学校、家庭、社会都是校园欺凌中的参与者，需要综合考虑这些因素在校园欺凌中的作用。

一、欺凌：发展的视角

欺凌问题的本质是因为这是儿童发展必经的阶段，发生在欺凌者和受欺凌者之间的直接欺凌更多发生在年龄较小的群体中，而关系欺凌更多发生在年龄较大的群体中（比如把个体排除在群体之外，或者忽视、忽略个体）。欺凌是一个发展过程，需要教师对欺凌的各种形式更加敏感，特别是在初中阶段。为了探索年龄对个体参与以及理解欺凌情景的能力的影响，研究者开始关注认知发展，认为认知发展是影响儿童欺凌知觉的重要因素。

一些学生并没有意识到欺凌的发生，可能是由于欺凌行为超出了他们的理解范畴。这是因为随着欺凌者的认知技能得到发展，欺凌行为变得更复杂、更微妙，欺凌者逐渐掌握了社会操纵技巧，能将其更熟练地运用在隐蔽的关系欺凌中。

认知主义认为，由于个体的发展变化，理解或者减少个体之间的欺凌行为是非常困难的。随着个体认知能力的发展，个体获得一个新技巧：知晓在哪里、什么时间，以及如何对他人实施欺凌行为。

这种发展变化给预防欺凌带来挑战：①个体变得越来越自信，他们知道谁可以被欺凌，在什么地方可以实施欺凌，通过什么方式实施欺凌；②在间接身体欺凌行为中，由于发生的隐蔽性，个体可能较少意识到存在负面的交互作用，而在直接的身体攻击中，个体更可能发现存在的交互作用（Nishina et al.，2001）。个体意识到，如果直接进行身体或者言语攻击，那么被欺凌者以及其保护者进行报复的可能性会很高，自己被成人惩罚的可能性也很高，而如果散播谣言，被惩罚或者被报复的风险就很小，自己的目的更容易达成。

二、欺凌是一个群体过程

学生是社交群体的一员，他们具有不同的角色，激发他们的群体归属感，建构不同的社会等级，这对欺凌的发生具有强化作用。欺凌是一个群体过程，不同成员扮演了不同的角色（Salmivalli，2001；Salmivalli，Huttunen，& Lagerspetz，1997）。在相互作用中，有些成员与欺凌一方有关，他们促使了欺凌的发生，这些成员角色包括：①欺凌的头目；②欺凌助手；③欺凌强化者；④被欺凌者的保护者；⑤被欺凌者；⑥旁观者。头目负责激起对目标的欺凌行为。助手是一个欺凌跟随者，负责帮助欺凌者，并且参与欺凌。欺凌强化者关注欺凌行为，并且对欺凌的破坏性行为给予积极反馈（Salmivalli et al.，1996）。和被欺凌者有关的角色有两个：①欺凌的目标即受欺凌者；②帮助被欺凌者从而使自己感觉好一些的保护者。这些角色之间的交互作用的结果是，欺凌者、助手和强化者之间形成联结，被欺凌者和保护者之间也形成联结。如果欺凌被强化，就会造成负面后果，学校成员之间形成的社会强化会被弱化。这样其他成员的角色就会发生改变，形成新角色，欺凌不是社会等级形成的根本来源。

Murkowski（2001）等人从群体动力学角度解析欺凌，群体动力学把完整性、同质性和其他结构式变化视为发展目标，对群体成员而言，获得这些目标是最重要的。如果有些个体难以达成这些目标，威胁到了群体的完整性和同质性，这些个体就会被群体成员排斥，被隔离在群体之外，或者成为被欺凌者。这些被群体排斥的个体会感到焦虑，也会产生社交孤立，因为他们不能接受外部变化，也无法调整自己以适应群体要求。

欺凌的动机和被欺凌的倾向都是个体力量差异的结果，个体为了在群体中获取更多力量和权力，会选择去压迫他人。因此在反欺凌方法和策略中，需要针对个体差异采取不同的干预训练，在学校咨询和教育中也需要根据个体差异进行不同训练：对于被欺凌者而言，需要进行自信心训练；对于欺凌者而言，需要进行愤怒管理训练。因为个体特征会影响其成为不同角色，也能够预测个体的行为表现。

同时，父母养育风格也会影响儿童行为，个体是欺凌者还是被欺凌者受家庭影响。在家庭中受到虐待的儿童，会在人际关系中表现出相同的行为，这也验证了欺凌群体存在的缘由。

三、欺凌：双向过程

欺凌者和被欺凌者在一个动态关系中，双方的交互作用对欺凌发生发展具有影响。欺凌过程中的欺凌者的主观经验和被欺凌者的主观经验可能是不一致的，欺凌者以及受欺凌者具有不同的行为意图，同时也会对行为有不同的感知（Kowalski, 2000; Shapiro, Baumeister, & Kessler, 1991）。欺凌是一个动态过程，需要从欺凌者视角和被欺凌者视角分别获得信息。

（一）从欺凌者视角看欺凌

追求地位是欺凌者的一个基本目标，其有两方面内容：一个是支配权；一个是受欢迎，得到他人认可。力量上的差别以及地位上的差别是欺凌的两个重要特征。个体追求支配权的欲望越强，他们越可能欺凌他人，从而展现自己的支配能力。在这个时候，社交能力反而不太受到重视。首先，如果个体在攻击支配性得分上越高，那么他就越可能想获得支配权，从而去欺凌他人。其次，为了获得社交地位，他更可能对那些力量弱小的个体下手，这样他更可能获得支配地位，并且可能从旁观者那里得到社会认同。简而言之，为了获得支配权和社会认同，欺凌者会实施欺凌行为，实施对象是软弱的、被其他同伴排斥的个体。

（二）从被欺凌者视角看欺凌

被欺凌者如果感觉自己容易受到他人伤害，他人很难听从自己的话，总是被他人拒绝，他的目标就会是避免受到伤害。他们会把那些攻击性强的个体当作一个潜在威胁，对于人际交往也会感到焦虑和恐惧，从而产生逃避行为。他们不会把提升社交地位作为个人目标，而是把逃避伤害作为首要目标。因此，被欺凌者的特征是：软弱、易被同伴拒绝、没有攻击性。和他们对应的欺凌者的特征是：攻击性强、不软弱。因此，在欺凌者-受欺凌者的关系中存在强烈的交互影响。

（三）从旁观者视角看欺凌

他们的目标既不是追求支配地位，也不是避免伤害，或者他们的目标是矛盾的、冲突的。因此，他们不能识别自己在欺凌或者被欺凌行为中的目的和经验。

第二章

研究方法与测评工具

第一节　研究方法

对学生而言，校园欺凌是一个影响深远的负性事件，会对当事人和知情人产生长久的影响。对于被欺凌者而言，这段创伤经历对其今后的学习、工作、生活都会产生负面的影响；对于欺凌者而言，这种经历也会助长其攻击他人的"士气"，最终有可能走向犯罪道路；有些个体处于欺凌者、被欺凌者之间的转化过程，这种多重角色的经历会让个体的心理发展出现更为复杂的变化。因此，采取有效措施减少校园欺凌的发生率势在必行。本课题主要采用三种方法研究中学生的校园欺凌行为。

一、实验法

如何验证干预校园欺凌的方案是否有效，实验法是最佳选择。实验法是指通过操纵某些变量（干预措施），控制额外变量的影响（参与者选取的恰当性），测量参与者在这些干预措施实施前后的变化。实验法能够揭示事物之间的因果关系，依据实验条件的严谨程度不同，可以把实验法分为真实验法、准实验法、非实验法。真实验法对变量的控制最为严格，对实验条件的要求最高，因此对变量之间的因果关系揭示得最为准确，但与此同时，过于严格的实验控制会导致其结果的外在效度受到影响；准实验法是在真实的环境中实施的，其实验控制的严格程度不如真实验法，但实验情景具有生活化的特点，在结论推广程度上也更为有效；非实验法可以作为准实验法、真实验法实施的一个预实验，通过非实验法初步推断变量之间可能存在的因果关系，为后续的准实验设计、真实验设计奠定基础。对于校园欺凌而言，干预措施需要一定的推广性，因此采取准实验法更为合适。

本课题主要进行了如下准实验设计（见表2-1）。

在湖北省宜昌市某中学进行了为期6周的成长型思维课程干预，同时在该中学分校实施了欺凌日记报告的干预训练，课程讲授共6次，日记报告练习共3次，从而对两种干预措施的效果进行比较。该方案增加了干预方案的持续时间，更能解释干预措施的效果。不足是未能选取对照学校和对照班。

在湖北省武汉市选取某一重点中学的初一、初二学生，对其实验班进行为期10周的敬畏课程干预，课程分为5次，2周一次。选取了对照班。该课程干预方案增加了持续时间，可以对干预效果进行更科学的评价。同时，选取的学校为重点中学，也为如何在重点中学进行校园欺凌干预提供了借鉴。

在湖北省宜昌市某县选取了2所乡镇中学，1所作为实验学校，1所作为对照学校，对其初一、初二的学生进行为期10周的坚毅、成长型思维课程干预，干预课程共6次，通过与对照学校的相应年级比较，对坚毅、成长型思维的课程干预效果进行追踪研究。

表2-1 校园欺凌干预情况汇总表

干预地点	干预主题	干预形式	干预时间	参与者	有无对照组
湖北宜昌（普通中学）	成长型思维日记报告	主题课程	6周（6次课程，3次日记报告）	初一2个班初二2个班	无

续表

干预地点	干预主题	干预形式	干预时间	参与者	有无对照组
湖北武汉 （城市重点中学）	敬畏	主题课程	10周 （5次课程）	初一2个班 初二2个班	有
湖北宜昌 （乡镇中学）	坚毅、 成长型思维	主题课程	10周 （6次课程）	初一2个班 初二2个班	有

通过对比不同主题的课程效果、不同持续时间的干预课程、不同形式的课程设计、不同学校性质的干预效果，本课题为如何在中学校园实施主题干预课程提供了较为丰富的研究资料。

二、访谈法

访谈法在校园欺凌的研究中具有不可替代的作用。一方面，目前针对校园欺凌的研究基本上都是从研究者视角进行，特别是测评工具方面，基本采用了奥尔维斯的测评工具，以及从奥尔维斯工具演化而来的新工具。不同研究对校园欺凌发生率的测评结果不尽相同，因此需要重新界定校园欺凌。

另一方面，欺凌者、受欺凌者以及校园欺凌中的不同类型的旁观者对同一欺凌事件可能有不同的看法，对为什么实施校园欺凌也有各种各样的缘由。如果探测个体行为背后的动机仅仅依靠问卷施测，会导致对人的忽略，"只见森林，不见树木"，当我们关注整体数据变化趋势的时候，对个体的关注就会下降，个体数据就湮灭在群体数据中了。

扎根理论是一种定性研究的方法，其主要宗旨是在经验资料的基础上建立理论（Strauss，1987）。研究者在研究开始之前一般不作出理论假设，而是直接从实际观察入手，从原始资料中归纳出经验概括，然后上升到系统的理论。欺凌事件是一个群体过程，也是一个动态变化的过程，每一种参与角色对所接收信息的分析加工，都会导致其采取不同的行为反应，这种行为反应对于欺凌事件的发展又会产生不同影响。

通过访谈法，研究者基于SIP模型（Crick & Dodge，1994；Reemst，Fischer，& Zwirs，2016），发现被欺凌者转化为欺凌者要经过五个步骤：①被欺凌者对社交情况进行识别和编码（例如，受欺凌者注意到自己正在不断受到伤害）；②根据以往经验形成的图式，被欺凌者认为每个人都瞧不起自己，也不想提供任何帮助；③被欺凌者明确自己的目标，即直面这种社交状况（例如，自己应该改善这种情况）；④根据设定的目标，被欺凌者要么搜索现有的可能的应对方式，要么构建新的应对方式来面对这种社交情况；⑤在对应对方式、预期结果、个体自我效能进行评估后，受欺凌者会选择一个最优的应对方式并开始实施（例如，由于之前的应对策略无效，受欺凌者尝试用其他方式反击欺凌者）。

从以上研究结果可以看出，对校园欺凌发展过程的揭示依赖于对个体内在加工过程的细化，要达到这一目的，访谈法必不可少。访谈法作为问卷法的一种有益补充，可以让研究者看到个体，看到发生在个体身上的真实经历，看到个体如何认知过往经历，研究者从中可以发现某一群体的规律，这样在解释海量数据时会更清晰。

在本课题研究中，我们使用访谈法主要体现在以下方面。

（1）调查学生心目中的校园欺凌、网络欺凌概念，从而为问卷编制提供借鉴。

（2）访谈欺凌者这一群体，了解他们实施欺凌行为的原因，尝试找到变化规律。

（3）对干预课程效果进行评估时，访谈一些学生，看他们如何评价干预课程，以此作为质性资料补充干预课程的效果。

三、问卷法：横断设计与纵向设计相结合

横断研究可以在短时间内收集大量的数据资料，发现变量之间可能的影响关系，但更多的是一种相关，对变量之间的因果关系揭示有所欠缺；纵向设计是在不同时间段对同一批被试进行问卷调查，尽管存在被试流失

现象，但从因果关系的先后发生顺序而言，纵向设计更能发现变量之间的因果关系。本课题就采用了横断设计与纵向设计相结合的方式，尝试揭示变量之间的实际影响过程，构建变量之间的理论模型。

采用横断设计开展研究的学校来自3个省份：湖北省、云南省、广东省；具体来讲，课题组对湖北省某县、云南省保山市、广东省佛山市等地的初一到初三年级的学生进行了大规模的数据调查。

使用纵向设计方法收集资料的有以下三个地域。

课题组对湖北省宜昌市的3所学校分别进行两次问卷数据收集，一次是在9月份，一次是在1月份，涉及的变量包含班级层面的集体效能感和集体道德推脱，以及个体层面的欺凌角色、感觉寻求、未来规划、父母教养方式。欺凌测评工具包含网络欺凌与受欺凌测评工具、主动性攻击与反应性攻击测评工具、现实欺凌与受欺凌测评工具。

课题组对湖北省宜昌市某县的两所乡镇中学在10月份和1月份分别进行了两次问卷收集，之所以选择在10月份进行问卷发放，是要调查班级内部的同伴关系质量，对于初一学生而言，10月份的时候大家会更熟悉一些，更容易发现班级内部的一些互动。采用的问卷工具有敬畏、坚毅、成长型思维，现实欺凌与受欺凌，网络欺凌与受欺凌。

课题组对湖北省武汉市的一所重点中学的初一、初二学生进行了两次资料收集，一次是10月份，一次是1月份。

第二节　测评工具

一、旁观者测评工具

欺凌是多个人对一个人实施的行为，是一种群体过程，其中整个欺凌过程具有不同类型的参与人员伴随欺凌事件的发展，欺凌中产生的伤害具有延续性和发展性。

欺凌是一个群体过程，这就意味着在欺凌事件发展过程中，人际之间的互动或者不同欺凌角色之间的互动对欺凌事件有推动作用。在欺凌事件中，参与人员可以分成不同类型的角色：欺凌者、被欺凌者、旁观者，其中旁观者又可以进一步分为倾向于站在欺凌者一侧的协助者、强化者、处于中间的局外人、倾向于站在被欺凌者一侧的保护者。

（一）参与者角色量表

该量表共有23个项目，项目样例见表2-2。

指导语如下：阅读每个陈述，然后思考你自己的行为。为每个语句完成两个部分（"独处时"和"与他人在一起时"）。如果你从来没有这样做过，在0上画圈；如果你有时这样做，在1上画圈；如果你经常这样做，在2上画圈。

表2-2　参与者角色量表项目样例

项目号	项目	独处时			与他人在一起时		
1	我受到网络欺凌	0	1	2	0	1	2
5	我教促其他人在网上骚扰受害者	0	1	2	0	1	2
9	我通过评论来鼓励网络欺凌	0	1	2	0	1	2
13	当别人开始网络欺凌时，我也加入其中	0	1	2	0	1	2
17	我试图让别人停止网络欺凌	0	1	2	0	1	2
21	当网络欺凌发生的时候，我就会置身事外	0	1	2	0	1	2
23	当网络欺凌发生时，我不会偏袒任何人	0	1	2	0	1	2

计算每个学生在23个项目上的平均分，以全班为单位，计算每个学生的标准分，如果在某个角色量表上的标准分大于0，且高于其他角色的标准分，则该学生就归属于某个角色；如果学生的两个最高分（标准分）之间的差异小于0.1，则该学生就是两个角色的混合；如果学生在所有角色量表上的标准分都低于0，则属于无角色者。

（二）欺凌参与者角色量表

Casper 和 Deborah M. 等编制的参与者角色量表（The Overt and Relational Aggression Participant Role Scales）可用来区分中学生在校园欺凌中的角色。该量表包括 35 个项目，采用 5 点评分（1 代表从不，2 代表偶尔，3 代表有时，4 代表经常，5 代表总是），项目样例见表 2-3。

表 2-3 欺凌者参与者角色量表（Casper et al., 2017）项目样例

欺凌者角色类型	项目号	项目	其他角色类型
公开的欺凌者角色	1	我讽刺或者辱骂别人	公开的施暴者
	4	如果有人开始动手打别人，我会加入一起打人	公开的协助者
	7	我会旁观别人挨打	公开的强化者
	10	当有人被欺负时，我什么也不做	公开的局外人
	12	如果有人开始讽刺或者辱骂别人，我会试着阻止他	公开的保护者
	15	同伴们欺负我	公开的受害者
相关的欺凌者角色	18	我开始散布他人的谣言	相关的施暴者
	21	如果有人开始散布他人谣言，我会加入一起散布谣言	相关的协助者
	24	当有人有意无视或不和别人说话，我通常都知道	相关的强化者
	27	我通常会听到谣言	相关的局外人
	30	如果有人试图让他们的朋友故意忽视别人，我会试着阻止他	相关的保护者
	33	同伴们不理我，或者不再跟我说话	相关的受害者

该量表的题目量比较多，主要将欺凌分为两类，一类是直接欺凌，一类是间接欺凌。每种欺凌类型把个体分成了欺凌者、受欺凌者和旁观者三种大的类型，其中旁观者又具体分为协助者、局外人、强化者、保护者四种类型，其优点为对欺凌的不同类型作了划分，同时细分了旁观者的不同角色。其缺点为每个学生需要对除自己以外的其他学生进行评分，然后计算每个学生在 35 个项目上的平均分，以全班为单位，计算每个学生的标准分，如果在某个角色量表上的标准分大于 0，且高于其他角色的标准分，则该学生就归属于某个角色；如果学生的两个最高分（标准分）之间的差异小于

0.1，则该学生就是两个角色的混合；如果学生在所有角色量表的标准分都低于0，则属于无角色者。从这一过程来看，虽然只有35道题，但学生填写的项目总数应该为35×（班级学生数量-1），这个项目总量就显得非常多，对于学生而言，其填写的认真程度就会大打折扣。

（三）旁观者角色量表简缩版

该量表由Pozzoli和Gini设计（Pozzoli & Gini，2010），并于2012年得到了修订，旁观者分为两种类型：保护者和消极旁观者，对保护者的测量分为4个项目，分别是"当同伴被其他人排挤或者疏远时，我会帮助或者安慰他""当别人在背后说某人的坏话或者谣言时，我会制止他们""当某人被攻击，我会保护他""当同伴被威胁或者被冒犯，我会保护他"；消极旁观者的测评项目也是4个，分别是："当同伴被攻击，我会袖手旁观""当听到别人在背后说某人的谣言或者坏话时，我不会多管闲事""当同伴被威胁或者被嘲笑，我不会去介入""如果我知道某人被排挤或者被疏远，我会当什么事情都没有发生"。

4个项目中2个测量的是外在欺凌，2个测量的是关系欺凌，采用5点评分，1代表从不，5代表总是，用4个项目的平均分作为保护者和消极旁观者的得分。

也有研究者把消极旁观者进一步细分为局外人、参与欺凌者，加上保护者共三个类型，由8个项目组成，问卷指导语为："如果你看到有同伴（1个或者多个）正在欺负另一个同学，你会怎么做？"

保护者有2个项目："我努力阻止欺凌/欺凌者""我去告诉老师"；局外人2个项目："我什么都不做，就安静地待在那里""我会远远离开"；参与欺凌者包含4个项目："我会和他们一起欺负同学""我会站在欺凌者一边，一起实施欺凌""我会在一旁观看，因为我觉得这很有趣""我会为欺凌者加油助威"。该量表为5点评分，1代表从不，5代表总是（Thornberg R & Jungert T，2013）。从参与者角色的类型以及题目的简洁性上来看，该工具是一个比较恰当的工具，可以用在今后的研究中。

（四）保护者测评工具

有研究者专门对旁观者角色中的保护者进行测评（Summers & Demaray，2008）。测评包含10个项目，采用5点评分（1代表没有，2代表1—2次，3代表3—4次，4代表5—6次，5代表7次或以上），项目样例见表2-4。

表2-4　保护者测评项目样例

项目号	项目
1	我试着去和被欺负过的同学做朋友
4	当有人的东西被别人故意丢时，我会保护他
7	当有人的书被别人故意打掉时，我会帮助他
9	当我看到有人被别人殴打时，我会告诉大人
10	当有人被别人故意戏弄时，我会帮助他

（五）旁观者干预模型

旁观者的作为与不作为会对欺凌事件的发生发展产生不同方向的影响。研究表明，旁观者的积极干预会降低欺凌事件的消极影响，旁观者的消极态度和行为会加强欺凌事件的消极后果。因此，需要了解旁观者选择不同行为背后的心理过程。有研究者研发了旁观者干预模型（Nickerson et al.，2014），他们把旁观者的行为过程分成了5个阶段，每个阶段用3个项目进行测评，共有15个项目（原量表有16个项目，研究者认为最后一个项目可以删除，因此保留了15个项目）。

旁观者干预模型的5个维度：①注意事件；②将事件解释为紧急事件；③承担干预的责任；④知道如何干预或提供帮助；⑤实施干预。该量表的项目样例如表2-5。

表2-5　旁观者干预模型项目样例

维度	项目号	项目
注意	1	欺凌是我们学校的一个问题
解释为紧急事件	4	当一个孩子被欺负时，他们需要帮助
承担责任	7	我认为应该由我来帮助制止欺凌
知道如何去帮助	10	我有能力帮助一个被欺负的学生
实施干预	3	如果我看到我的朋友在说或者做刻薄的事我会阻止他们

二、欺凌态度测评工具

欺凌态度量表是Rigby设计的10项问卷，其用来确定对欺凌的态度，其中一半的项目支持欺凌，一半不赞成欺凌。所有10个陈述被分配1到3分。支持受欺凌者态度的回答得到3分，支持网络欺凌的回答得到1分。如果参与者没有明确的观点，即不确定则得到2分。因此，最低的分数是10分，最高的分数是30分。分数越高，学生就越反对网络欺凌。得分低于20表示支持网络欺凌或反对受害者的态度。

指导语：仔细阅读下面的每个句子，根据你对它的同意程度，请在每个项目的对应框中打"√"，见表2-6。

表2-6　欺凌态度量表

项目号	项目	同意	不确定	不同意
1	经常在网上被挑中的孩子通常是罪有应得			
4	看到孩子们在网上被嘲笑时感到难过是很有趣的			
7	你不应该在网络上欺负别人			
10	我喜欢有人站出来为被网络欺凌的孩子辩护			

三、欺凌测评工具

欺凌工具需要考虑欺凌过程动态变化的特点（Dempsey, Sulkowski, Nichols, & Storch, 2009），很少有纯粹的欺凌者和受欺凌者，角色之间会有变化，因此在测评的时候需要考虑这一特点，既要测量他们欺凌的现状，又要测量他们受欺凌的现状。

提名法和自陈法有很高的相关度（Pellegrini & Bartini, 2001），我们的数据分析结果也表明，提名法和自陈法的结果有很大的重叠性，因此可以使用自陈法的方式调查中学生的校园欺凌行为。

郑英耀和黄正鹄编制的中学生欺负行为量表使用较多，有学者提供了工具的验证性因素分析结果，结果表明，该工具具有良好的拟合指标，适合用于测量中学生的欺凌和受欺凌行为（杨卫敏，2014），该量表欺凌项目有7个（例如我在学校里欺负别人、我破坏别人的友谊），受欺凌项目也是7个（例如别人在学校内欺负我、别人破坏我跟他人的友谊），共计14个项目；本课题组使用了这一工具专门测量现实欺凌和受欺凌，验证性因素分析的结果显示，该工具效度指标较好（$x^2/df=3.14$，CFI=0.978，TLI=0.967，RMSEA=0.064），可以用于现实欺凌和受欺凌的调查。课题组利用该工具在云南省保山市、湖北省来凤县、湖北省宜昌市及宜昌市下辖某县进行了问卷调查。

为了更大范围测量校园欺凌，有研究者把欺凌分成了5个方面：身体欺凌（例如用拳头打别人）、关系欺凌（例如让别人与他的朋友有矛盾）、言语欺凌（例如叫别人的外号）、财物欺凌（例如未经允许拿走别人的东西）和网络欺凌（例如在社交网站上说别人的坏话）（Betts L. R. et al.，2015）。这样可以更全面地测量欺凌行为，该量表每个维度有4个项目，共计20个项目，该工具效度指标较好（$x^2/df=3.20$，CFI=0.91，TLI=0.89，RMSEA=0.08）。本课题组针对广东佛山的中学生进行了大规模的调查。

有研究者专门研发了现实受欺凌量表（Sumter S. R. et al.，2015），把现实受欺凌分为了直接受欺凌（例如其他人会打我、其他人会侮辱我）和间接受欺凌（例如其他人不会和我一起走，其他人会假装我不在场、忽视我的存在）。该量表共有10个项目，该工具效度指标较好（$x^2/df=4.51$，CFI=0.97，TLI=0.96，RMSEA=0.08）。本课题组针对广东佛山的中学生进行了大规模的调查。

针对欺凌行为，有学者开发了主动性攻击-反应性攻击问卷（Raine，2006）。该问卷共23个项目，分为反应性攻击（11个项目，例如打人或向别人大叫后会感觉好一些、用攻击别人来保护自己、当被戏弄时会发怒或打别人）和主动性攻击（12个项目，例如与别人打架证明谁是最强的、为了取乐而去搞破坏、为了赢得比赛而伤害别人）两个维度。问卷采用3点记分（0=从不，1=有时，2=经常）。验证性因素分析显示，$x^2/df=2.14$，RMSEA=0.05，CFI=0.90，TLI=0.89，这一测评工具能够对欺凌的主动性进行区分，从而对欺凌者进行更细致的划分。该量表主要对湖北省宜昌市、云南省保山市的初一到初三的学生进行了问卷调查。

四、校园欺凌影响因素测评

依据生态系统理论模型，课题组主要选取了4个领域的测量工具：家庭类、学校类、媒介类和个人层面的变量。其中，家庭类、学校类和媒介类可以视为校园欺凌的外在环境影响变量，个人层面的变量可以视为中介变量。环境变量对个体的影响作用是什么，个人层面的变量对于个体行为的选择有何作用，课题组拟对这些变量之间的关系进行更深入的揭示，也为后续的干预研究提供数据支撑。

家庭类的测评工具主要有父母教养方式、父母协同教养、过度养育等，也设计了家庭主观社会经济地位和客观社会经济地位的测评。

学校类的测评工具有学校松-紧文化（该工具借鉴了国家松-紧文化的测评）、集体效能感、集体自尊、集体道德推脱，同时也把社区集体效能感纳入进来，包含了个体生活较为密切的三个环境源：家庭、社区和学校。

媒介类的测评工具主要是攻击主题偏好的测评，随着网络的普及，手机短视频、网络游戏等对个体的影响越来越直接，不同的攻击主题偏好会不会影响个体的校园欺凌行为，课题组对该测评工具进行了资料收集。

个体层面的心理变量主要测评了情绪类变量，包括移情、羞怯、敬畏、愤怒等测量工具；认知类测评包括成长型思维、道德推脱、欺凌态度、感觉寻求、匿名力度和匿名感知，以及个体的积极品质坚毅、未来取向等内容。

第三章

校园欺凌的表征及发展过程

第一节　校园欺凌的表征

一、问题提出

不同的校园欺凌报告显示发生率之间存在明显差异，校园欺凌的发生率从不到10%到超过65%不等（UNESCO，2017）。这个巨大差异说明欺凌的测评工具之间存在很大差异，但也存在另外一种可能，即学生理解的欺凌和研究者视角下的欺凌有所差异，导致其在回答欺凌项目时理解出现偏差。因此，有必要通过个案访谈，确定学生心目中的欺凌行为。

为了有效了解校园欺凌的发生情况，研究者拟采用对初中生进行大规模一对一访谈的形式，选取一所中学，对其初一到初三的学生进行访谈，男女生比例选取恰当，访谈主试共有60人（均为心理学专业本科生和硕士生），每个主试访谈2—3名中学生，每个中学生访谈时间为15—20分钟。在访谈之前，所有主试均经过严格培训，熟悉了访谈流程，并在课程教学中进行了课堂演练，保证熟练掌握访谈内容和访谈技巧。

同时，考虑到班主任教师对校园欺凌识别与管理的重要性，我们也针对佛山市某中学的班主任教师群体进行了问卷调查，尝试对比师生对校园欺凌的理解是否存在偏差，从而更立体地理解校园欺凌。

二、研究方法

（一）访谈对象基本情况

本次调查共访谈了湖北汉川市某中学154名同学，其中男生86名，占55.84%，女生68名，占44.16%；一年级56名，占36.36%，二年级46名，占29.87%，三年级52名，占33.77%，具体见表3-1。

表3-1　访谈对象基本情况统计表

类别	初一		初二		初三		合计	
	人数	占比	人数	占比	人数	占比	人数	占比
男	32	20.78%	26	16.88%	28	18.18%	86	55.84%
女	24	15.58%	20	12.99%	24	15.59%	68	44.16%
合计	56	36.36%	46	29.87%	52	33.77%	154	100%

随机选取佛山市某中学初一至初三的班主任教师进行问卷调查，调查问卷不涉及性别、年龄等人口学信息，共有45名班主任教师参与了调查研究。

（二）访谈提纲

1. 个人基本信息

收集个人基本情况，一方面有利于破冰，建立访谈人与访谈对象之间的良好关系，另一方面也为后期分析校园欺凌的特点提供资料。个人信息中涉及访谈对象的家庭情况，比如与父母的沟通质量、每个月的零花钱数量、喜欢的体育活动、班上的朋友圈子、有无手机以及使用手机和上网吧的频率等。

2. 中学生心目中的欺凌内涵

询问学生对于欺凌的理解，即"你认为什么是校园欺凌?""什么是网络欺凌？""学校有向你们介绍过欺凌方面的知识吗？""其他科目老师包括班主任有说过欺凌方面的知识吗？""你们学校会如何处理欺凌者？""你们班级会如何对待欺凌者？"通过询问可以发现欺凌现象发生后，学生认为学校采取的应对措施和教师的处理方法。

3.普及校园欺凌的定义

向访谈对象介绍校园欺凌的科学内涵，阐述欺凌的主要特征，这样可以让访谈对象真正理解欺凌现象，并为后面的欺凌经历讲述提供筛选标准。

4.访谈对象的现实欺凌经历（个人经历或者他人经历）

请讲述一件发生在自己或者其他人身上的欺凌事件，包括起因、过程，以及结果。然后追问访谈对象：你怎么看待这个事件？为什么会欺负其他人？为什么会被其他人欺负？为什么有人只是观望、不去制止？该访谈资料可以启发个体思考现实欺凌发生后应如何应对，同时促进旁观者群体的干预。

三、访谈结果

（一）学生视角下的欺凌内涵

1.欺凌定义

表3-2　访谈对象对欺凌内涵的理解

你是怎么定义欺凌的？	访谈资料
打架斗殴	打架斗殴就是校园欺凌
欺负	别人欺负你
以多欺少	一群人围攻一个人
语言攻击	与别人发生口角后,别人开始辱骂你
以大欺小	认为校园欺凌是高年级的欺负低年级的,且进行了多次,而被欺凌者无法还手的现象

表3-3　学生视角与研究者视角的契合度对比

学生视角	研究者视角
打架斗殴是肢体欺凌	身体上的击打、推搡、踢打行为都在肢体欺凌范围内
欺负是蓄意的、重复的	校园欺凌经常被定义为蓄意的、重复的、特殊的攻击性行为
以多欺少、以大欺小是力量上的不对等	校园欺凌中的欺凌者与受欺凌者存在身体、社交等方面力量上的不对等
语言攻击是言语欺凌	言语上的辱骂、嘲笑等都在言语欺凌范畴内

从表3-2、表3-3可以看出，学生心目中的校园欺凌和研究者对于校园欺凌的界定是比较吻合的。这说明学生对于校园欺凌的识别是有基础的。

2.受欺凌的经历

受欺凌经历示例见表3-4。

表3-4　访谈对象受欺凌经历示例

受欺凌的经历	性质	参与者例子
"他们排挤我"	关系欺凌	"小学的时候。因为自己得罪了班里一个同学，他们就联合起来，全班都不理我。我每天心情都不好，每天都坐在座位上一个人看书、写作业。有不会写的也没人告诉我，我也不敢告诉老师去解决这件事"
"他找表哥欺负我朋友"	第三方的介入	"开学的时候，两人洗碗互相泼水，朋友泼水，'泼赢'了另外一名同学。泼水输了的同学的表哥打了我的朋友，一巴掌把朋友打哭了"
"我不小心撞了他，结果被打了"	非欺凌	"我不小心撞了一个人，被撞的那个人就骂了一句，然后我就回了一句，接着被撞的那个人就动手打了我，结果因为我比较瘦小被打伤了"
"一群人欺负他一个"	肢体欺凌	"一位男同学骚扰另一位男同学，被骚扰的同学叫上了自己的朋友一起对那位男生进行了推搡、辱骂等"
"他们收我保护费"	财物欺凌	"某个下午我和同学放学回家的路上被大年级的同学索要保护费，为了不挨打我和同学每人给了欺凌者1块钱。事发后我对欺凌者很愤怒，但因为身材矮小怕打不过就忍气吞声了"
"他们总是羞辱我"	关系欺凌	"因为我身材矮小，学习也不好，而且说话还有些含糊，所以他们总是以我为乐，取笑我"

3.欺凌的经历

欺凌经历示例见表3-5。

表3-5　访谈对象欺凌经历示例

欺凌经历	性质	参与者例子
"惹了我朋友,要打他"	参与欺凌	"我朋友说有个人特别欠,我也没有问他具体原因,就帮他一起欺负那个人,把他拉到一个没人的角落打他"
"他打饭的时候插队"	非欺凌	"中午吃饭的时候有一个人插队,而且还觉得无所谓,我就跟他打起来了"
"玩的时候,他超过我了"	非欺凌	"当时打游戏的时候感觉他是耍手段才赢过我的,我不是很开心就骂了他,还打了他,然后事情就不了了之了"
"大家都骂他,我也跟着骂"	参与欺凌	"当时班里墙角堆了很多旧书,我们就想玩一玩,有一个同学告诉老师了,结果书被收走了,然后有同学就在后面刻字骂他,我们闲着无聊就都一起骂他了"
"就是单纯看他不顺眼"	非欺凌	"那个同学学习差,然后人品也不好,看着他一身毛病,有一次他踩了我,虽然道歉了,但是我还是骂了他"

4.学校和教师的应对

学校和教师的应对措施示例见表3-6和表3-7。

表3-6　学校的应对措施示例

学校对策	性质	参与者例子
"贴专栏"	惩罚	"在我们学校的宣传角贴专栏,有时候还会让我们做黑板报"
"升旗时说一下"	惩罚	"每周一升旗的时候,校长会说一下本周发生的事情,如果有打架的也会说某某班的某某同学怎么了"
"记大过,处分"	惩罚	"上次他们打架的时候学校会记大过,但是好像如果表现好还是能消掉的"

表3-7　教师的应对措施示例

教师措施	参与者例子
"开班会"	"老师开班会的时候,会在班会上点名批评说谁又欺负谁了"
"写检讨"	"老师会让他们写检讨,然后让他们签字保证不会再做了"
"会把欺负人的人和被欺负的人一起叫到办公室"	"老师会把双方一起叫到办公室然后批评欺负人的人,安慰被欺负的人"
"偶尔请家长"	"老师有的时候会请家长,但是情况很少,因为事情也不严重"

从访谈资料来看，出现欺凌事件后，学校以惩罚为主要应对措施，教师也主要选择惩罚，对受欺凌者给予安慰，但这种措施的有效性值得探讨。而且学校和教师对于家长介入的方式使用较少，在一定程度上把家庭因素忽略掉了。

5.个人应对策略

个人应对措施和求助对象示例见表3-8、表3-9。

表3-8　个人应对措施示例

应对措施	性质	参与者例子
"被打了然后打回去"	反抗	"有一次我有件事情办得不好，然后就被骂了，他们骂得很难听，还要动手打我，我忍无可忍就冲上去打他们"
"被欺负了，就不理他们了"	逃避	"因为我得罪了一个人，然后好多人都不理我，那时候六年级我就独来独往，因为很快我就解脱了"
"我道歉了"	顺从	"有一次一群人在下课后围着我，说让我道歉，我感觉我没做错什么，但是我不道歉他们就要打我，我就道歉了"
"我被追着打，结果看到了妈妈"	第三方介入	"在回家的路上被别人追着打，结果正好看到妈妈买菜回家，然后妈妈看到他们就把他们骂回去了，保护了我"
"过一阵子就好了"	冷处理	"有几次和同学吵架，他们当时很生气就让别人不和我玩，我那一阵子挺孤单的，但是后来就好了，又成了朋友"

表3-9　求助对象示例

求助对象	参与者例子
"家长"	"如果被欺负了，会告诉家长我今天发生了什么，但是不会说得那么严重"
"朋友"	"一次和同学吵架，吵着吵着他就朝我挥拳头，我也打不过他，但是我还是会跟朋友讲"
"有过相似经历的人"	"我和一个顺路的同学都被高年级的学长勒索过钱，我们会彼此聊一聊"

6.旁观者干预

旁观者干预示例和鼓励他人制止欺凌的示例见表3-10和表3-11。

表3-10　旁观者干预示例

旁观者干预	性质	参与者例子
"站在远处喊'不要打了'"	保护者	"之前排队打饭,两个人撞了一下,后面的人和前面的人打了起来,我有朋友上去拉开他们,我不敢就在后面喊'不要打了'"
"告诉班主任"	保护者	"很多人在一起玩游戏时,高年级的人加了进来,然后他们抢我们玩游戏的地盘,并打了我们,我就告诉了班主任"
"帮助认识的朋友"	参与欺凌	"走出校门,正好看到朋友在和别人打架,仗着义气就帮了朋友"
"赶快离开"	局外人	"有人在操场上打架,看着是高年级的就不想管,我又打不过,妈妈也不让我多管闲事,躲得越远越好"
"站在人多的这边"	参与欺凌	"有一个女同学跑步慢,导致我们班没有得到奖,当时大家都挺气的就没有理她,我不想和大多数人闹掰,所以也不理她"
"站在有理那边"	保护者	"两个人都说一下因为什么事情,谁说的比较有理就帮谁"
"站在那里,一言不发"	局外人	"有那种场合,会围着很多人,然后我就会想去看看,但是也就只是看看而已,不会说什么吧,没什么好说的"
"一般不会管"	局外人	"他们都是高年级的,我管不了,管了自己也可能被打"

表3-11　鼓励他人制止欺凌的示例

促进他人干预的方式	性质	参与者例子
"自己先上去"	主动介入	"有一次班里两个女同学发作业时吵起来并动手了,我就先上去拉她们,然后有很多人也来帮忙"
"如果是熟人,大家都会帮忙"	关系质量决定是否干预	"有个高年级的人来我们班堵人,然后我们就去找老师,他们也就回去了"
"自己要足够强大"	自我保护	"你自己如果很强,你要帮受害者,别人也会来帮忙"
"要出人命了,就会招来更多同学"	危急性	"大家都放学的时候,就听到有人喊'要出人命'了,大家都上前去帮忙拉架"

从上述事例中可以看出,对欺凌的界定仍然需要普及,这是一个基础工作。有一些事例不是欺凌,只是打架,有学生混淆了打架与欺凌的区别,也就是对欺凌的关键特征还是没有理解。

旁观者的数量还是很庞大的，旁观者选择作为局外人和参与欺凌的人数较多，保护者较少，这也是欺凌现象日益增多的一个原因。

（二）学生视角与研究者视角的吻合性

1.吻合度结果

根据表3-12可知，描述校园欺凌事件的学生有108人，其中有18.52%的学生描述的定义与事件不符。不符合的比例超过了15%，这说明对于校园欺凌的内涵还需要进一步普及，加大宣传力度。

表3-12　欺凌定义与事件统计

维度	类别	校园欺凌	
		人数	占比
事件与定义	符合	88	81.48%
	不符合	20	18.52%

2.高频词

研究者通过整理访谈内容，对初中生所认为的校园欺凌进行了词频统计，并将高频词汇整理如表3-13。提及"打架斗殴"的频次高达85，其次是"以多欺少"，频次为70，"欺负"和"语言攻击"频次分别为47和31，"以大欺小"的频次较低为17。

表3-13　校园欺凌定义词频统计

词	打架斗殴	以多欺少	欺负	语言攻击	以大欺小
词频	85	70	47	31	17

根据词汇频次统计结果可知，大部分初中生错误地认为"打架斗殴"就是校园欺凌，即大部分初中生认为肢体上的欺凌才是校园欺凌，而忽视了言语、关系等其他方式的欺凌，表明初中生对欺凌的种类和方式了解还不够，对欺凌没有完整的定义。近1/3的初中生认为"欺负"就是欺凌，对欺凌没有清晰的描述和认识，而是以与欺凌意义相近的"欺负"来代

替，表明初中生对欺凌的了解程度很低，这也可能导致在欺凌过程中更多的旁观者置身事外。但与此同时，很多人在对校园欺凌的定义中提及"以多欺少"，这与欧维斯定义的欺凌含义相吻合，表明初中生对欺凌"力量不均衡"这一要素有明确的认识，能意识到欺凌不是简单的一对一的回应关系，有时候也是一种集体行为。

另外，"语言攻击"的频次仅为31，表明大部分初中生所认为的校园欺凌更多的是肉眼可见的伤害，而忽视了言语、网络这类间接欺凌所带来的心理创伤。这也反映了初中生在面对网络欺凌时可能难以分辨或者做出行动减少欺凌，对间接欺凌的认识可能存在着误区。

（三）欺凌角色形成的原因

询问初中生"为什么有人会欺凌他人""为什么有人会被他人欺凌""为什么旁观者目睹校园欺凌事件时不去制止"，得到的访谈信息显示欺凌角色有以下特征。

1.欺凌者的特征

（1）学业上的表现：不务正业，在学校不学习、跟着别人混；学习成绩差；借口学习压力大寻找发泄出口。

（2）家庭特征：家庭环境差；留守生（父母务工）；在家里过得不开心；被过分溺爱；家庭经济压力大。

（3）情绪控制方面：脾气暴躁，喜欢欺负弱小；易被激怒；高冲动；有暴力倾向；爱玩。

（4）人际交往特征：爱站队；班级里的"大哥"；不会好好沟通；有高年级同学帮助；在同年级里人脉关系广。

（5）与被欺凌对象的关系：欺凌者嫉妒被欺凌者；欺凌者不喜欢被欺凌者。

2.被欺凌者特征

（1）身体特征：比较文弱；外貌或体型方面的差异。

（2）人际交往特征：爱惹是生非；不善于与家长老师沟通；爱挑衅；

不礼貌；平时喜欢独来独往；被排挤。

（3）性格：胆小、老实、软弱，不敢正面对抗；过于沉默，把心思都放在心里。

个体被欺凌的原因与其自身某些特质有关，比如鲁莽、冲动、郁郁寡欢、害羞、爱管闲事等；低水平的同理心和亲社会行为也是个体被欺凌的主要原因（Chan & Wong，2015）；身体有残疾，或者外貌怪异也会导致个体被欺凌；当被欺凌者不断被攻击、孤立，并被贴上不正常的标签时，对他们而言，他们的人际关系会变差，寻求帮助会变得很难，这就会进一步加剧他们的受欺凌者角色。被欺凌者不对欺凌者进行反击的一个很大的原因是他们不能获取有效的帮助和支持。

3.旁观者特征

（1）集体自尊：没有集体荣誉感；没有正义感。

（2）事不关己：害怕自己也被欺负，认为此事和自己没有关系；害怕被牵连而且自己没有能力阻止；告诉老师家长之后可能会被报复，不想也被其他人孤立；不想被牵扯其中。

（3）缺乏技能：自身力量不足，无法制止欺凌行为。

（4）道德推脱/感觉寻求：有些人不光是观望还会参与其中，或在旁边说笑；有人抱着看热闹的心态；看到别人被欺凌感到舒服；欺凌者很多都是旁观者的朋友，本身也讨厌被欺负的那个人。

（5）关系远近：跟自己不熟的人被欺凌觉得没有必要去帮；自己的朋友被欺凌，会去制止。

（四）谁来负责

关于"在预防校园欺凌中，学校、家庭哪部分最重要？"问题的访谈结果，见表3-14。

表3-14　关于"谁应该为预防校园欺凌负责"的访谈结果

选项	频率	百分比
家庭/家长	57	39.3
班主任/教师	24	16.6
校长和其他学校管理人员	25	17.2
都重要	5	3.4
学生/自己	2	1.4
不知道	12	8.3
都不怎么重要	1	0.7
未选择	19	13.1
合计	145	100

这一结果比较耐人寻味，认为家庭应负责的受访者占比最多，达到了39.3%，也就意味着初中生认为，家庭方面对于预防校园欺凌是最关键的因素，而如今在对于校园欺凌的预防和控制中，把家庭纳入进来的相对较少，因此，有必要对家庭因素如何影响校园欺凌做更进一步的研究。我们后期设计了家庭教养方式（父亲投入、父母协同教养、过度养育等）、家庭的社会经济地位等变量，探讨了他们与校园欺凌之间的关系。认为班主任/教师负责的与校长和其他学校管理人员应负责的人数差不多，比例分别是16.6%和17.2%。换句话说，在校园欺凌预防中，学校也是一个非常重要的影响因素，如学校制度、班级氛围等，我们在后期的研究中设计了学校松紧文化、班级气氛、班级集体效能感、班级集体自尊等变量，对其与校园欺凌之间的关系进行数据调查。同时，明确选择不知道的占8.3%，未选择的占13.1%，认为都不怎么重要的为0.7%，认为学生/自己更重要的占1.4%，这些比例总和为23.5%。这可能提醒我们，对于欺凌者、受欺凌者和旁观者三个群体而言，需要做进一步的研究，通过改变他们自身的互动过程，对校园欺凌进行更为有效的监控。

（五）班主任调查的结果

1.认识的全面性

对校园欺凌的认识较全面、能够把所有选项都选上的人数达38人，没有全选的人数只有7人，说明班主任对校园欺凌的认识还是比较全面的。

从没有被选中的选项来分析，"对他人取侮辱性的绰号"被5名班主任排除校园欺凌范畴，这也警醒学校管理者，必须达成对校园欺凌的科学认识，只有这样，才能在班级氛围营造上产生积极结果。

2.班级欺凌发生率

关于本班是否有欺凌现象的问题，29名班主任认为本班无欺凌现象，15名班主任认为本班是存在欺凌现象的。也就是说，绝大多数班主任认为自己的班级不存在校园欺凌现象，这一观念也导致了校园欺凌的现象持续存在。

3.存在的欺凌类型

班主任反馈出来的欺凌现象主要有以下几种：①取侮辱性绰号（此现象最常见）；②侮辱性的语言中伤等（此现象也较为常见）；③群体孤立、排斥或攻击（多个班主任有提及）；④网络攻击（此现象有几个班主任提及）；⑤强行索取他人财物（较少见，但也存在）。

4.班主任的困惑

（1）取侮辱性绰号是班级里面的小团体在针对某些具有特殊身形特征的同学时常用的一种方式，在老师批评教育后，此种现象还会出现。同时，给他人取外号是集体行为，容易传播开来，并且很难纠正。即使针对这一现象专门召开班级会议，讲清楚该怎么做，但仍有同学会不自觉地给别人起绰号。

（2）有的学生讲粗口成习惯，班主任对如何引导他们注重语言表达存在困惑。对相关同学进行教育或召开主题班会后，情况会有所好转，但是没有老师在的情况下，此种现象依然存在。

（3）有的学生意识不到自己对他人的伤害，传不实谣言，被造谣的同学受到心理伤害。造谣者不肯承认，也不肯说到底为何传谣言，传了什么谣言，这对于班主任的教育工作是个难点。同时，有的欺凌行为难查证，学生意识不到后果，造成难以界定谁之过、谁之责。

（4）如何界定欺凌。有的同学认为是开玩笑，对别人的伤害感受不到严重性，但被欺凌的同学心理压力很大，甚至出现自己伤害自己的行为。但班主任对很多专业术语的表述没有那么准确。

（5）如何深入了解孩子们的群体生存状态。校园欺凌不是一时半刻就能解决的问题，如何引导学生的舆论使学生朝积极正向的方向发展是很多班主任的一大困惑。

从生态系统理论的角度出发，个体成为欺凌者或者被欺凌者，周围的环境因素会有很大影响，比如所属的同伴群体行为异常、家庭功能失效、家庭亲密度较差、周围邻居存在暴力行为、学校氛围较差、师生关系和同学关系不佳、教师忽略校园欺凌现象（Bacchini, Esposito, & Affuso, 2009；Kasen et al., 2004），以及学生的学校归属感不强等，这些因素很有可能会导致个体成为欺凌者或者被欺凌者。

第二节　欺凌者的演变过程

一、问题提出

在校园欺凌过程中，欺凌者和被欺凌者的转化是常见的，这也产生了一个需要被关注的群体——双重角色，其遭受过欺凌，又实施过欺凌。那么这种角色转换的规律是什么？本研究对此进行了深入分析。

考虑到欺凌者和被欺凌者之间的互动过程，了解欺凌者的内在心理加工更为重要，因此，我们对3名初中生进行了深入访谈。这3名初中生都为欺凌者，而欺凌他人的原因并不相同，我们试图通过对不同类型欺凌者的深入访谈，找到欺凌者角色形成的一些关键因素，从而为后期的干预提供借鉴和指导。

二、研究方法

（一）研究对象

本研究选取湖北省一所县级初中的3名初中生作为访谈对象，这3名初中生都被班主任报告为初中期间做出过校园欺凌行为。访谈对象基本资料见表3-15。

表3-15　受访者基本资料

代号	性别	年级	生源地	是否为独生子女	欺凌角色类型
A	男	初二	城镇	否	主动欺凌者
B	男	初二	城镇	否	主动欺凌者和欺凌参与者
C	男	初二	城镇	否	受欺负后采取欺凌行为自保者

要保证访谈结果的可靠性，建立良好的访谈关系是前提。良好的访谈关系会让受访者在真诚、自然、开放的环境下充分表达内心的感受，因此，研究者在开始访谈时会营造一个良好真诚的访谈环境。在访谈结束后，研究者询问受访者此次访谈是否真实有效地代表了他真实的想法，以确认受访者表达的真实性。3位受访者在访谈结束后都表示此次访谈能够表达自己内心的真实感受。

（二）访谈提纲

访谈提纲主要从父母教养方式与婚姻质量、动力性因素、限制性因素等方面，同时结合某个欺凌行为，让受访者讲述整个欺凌过程，进而分析欺凌行为中的个体信息加工过程。通过对比分析，关注不同欺凌角色类型在这些维度上的差异。

三、研究结果

三个受访者的资料整理见表3-16、表3-17、表3-18。

表3-16 A受访者资料整理

核心主题因素	类属主题	编码	意义单元内容
家庭因素(F)	父母性格 父母的教养方式	AF01	父亲的脾气很冲动；他一点道理都不讲，只会用暴力来解决问题
	父母婚姻质量	AF02 AF03	有时候我爸爸、妈妈吵架，我爸爸就经常打我妈妈；在我读五年级时，父母离婚；父母离婚是因为我爸爸在外面玩，然后妈妈非常辛苦
动力性因素(I)	愤怒情绪 同盟	AI01 AI02	经常会感到生气，生气就恨不得上去打他 我会帮他们打架，他们也会帮我；我觉得他们很够义气，每次打架，他们也不会逃跑，要是我们打不赢别人，我们就会被别人打
	公平规则	AI03	别人无缘无故打我们班同学，我就会帮，我们班同学打别人我就不会帮
	关系规则 同伴排斥	AI04	看他跟我关系好不好
限制性因素(R)	外在惩罚	AR01	同学应该对我印象不好，比如我找他们借什么东西，他们不借
		AR02	老师不让我来上学；爸爸知道这个事后，非常生气，直接打我一顿
欺凌行为产生 过程(P)	线索的编码	AP01	非常看不惯那个同学那么招摇
	线索的解释	AP02	我跟他说不要那么招摇了，他瞟我，他心里肯定会想，我招摇关你啥事，他有一种不服气的感觉
	情绪唤起	AP03	很冲动
	目标定向	AP04	我就是想打他
	行为实施	AP05	我看不惯那个同学的一些行为，然后另外一个班的同学也看不惯，所以我们几个就合伙打了他一顿

63

表3-17　B访谈者资料整理

核心主题因素	类属主题	编码	意义单元内容
家庭因素（F）	父母的教养方式	BF02	爸爸知道我做坏事，就会对我发脾气，主要打我的是爸爸，妈妈不会打；在我一岁的时候，他们就出去打工了；爸爸、妈妈回来的时候感觉与他们不太熟悉，反正我现在对妈妈也不太好
动力性因素（I）	愤怒情绪	BI01	有蛮多时候都感觉挺生气的；就是想把他们杀掉，然后还想打他们
	同盟	BI02	别人不会打我，因为我认识很多人，假如别人要打我，我就找人去，反打一顿
	显性自恋	BI05	就是做一些坏事，会有一种荣誉感，在同学当中的荣誉感；别人不敢做的事我敢做；打他们不会打太重，主要是吓唬他们一下，让他们按照我的想法去做
限制性力量（R）	同伴排斥	BR01	关系还不错见面了就不会那么生气了，就是心里很生气，见面玩得还可以
	外在的惩罚	BR02	老师会告诉家长；他们（爸妈）会打我
欺凌行为产生过程（P）	线索的编码	BP01	他不按照我的想法去做
	目标定向	BP03	不按照我的想法做，就打他
	行为实施	BP04	矮的直接打，高的再说，看打不打得赢
	行为评价	BP05	感觉自己是老大

表3-18　C访谈者资料整理

核心主题因素	类属主题	编码	意义单元内容
家庭因素（F）	父母的教养方式	CF02	他们希望我在外面不打架，但是不希望我被欺负，如果我在外面被欺负，他们希望我能够打赢
动力性因素（I）	同盟	CI02	我被人欺负了，可以找这些朋友去帮我，这些朋友是我安全感的来源
	公平规则	CI03	就是不能打架，假如有人打架，就要他道歉，如果他不道歉，我们只能被迫地用一些手段要他道歉
	关系规则	CI05	我朋友被人打了，我一定会帮他出头；帮助他做他想做到的事

续表

核心主题因素	类属主题	编码	意义单元内容
	受欺负的经历	CI08	我小学的时候经常被别人欺负,他贬低我或者打我,我还手的话他还会告老师,明明是他先挑起来的,但老师会偏袒这些好学生
限制性因素(R)	外在的惩罚	CR02	一般约在校外打,不让老师和学校知道
欺凌行为产生过程(P)	线索的编码	CP01	我看不惯一些人欺负我的朋友,然后要他们道歉
	线索的解释	CP02	朋友被打如果告诉我,就不是他自己的事了,因为我们是朋友,我要保证或者说帮助他不被欺负
	目标定向	CP03	我要他道歉,如果他不道歉,我们只能被迫用一些手段要他道歉
	行为实施	CP04	我找了几个朋友,要那个打人者道歉,那个人不肯,然后我们就对那个打人者拳打脚踢,要他道歉

通过对3个访谈对象的资料整理,我们尝试构建了以下模型对欺凌者的行为进行解释。见图3-1。

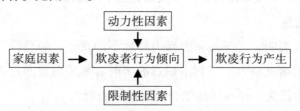

图3-1 欺凌行为形成过程

四、分析与讨论

(一)家庭影响

1.父母的性格因素

父母的性格会通过两个方式去影响受访者A。一方面是遗传影响,比如说受访者A的父亲性格比较冲动,那么可能受访者A天生性格就会比较冲动,发生暴力行为的可能性高。另一方面是社会学习,比如受访者A长期看到父亲的冲动性行为，从而习得冲动性行为。父母是孩子模仿的榜样，早期经历会促使个体形成各种归因解释，如果A认为父亲的这种冲动性格是可以接受的，那么他就会认为其他人也应该可以接受自己的冲动性格，认为自己的冲动行为是合理的。

2.教养方式

父母的教养方式对孩子的性格、行为都会产生很大的影响。已有研究发现，被父母接受的孩子一般会表现出亲社会行为，与他人相处关系良好，富有同情心，情感丰富，情绪稳定；但是被父母拒绝的孩子，情绪一般不稳定，逆反心强，情感冷漠。

受访者A的父亲经常对其采用体罚的方式进行教育，同时很难去同理受访者A的情绪、想法，这样的教育方式容易让受访者A形成冷漠、具有攻击性的性格。受访者B的父母在他很早的时候就离家去外地打工，然后在受访者B读初中的时候才回到他的身边，因此受访者B在童年时很难感受到父母的关怀，这种经历可能会造成受访者B逆反心强、情绪不稳定。早期父母陪伴孩子的时间，以及对待孩子的方式都会对个体发展产生影响。

3.婚姻质量

已有研究表明，生活在家庭暴力环境下的孩子，容易没有安全感、急躁、易怒、情绪波动大、遇到不如意的事时容易采取过激行为。个体会模仿父母的暴力行为，并在其他场合表现出暴力行为。

受访者A童年处在家庭暴力的环境下，这种经历可能会让受访者A经常体验到愤怒的情绪，习惯以暴力的方式去解决问题，在面对应激的环境时更容易产生过激的行为。同时，家暴的经历也可能会让受访者A内心深处有一种不安全感，这种不安全感会导致受访者A想要通过校园欺凌和与他人结盟去增加自己对环境的控制感，以防御内心深处的不安全感。

研究证明，父母离婚会对孩子产生负面影响，如导致抑郁、暴力行为增多、学业成绩下降等，不管从短期还是长期来看都会给孩子带来负面影响。因父母离婚而产生的成人监控的缺失会导致个体问题行为增多，从对3个学生的访谈中也会发现，家庭环境不良的个体更容易成为欺凌者。

研究者发现，受访者A在对父母进行描述时，对母亲更多的是同情，对父亲更多的是愤怒。父母离婚这件事，对于受访者A而言，主要责任来自父亲，这加深了受访者A与父亲的对抗情绪，但是受访者A现在的主要监护人是父亲，这种与父亲的不良关系会影响受访者A的心理健康水平。同时，对于如何释放这种负面情绪，受访者A会认为欺凌他人可能是一个更好的宣泄口，这些都增加了其暴力行为发生的可能性。

（二）动力性因素

1.愤怒情绪

Sukhodolsky等研究发现，高水平的愤怒与高频次的攻击显著相关。我国的研究者王振宏发现，具有攻击行为的学生，尤其是具有严重身体攻击行为或暴力倾向的学生，他们的情绪调节能力差，愤怒感强，发泄水平高（王振宏，2007）。

受访者A和受访者B都报告说经常体验到愤怒情绪，这种愤怒情绪对他们的攻击行为具有启动作用，增加了他们攻击行为发生的可能性。愤怒情绪在校园欺凌特别是欺凌者角色的形成过程中的作用需要关注，我们在后续的问卷调查中也专门针对愤怒情绪进行了相应研究。

2.关系群体

本研究将共同应对暴力冲突并为对方提供帮助的朋友关系定义为同盟。受访者A、B、C在报告校园欺凌经历时，都提到在进行欺凌或准备进行欺凌时有朋友的支持。还有一点是，受访者都报告了同盟关系对其安全感有帮助作用，正是因为这种同盟关系的存在，他们不害怕被别人欺凌。在校园欺凌中，旁观者不干预的一个原因就是欺凌者是他们的朋友。

研究者推测欺凌者之间的同盟关系的存在，会为欺凌者的欺凌行为提供支持。因为同盟关系的存在，欺凌者认为自己的力量足够强大，不会轻易在对他人实施欺凌行为后而遭到对方的报复。

根据对访谈资料的分析，研究者推测动力性因素中同盟关系、公平规则、关系规则三者之间存在关联。

公平规则、关系规则都是为了加强同盟关系，同盟关系的存在，又会使欺凌者认同并采取公平规则和关系规则去维护同盟关系以面对校园暴力冲突。

公平规则加强同盟关系。公平规则是指受访者认为对方打了我或者我的好朋友，我和我的好朋友必须打回去，这种公平规则的存在会让欺凌者与朋友之间的同盟关系更为牢固，因为他们需要紧密关系来增强自己的力量，以保证打赢对方。

关系规则加强同盟关系。关系规则是指受访者认为我的好朋友打人或者被打，我都需要帮助我的好朋友，这种关系规则认知的存在以及因为关系规则采取的集体暴力行为，会加强欺凌者与好朋友之间的同盟关系。

因为这种同盟关系的存在，欺凌者需要认同和采取公平规则来维护自己与好朋友这个团体免受他人的欺负；同时也因为同盟关系的存在，欺凌者会去认同和采取关系规则，在好朋友被打或去打人时，提供帮助。

3.显性自恋

已有研究表明，在面临同伴拒绝的情况下，显性自恋者为了保持高自尊，可能会采取攻击行为，不仅针对曾拒绝过自己的人进行攻击——直接报复性攻击，还可能对无辜他人进行攻击——转移性攻击。

受访者B在访谈的过程中一直强调，他做坏事让自己在同学当中获得了荣誉感和自豪感。同时，受访者B报告他打别人是因为别人不听从自己，打他们就是为了让他们能听从自己，同时自己也有一种当"老大"的感觉。有研究者提出，显性自恋者会直接表现出夸大感，有明显的表现欲，容易自我膨胀，特别醉心于获得他人的羡慕。研究者根据访谈资料分析，受访者B显性自恋水平高，在面临他人不听从自己时会采取攻击他人的行为来维护自己的自尊。

4.受欺凌的经历

受欺凌的经历对受访者的欺凌行为有影响作用。受访者C报告说在小学时期曾经遭受他人的欺凌和老师的不公平对待，当时他觉得特别没有安全感。上了初中以后，他多去认识一些朋友，这些朋友让他感觉有一些安全感，同时他为了朋友曾对他人进行欺凌。

研究者通过分析受访者C的经历发现，受访者C小学时遭受欺凌的经历让其对学校没有安全感。上了初中以后，为了增加自己在学校的安全感，受访者C多去结交了一些朋友，以获得同伴接纳并建立同盟，防止自己在学校遭受他人的欺负，为了加强同盟关系，受访者C会为了朋友对他人实施欺凌。

（三）限制性因素

1.同伴排斥

已有研究表明，欺凌者经常欺负他人会引起同伴群体的排斥，导致其不能正常处理好与同学的关系，社会交往困难。

受访者A报告说，自己的欺凌行为会让同学对自己的印象不好，然后对自己有一些拒绝行为。这种害怕同伴排斥的心理会限制欺凌者欺凌行为的发生。受访者B也报告说，为了维护和朋友的关系，即使自己对他们很生气，有打人的想法，但是出于朋友关系，也不会真的这么做。

2.外在惩罚

对于3位受访者而言，外在惩罚是限制他们欺凌行为的主要因素。对于初中男生而言，他们害怕的惩罚主要来自家长和老师。由于害怕自己的欺凌行为受到家长和老师惩罚，他们在采取欺凌行为前，会把老师、家长在知道自己的欺凌行为后会采取什么惩罚措施作为是否实施欺凌行为的衡量标准之一。

这就意味着在校园欺凌中，制定欺凌行为的惩罚规则会对欺凌者产生警示作用，在减少欺凌行为中有积极作用。这也和学校的松紧文化与校园欺凌之间的关系相吻合。

（四）过程视角下的欺凌行为发生

依据Dodge的信息加工理论，欺凌者在事件加工过程中，会存在一系列的加工阶段。因此，从过程角度分析，能够发现欺凌者的信息加工特点。

1.线索的编码

欺凌者在产生欺凌行为前，首先会对社会情境进行加工，与那些亲社会儿童相比，欺凌者更容易注意和回忆具有威胁性的情境线索。

受访者A在对他人进行认知时，会比较关注他人的招摇行为，并对此持看不惯的态度。受访者B对他人行为进行认知时，会比较关注他人不听从自己的行为。对敌意线索的过多关注会导致欺凌者的后续行为。

2.线索的解释

欺凌者对线索进行编码后，会对线索进行解释，与亲社会儿童相比，欺凌者更容易对线索做出敌意性归因，并缺乏对挑衅性行为的意图进行探索的动机。

例如，受访者A首先对对方发表挑衅性的言语，然后对方瞟了他一眼，他认为这是对自己的挑衅，受访者A并没有意识到是自己的挑衅性言语激起了对方带有挑衅性的行为，而是直接归因为是对方先对自己进行挑衅和侵犯。

3.情绪唤起

在面对具有敌意性的情境中，欺凌者更容易被唤起不良情绪，比如说暴躁、激动、愤怒。受访者A在报告欺凌经历时表示，在面对他人具有挑衅性的行为时，其体验到的情绪是非常冲动的。

4.目标定向

欺凌者在对情境进行认知和解释后，会搜索记忆库中自己能采取的行为类型，但是搜索到的往往是敌意行为类型，于是可能选择导致关系破裂或敌意性的行为目标。

受访者A和受访者B在对他人的行为进行认知和敌意性解释后，脑海中出现的大多都是打人的想法，在选择解决问题的行为类型中，他们主要倾向于以攻击的方式去解决问题，而没有更多地搜索到其他友善增进同伴友谊的方式去解决问题。

5.行为实施

在目标定向后，欺凌者就开始以集体欺凌或者个人欺凌的方式实施欺凌行为。

6.行为评价

欺凌者会对自己的欺凌行为给予积极评价，认为是可接受的。受访者B报告说，打人会让自己产生荣誉感。受访者C报告说，欺凌行为是为朋友出头，是在追求公平。

（五）重要启示

1.关注家庭因素

家庭因素的作用不可忽视，减少校园欺凌行为，必须让家长加入。父母加强对子女的行为监督，改善自身的情绪宣泄方式，以及对待子女的教养方式，才能从根源上改善欺凌者的行为表现。父母的性格会影响孩子。父母教育孩子的不当方式会引发欺凌行为，父母过多的暴力行为会提醒子女以暴制暴；父母主要以体罚的方式对孩子在生活中的错误行为进行教育也会导致子女对其模仿；父母在孩子婴儿期便离家，早期依恋关系的缺失会造成孩子与父母关系冷漠，孩子对父母有怨恨情绪。父母婚姻质量不良，如父母离婚、父母之间冲突不断甚至出现家庭暴力，都会增加个体的欺凌行为。

2.关注个体的朋友圈子

同盟关系的存在会加剧欺凌行为，因为其他同伴起到了强化欺凌行为的作用。3位受访者都报告说因为认识很多朋友，所以在学校不会怕别人打，同时也出于这些同盟关系，3位受访者才敢于做出校园欺凌行为。

3.愤怒情绪的影响

有两位受访者报告说经常会体验到愤怒情绪，并伴随有打人的想法。这种愤怒情绪和打人的想法对受访者的校园欺凌行为具有启动效应。这需要学校在教学过程中，增强欺凌者情绪管理的技巧和实践。

4.自尊的作用

一位受访者报告说当他打别人时，会有一种荣誉感和自豪感，会通过欺凌行为满足其自恋需求。其主要缘由是个体在学校环境中的欺凌行为增强了他们的存在感。这也可能与学生在青少年时期追求冒险行为的心理需求有关。但与此同时，欺凌者由于害怕自己过多的欺凌行为会导致同伴群体对自己产生负面印象甚至排斥自己，因此会减少自己的欺凌行为。这也体现了自尊对于欺凌者的多方面影响。

5.受欺凌的经历

一位受访者报告其在小学时有受欺凌的经历。这种受欺凌的经历会促使受访者去发展更多的同盟关系，增加自己的安全感，但由于同盟关系的存在和欺凌者认同公平规则和关系规则，这也会增加欺凌行为的可能性。

6.重视成人的监督作用

3位受访者报告说，欺凌行为被老师知道后，老师会告诉家长，家长会对他们进行责罚，他们害怕家长的责罚。由此可知，家长对欺凌行为的限制起重要作用。

7.个体信息加工过程的启示

在线索的编码上，欺凌者倾向于关注社会情境中的敌意性信息，即对他人带有敌意倾向的行为特别敏感。在线索的解释上，欺凌者倾向于对他人行为做出敌意性归因。如果个体在学校的价值感得不到体现，他们对敌意性信息的关注就会更多，敌意解释的可能也会增加。因此，增强他们对于自己未来发展的关注，或许在一定程度上能够减少他们做出欺凌行为的频率，这值得研究者进一步关注。愤怒情绪在欺凌者角色的发展过程中具有重要作用，因此要重视对欺凌者情绪唤起的关注，减少他们对愤怒或敌意性情绪的感知。在行为选择的多样性训练上，欺凌者倾向于选择用欺凌行为去解决冲突，而不是采取亲社会行为去解决冲突，在他们的认知图式里，用欺凌行为解决冲突是较好的选择。是否能够教授他们用更多方法解决冲突，强化他们的人际冲突解决技能，这也是一个可以重点研究的方向，特别是引导欺凌者对欺凌行为倾向进行的正面评价。

五、未来设想

本次欺凌者的访谈对象只选取了男性欺凌者，未能选取女性欺凌者，考虑到男女在欺凌行为形式上的差异，男生更多是身体欺凌，女生较多是关系欺凌。因此，后期需要关注女性欺凌者的发展规律和特点，并尝试检验男性欺凌者角色形成的模型框架能否对女性欺凌者做出更好的解释。

欺凌者和受欺凌者之间存在一个互动过程，通过深度的一对一访谈，更能从过程角度看到欺凌者和受欺凌者心理的动态发展，有利于提出更科学有效的应对措施。

第四章

校园欺凌的发生机制

第一节 校园欺凌的特点及模型构建：
湖北省某县学校的数据

一、问题提出

欺凌（Bullying）一词最早是由挪威学者 Dan.Olweus 在 1978 年经过研究提出的，在有些国家和地区也被称为欺负、霸凌等。校园欺凌指以学校为场所，发生在学生群体之间的欺凌行为。欺凌不仅包括身体上的攻击，还包括心理上的冷落、言语威胁、侮辱和散布谣言等（Smith PK，1998）。2016 年 4 月 28 日，国务院教育督导委员会办公室印发的《关于开展校园欺凌专项治理的通知》指出，校园欺凌是指发生在学生之间蓄意或者恶意通过肢体、语言及网络等手段实施欺负、侮辱，对学生心理、生理、名誉、权利、财产等造成侵害的行为。这是政府第一次以官方文件的形式对"校园欺凌"的定义予以明确。

影响校园欺凌的因素分为个体和环境因素，个体的坚毅品质可以有效减少校园欺凌（叶彩霞等，2021）；基于社会生态系统理论，对于学生而言，学校文化是影响其最大的微系统之一。研究发现，学校文化对校园欺凌存在一定的影响，集体道德推脱在学校松紧文化与校园欺凌之间起完全中介作用（王磊等，2021）。本研究认为，学校松紧文化作为一种环境变量，对校园欺凌会产生影响。

综上所述，本研究主要围绕影响校园欺凌的个体因素（坚毅）和环境因素（学校文化）展开研究。

二、研究方法

（一）研究对象

湖北省恩施州某县是全国第一个实行土家族民族区域自治的地方，被称为湖北省的"西大门"。课题组所调研的学校为该县某中学初一到初三的学生，调查对象来自农村，在县城寄宿。同时，调研对象几乎没有做过问卷调查，因此，问卷填写的质量有很好的保障。见表4-1。

表4-1　参与者的基本信息

年级	性别		合计
	男	女	
初一	172	192	364
初二	532	506	1038
初三	232	283	515
合计	936	981	1917

（二）研究工具

（1）人口学变量。包括学生班级、年级、性别以及是否为独生子女、父母受教育程度、父母职业等信息。

（2）校园欺凌。共14个项目，分为两个维度：现实欺凌（7个项目）和现实受欺凌（7个项目），采用5点计分，分数越高代表欺凌水平越高、受欺凌水平越严重。

（3）羞耻感。该量表包含25个项目，得分越高代表羞耻感程度越严重（钱铭怡等，2000）。量表采用5点计分，分为四个维度：个性、行为、身体和家庭方面的羞耻感。本研究中量表的 Cronbach's α 系数为 0.772。

（4）冲动性。原版为 Barratt 冲动量表（Barratt Impulsivity Scale，BIS-11），中文版采用的是李献云和费立鹏检验的 Barratt 冲动量表中文修订版（李献云等，2011）。该量表由 30 个条目组成，分成 3 个分量表，即：非计划冲动、行动冲动和认知冲动，采用 5 点计分，非计划和认知冲动性分量表的项目均为反向计分。一个人的得分越高，冲动性越强。计算时将得分范围转化成 0~100 分。本研究中量表的 Cronbach α 系数为 0.85。

（5）学校文化。本研究采用 Gelfand 等编制的学校松紧文化量表（Gelfand，2011），共 6 个条目。采用 Likert 6 点计分，从 1 表示"完全不同意"到 6 表示"完全同意"，得分越高表示学生感知到的学校文化越"紧"，本研究中该量表的 Cronbach's α 系数为 0.62。

（6）坚毅。共有 8 个项目，分为两个维度：兴趣的一致性（4 个项目）和毅力（4 个项目）。其中，兴趣的一致性的 4 个项目是反向计分。采用 5 点评分，得分越高代表坚毅水平越高。

（7）道德推脱。采用杨继平和王兴超修订的道德推脱问卷（王兴超，杨继平，2010）。问卷有 32 个题目，包括八个维度，采用 6 点计分，分数越高表示个体的道德推脱水平越高，本研究中量表的 Cronbach's α 系数为 0.89。

（8）暴力视频。一个项目，即观看暴力视频的频率。

三、结果

（一）基本特点

1.校园欺凌的基本特点

校园欺凌的发生率如表 4-2 所示。

表4-2　欺凌发生率

选项	近一个月内你是否欺负过别的同学		近一个月内你是否被其他同学欺负过	
	频率	百分比(%)	频率	百分比(%)
没有	1387	72.4	1456	76.0
1~2次	440	23.0	344	17.9
每周一次	29	1.5	23	1.2
每周数次	61	3.2	94	4.9
合计	1917	100.0	1917	100.0

从数据结果可以看出，校园欺凌的发生率为27.6%，其中3.2%的学生填写了每周欺凌他人数次；校园受欺凌的发生率为24%，选择每周被数次欺凌的学生比例为4.9%。

表4-3　欺凌发生的年级特点

欺负你的同学	频率	百分比(%)	你欺负的同学	频率	百分比(%)
没有被欺负过	1183	61.7	没有欺负过别人	1307	68.2
同班的	361	18.8	同班的	319	16.6
同年级别班的	250	13.0	同年级别班的	216	11.3
高年级的	89	4.6	高年级的	30	1.6
低年级的	11	0.6	低年级的	24	1.3

从欺凌的发生情况看，同班同学之间发生欺凌是最为常见的，同年级之间次之。在不同年级之间发生欺凌，一般都是高年级的欺凌低年级的。（见表4-3）

2.差异检验的结果

性别与年级发展的特点如下所示。

（1）现实欺凌的结果

表4-4 性别和年级在现实欺凌维度的交互检验

性别	年级	均值	标准差	$F_{性别}$	$F_{年级}$	$F_{交互}$
男	初一	1,447	0.041	40.41*** 男>女	5.18** 初二>初三 初一>初二（边缘显著）	1.46
	初二	1.517	0.023			
	初三	1.391	0.035			
女	初一	1.318	0.038			
	初二	1.293	0.023			
	初三	1.237	0.031			

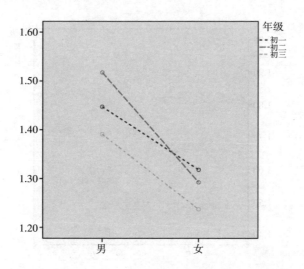

图4-1 性别和年级在现实欺凌维度的交互作用图

（2）现实受欺凌的结果

表4-5　性别和年级在现实受欺凌维度的交互检验

性别	年级	均值	标准差	$F_{性别}$	$F_{年级}$	$F_{交互}$
男	初一	1.906	0.051	48.09*** 男>女	7.02*** 初一>初二 初一>初三	1.42
	初二	1.715	0.029			
	初三	1.674	0.044			
女	初一	1.587	0.048			
	初二	1.519	0.029			
	初三	1.496	0.039			

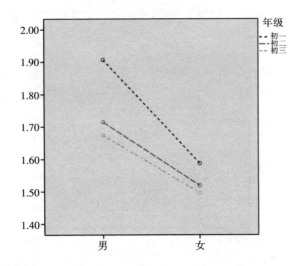

图4-2　年级和性别在现实受欺凌维度的差异检验

（二）预测因子（相关和回归）

1.相关分析的结果

表4-6　各变量间的相关

维度	学校生活	学校文化	兴趣一致性
现实欺凌/网络欺凌	−0.142***	−0.139***	−0.110***
现实受欺凌/网络受欺凌	−0.218***	−0.054*	−0.050*

从表4-6的分析结果来看，学校生活、学校文化以及个体兴趣一致性程度与网络欺凌、网络受欺凌、现实欺凌、现实受欺凌呈显著负相关，即个体的兴趣越稳定，越有自己的兴趣点，遭受现实欺凌/受欺凌和网络欺凌/受欺凌的可能性就越低。初中阶段的青少年的主要任务是自我探索，越有个人兴趣，未来发展取向就越清晰，这可以对个体遭遇校园欺凌起到保护作用。

从学校文化来看，学生感知的学校文化越严，校园欺凌的可能性就越低，网络欺凌/受欺凌、现实欺凌/受欺凌行为都会减少。因此，学校的管理严格程度，是减少校园欺凌的保护因子。

学生感知的学校生活越满意，校园欺凌的发生率也会越低。因此，学校管理规范制度的完善，个体有自己的兴趣爱好，学生的学校满意度高，都可以减少校园欺凌的发生。预防和控制校园欺凌，需要考虑学生的未来发展，创造更愉悦的校园环境，建立明确的制度规范，等等。

表4-7 各变量间的相关

维度	道德推脱	冲动性	羞耻感	暴力视频
现实欺凌/网络欺凌	0.369***	−0.175***	0.047	0.239***
现实受欺凌/网络受欺凌	0.088**	−0.002	0.222***	0.071**

从表4-7可以发现，暴力视频和道德推脱与网络欺凌/受欺凌、现实欺凌/受欺凌的相关均呈显著正相关，意味着观看暴力视频能够增强校园欺凌发生的可能性。个体的道德推脱水平越高，越容易发生校园欺凌。冲动性（得分越高，代表个体冲动性越低）能够负向预测个体的欺凌行为（包括现实欺凌和网络欺凌），个体冲动性程度越高，发生网络欺凌和现实欺凌的可能性越高。羞耻感与网络受欺凌和现实受欺凌呈显著正相关，个体羞耻感越高，被欺凌的可能性也越高。

冲动性与个体的欺凌行为关联更大，羞耻感与个体的受欺凌行为关联更强。这些变量之间的关系需要利用回归方程做进一步验证。

2.回归分析的结果

采用逐步回归的方法，依次以现实欺凌、现实受欺凌、网络欺凌、网络受欺凌为因变量，建立回归方程，结果如下所示。

（1）现实欺凌/网络欺凌的回归方程

道德推脱水平越高，暴力视频观看越频繁，个体实施现实欺凌/网络欺凌的可能性越高。冲动性得分越高（反向计分），代表个体越不冲动，因此，个体的冲动性越低，现实欺凌/网络欺凌行为就越少。（见表4-8）

表4-8　现实欺凌/网络欺凌相关因素回归分析

自变量	标准系数	t	p	共线性统计量		R	R²	F
				容差	VIF			
道德推脱	0.311	9.327	0.000	0.907	1.103	0.418	0.175	43.32***
冲动性	−0.138	−4.270	0.000	0.962	1.039			
暴力视频	0.114	3.418	0.001	0.908	1.101			

（2）现实受欺凌/网络受欺凌的回归方程

个体羞耻感越高，现实受欺凌/网络受欺凌的程度越严重，这可能是个体由于羞耻感而不敢反抗，从而进一步加深了现实受欺凌/网络受欺凌的程度。家庭影响力可以正向预测个体现实受欺凌/网络受欺凌，这一现象比较复杂。在校园欺凌的对象中，家庭地位高的个体也是一个主要的受欺凌群体，而且家庭地位高的个体很容易成为双重角色，既欺凌他人又受他人欺凌。学校文化对于现实受欺凌/网络受欺凌而言，是一个有效保护因子，能够有效减少现实受欺凌/网络受欺凌行为。（见表4-9）

表4-9　现实受欺凌/网络受欺凌相关因素回归分析

自变量	标准系数	t	p	共线性统计量		R	R²	F
				容差	VIF			
羞耻感	0.236	6.710	0.000	0.913	1.095	0.235	0.055	16.29***
家庭影响力	0.084	2.473	0.014	0.984	1.016			
学校文化	−0.081	−2.320	0.021	0.919	1.088			

（三）模型建构

1.学校文化对现实欺凌/受欺凌的影响

利用MPLUS软件，对学校文化、坚毅、现实欺凌之间的关系进行检验，结果如下。

（1）学校文化和现实欺凌：坚毅-道德推脱的链式中介检验

采用结构方程模型分析坚毅-道德推脱在学校文化与现实欺凌之间的链式中介作用（见表4-10和图4-3）。模型分析结果显示，学校文化可以负向预测现实欺凌行为（β=-0.220，p<0.001），负向预测道德推脱（β=-0.174，p<0.001）；道德推脱可以负向预测坚毅（β=-0.195，p<0.001）；坚毅可以负向预测个体的现实欺凌行为（β=-0.066，p<0.001）。根据温忠麟和叶宝娟（2014）推荐的Bootstrap方法检验中介效应的显著性。中介效应表明：道德推脱和坚毅在学校文化与现实欺凌间链式中介效应显著。（见表4-10）具体分析，中介效应由三条路径产生：①通过学校文化—道德推脱—现实欺凌产生一条间接路径（95%CI=[-0.065，-0.038]）；②通过学校文化—道德推脱—坚毅—现实欺凌产生一条间接路径（95%CI=[-0.005，-0.001]）；③通过学校文化—坚毅—现实欺凌产生一条间接路径（95%CI=[0.000，0.007]）。除第三条路径外，其余两条路径95%的置信区间均不包括0，表示两条路径间接效应均显著。

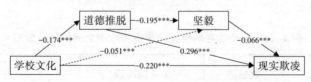

图4-3　学校文化和现实欺凌的链式中介模型

表4-10 中介效应检验的Bootstrap分析（n=1517）

中介路径	效应值	Boot标准误	Boot 95%CI	
			下限	上限
学校文化—道德推脱—现实欺凌	−0.052	0.007	−0.065	−0.038
学校文化—道德推脱—坚毅—现实欺凌	0.003	0.002	−0.005	−0.001
学校文化—坚毅—现实欺凌	−0.002	0.001	0.000	0.007
总效应	−0.271	0.015	−0.299	−0.242
直接效应	−0.220	0.015	−0.251	−0.191
间接效应	−0.051	0.007	−0.065	−0.037

（2）学校文化—冲动性—现实欺凌

该模型是完全中介。（见图4-4）首先，学校文化对现实欺凌的直接效应不显著。其次，学校文化正向预测冲动性（β=0.32，p<0.05），冲动性显著负向预测现实欺凌（β=−0.20，p<0.05），95%置信区间不包括0，证明路径存在中介效应，且中介效应占总效应比例为50%。（见表4-11）

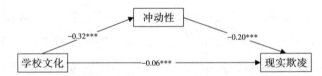

图4-4 冲动性在学校文化与现实欺凌之间的中介效应示意图

表4-11 冲动性在学校文化与现实欺凌之间的中介效应

中介路径	效应值	Boot标准误	Boot 95%CI	
			下限	上限
总效应	−0.056	0.016	−0.086	−0.025
间接效应	−0.029	0.006	−0.041	−0.020
直接效应	−0.027	0.017	−0.060	0.008

（3）学校文化—道德推脱—现实受欺凌

该模型是完全中介（见图4-5）。首先，学校文化对现实受欺凌的直接效应不显著。其次，学校文化负向预测道德推脱（β=-0.13，p<0.05），道德推脱显著预测现实受欺凌（β=0.11，p<0.05），95%置信区间不包括0，证明路径存在中介效应，且中介效应占总效应比例为16.67%。（见表4-12）

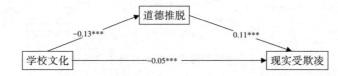

图4-5　道德推脱在学校文化与现实受欺凌之间的中介效应示意图

表4-12　道德推脱在学校文化与现实受欺凌之间的中介效应

效应类型	效应值	Boot标准误	Boot 95%CI	
			下限	上限
总效应	-0.038	0.020	-0.077	-0.001
学校文化—道德推脱—现实受欺凌	-0.009	0.004	-0.018	-0.003
学校文化—现实受欺凌	-0.030	0.020	-0.070	0.008

2.坚毅对现实欺凌/受欺凌的影响

（1）坚毅和现实欺凌：道德推脱-冲动性的并行中介检验

采用结构方程模型分析坚毅-道德推脱在学校文化与现实欺凌之间的链式中介作用（见表4-13和图4-6）。模型分析结果显示，坚毅可以负向预测现实欺凌行为（β=-0.263，p<0.001），负向预测道德推脱（β=-0.255，p<0.001）；道德推脱可以正向预测现实欺凌（β=0.167，p<0.001）；冲动性可以负向预测个体的现实欺凌行为（β=-0.124，p<0.001）。根据温忠麟和叶宝娟（2014）推荐的Bootstrap方法检验中介效应的显著性。中介效应表明，道德推脱和冲动性在坚毅与现实欺凌间链式中介效应显著。具体分析，中介效应由三条路径产生：（1）通过坚毅—道德推脱—现实欺凌产生一条间接路径（95%CI=[-0.059，-0.028]）；（2）通过坚毅—道德推脱—冲

动性—现实欺凌产生一条间接路径（95%CI=[0，0.004]）；（3）通过坚毅—冲动性—现实欺凌产生一条间接路径（95%CI=[-0.023，-0.005]）。除第二条路径外，其余两条路径95%的置信区间均不包括0，表示两条路径间接效应均显著。

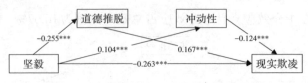

图4-6　坚毅和现实欺凌的并行中介模型

表4-13　中介效应检验的Bootstrap分析（n=1517）

中介路径	效应值	Boot 标准误	Boot 95%CI	
			下限	上限
坚毅—道德推脱—现实欺凌	-0.043	0.008	-0.059	-0.028
坚毅—道德推脱—冲动性—现实欺凌	0.002	0.001	0.000	0.004
坚毅—冲动性—现实欺凌	-0.013	0.005	-0.023	-0.005
总效应	-0.316	0.015	-0.347	-0.286
直接效应	-0.263	0.018	-0.297	-0.228
间接效应	-0.054	0.009	-0.072	-0.037

（2）坚毅和现实受欺凌：道德推脱-羞耻感的并行中介检验

采用结构方程模型分析道德推脱和羞耻感在坚毅与现实受欺凌之间的并行中介作用（见表4-14和图4-7）。模型分析结果显示，坚毅可以负向预测现实受欺凌行为（β=-0.335，p<0.001），负向预测道德推脱（β=-0.323，p<0.001）；道德推脱可以正向预测现实受欺凌（β=0.142，p<0.001）；羞耻感可以负向预测个体的现实受欺凌行为（β=-0.069，p<0.001）。根据温忠麟和叶宝娟（2014）推荐的Bootstrap方法检验中介效应的显著性。中介效应表明，道德推脱和羞耻感在坚毅与现实受欺凌间并行中介效应显著。具体分析，中介效应由三条路径产生：（1）通过坚毅—道德推脱—现实受欺凌产生一条间接路径（95%CI=[-0.053，-0.023]）；（2）通过坚毅—道德推

脱—羞耻感—现实受欺凌产生一条间接路径（95%CI=[-0.001，0.002]）；
（3）通过坚毅—羞耻感—现实受欺凌产生一条间接路径（95%CI=[-0.012，
-0.001]）。除第二条路径外，其余两条路径95%的置信区间均不包括0，表
示两条路径间接效应均显著。

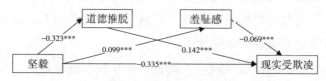

图4-7　坚毅和现实受欺凌的并行中介模型

表4-14　中介效应检验的Bootstrap分析（n=1517）

中介路径	效应值	Boot标准误	Boot 95%CI	
			下限	上限
坚毅—道德推脱—现实受欺凌	-0.046	0.010	-0.053	-0.023
坚毅—道德推脱—羞耻感—现实受欺凌	0.001	0.001	-0.001	0.002
坚毅—羞耻感—现实受欺凌	-0.007	0.004	-0.012	-0.001
总效应	-0.388	0.024	-0.356	-0.277
直接效应	-0.335	0.026	-0.316	-0.232
间接效应	-0.052	0.010	-0.060	-0.028

四、讨论

1.学校文化和现实欺凌/受欺凌的中介

根据生态系统理论，中学生的发展处在一个复杂的环境系统中，每一
层系统都与其他系统以及个体存在交互作用，影响着学生的发展。学校文
化是推动学校发展的核心力量，是对学生行为方式产生影响的内在机制。
因此，从集体层面探讨学校文化对于校园欺凌发生的影响具有可行性。结
构方程显示，学校松紧文化负向预测校园欺凌，这一结果与以往研究结果
一致（王嘉毅，2017），且更进一步证明了学校松紧文化对欺凌的负向预
测作用。

首先，这一结果验证了我们的假设，也符合道德推脱理论的观点，即个体在发生外化行为问题时，先会通过道德推脱机制来减少心理的内疚和自责（Gutzwiller，2015）。道德推脱是影响青少年欺凌行为的重要内部机制。学校文化为学生提供了道德规范要求，列出了明确的规章制度，决定了学生哪些行为是可以做的，哪些是脱离学校管理条约的，这些都能够有效地减少集体道德推脱现象的发生。

其次，坚毅训练课程可以有效降低初中生校园欺凌行为发生率（叶彩霞，2021）。培养个体的坚毅品质，提升欺凌者的自我控制能力以减少欺凌行为的产生；增强被欺凌者的耐挫能力，增加希望感获得内在能量以减少被欺凌的可能性。

最后，冲动性是一种人格特质，拥有这类特质的个体在接收到外界不良刺激时，倾向于不加思考地快速做出反应，很容易受到自身情绪、动机和需要的影响，较少考虑行为后果（Wulfert E. et al.，2010）。个体的欺凌行为与冲动性有密切关系（Ramirez J M.，2011），高冲动性的个体更容易做出欺凌行为。冲动性与欺凌显著正相关且可正向预测欺凌。在心理方面，缺乏自我控制的人易在行动前不加思考，快速行动，较少考虑行为后果，在有机会进行欺凌时，很难控制自己的行为，会即刻表露自己的情绪和态度，Lee和Ahn的研究证实了这一结论（Lee et al.，2005）。本研究和以往研究一致，认为应注意培养学生的自我控制能力，通过降低冲动性来减少欺凌行为的发生。

2.坚毅和现实欺凌/受欺凌的中介

从青春期恐惧症理论和挫折−攻击理论角度解释这一结果，可能是坚毅水平高的个体对自己的未来有一个较好的规划，能清楚地明白自己现在想要的是什么，其自我控制能力也很强，表现出较高的自律性（Duckworth，Peterson，& Matthews et al.，2007）。因此在处理同学关系时，他们会避免做出影响自己发展的不利行为，发生不良行为的概率也就相应减少。即使面对不良环境，高坚毅个体也能较快调整好自己的状态，摆脱困境，不会让自己长期陷入愤怒、伤心的情境。因此可以推测，提高学生的坚毅水平可以减少其产生欺凌和被欺凌的可能性。提高欺凌者的坚毅水平可以增加其抗挫折能力，使其在遇到失败或挑战时会进行多方面的思考，增加希望感，减少冲动行为的产生。对于被欺凌者，其最大的困境之一就是长期受到欺凌者的恶意干扰。培养个体坚毅的品质能够给予他们积极的心理能量，促进他们心理弹性发展，促使其勇敢向周围人寻求支持和帮助，改变现状，从而减少被欺凌的概率（Goodman，Disabato，& Kashdan et al.，2016）。

坚毅作为一种积极心理品质，可以有效降低风险性因素对个体身心的不良影响，促进个体健康发展（Goodman，Disabato，& Kashdan et al.，2016）。坚毅作为个体的积极心理特质，能提高其自我控制能力（减少冲动性），使个体在学习和为人处世中都表现得更加自律，道德水平发展良好。而道德推脱会使这种自我调节功能失效，那些具备高道德推脱的个体更可能做出不道德的行为，因为他们失去了这种自我调节功能，不会因此而感到愧疚、自责（Bandura，1999），进而产生更多的攻击行为。

研究结果还表明羞耻感在坚毅与受欺凌之间起中介作用，与本研究结果一致的是，齐春辉等人（2019）在探讨羞耻倾向与攻击行为关系的研究中得出，高羞耻倾向的个体在与他人交往中，不轻易相信他人，同时个体的自我控制能力不强，进而表现出攻击行为。而且，有研究进一步证实羞耻倾向对个体虚拟网络上的攻击行为（网络欺凌）同样也有影响（张珊珊等，2020）。因此，在羞耻感的中介作用下，坚毅性强的个体，感受到了羞愧感，从而减少了受欺凌行为。

五、结论

1.学校文化和现实欺凌/受欺凌

坚毅和道德推脱在学校文化与现实欺凌之间有链式中介作用；冲动性在学校文化和现实欺凌之间起中介作用；道德推脱在学校文化和现实受欺

凌之间起中介作用。

2.坚毅和现实欺凌/受欺凌

道德推脱与冲动性在坚毅和现实欺凌之间有并行中介作用；道德推脱与羞耻感在坚毅和现实受欺凌之间有并行中介作用。

第二节　校园欺凌的特点及模型构建：云南省某州学校的数据

一、问题提出

张文新、纪林芹（2010）围绕攻击性的角度来解释欺凌，认为欺凌是攻击行为的一种特殊类型，其特殊性在于力量的不平衡性和反复发生性。受欺凌者属于被动群体，往往是我们忽视的。

从个体和环境因素分析其对受欺凌和攻击行为的影响。一方面，个体感觉寻求水平高会增加青少年攻击行为。感觉寻求是青少年出现危险行为的重要原因之一，比如吸烟喝酒、自杀和攻击行为等（何华敏，2019）。同样，也有实证研究表明，感觉寻求水平可以显著预测青少年的攻击行为（胡春梅等，2021）。另一方面，攻击行为会让青少年网络欺凌行为更易发生。研究表明。主动性攻击是网络欺凌的重要预测因素（Ozdemir & Bektas，2021）。此外，Egan 等人（1999，2004，2009）的大量研究都表明了攻击主题偏好可以显著预测个体的暴力攻击行为；同时，PISA（2012）调查数据显示，班级环境是微观系统的重要组成部分之一，在教师对待学生不公平的学校里，欺凌行为要比教师公平对待学生的学校高出12%。与所在学校氛围不太乐观的学生相比，更积极的学校氛围对受欺凌者造成的负面影响可能会更低（Yang & Sharkey et al.，2018）。

本节从影响受欺凌和攻击行为的因素入手探讨个体感觉寻求和攻击主题偏好，以及班级的影响。

二、方法

（一）研究对象

参与者整体信息如表4-15所示。

表4-15　参与者的基本信息

性别	年级			合计
	初一	初二	初三	
男	119	181	87	387
女	114	203	123	440
合计	233	384	210	827

（二）研究工具

（1）感觉寻求量表。该量表包括6个项目，采用6点计分，1表示完全不符合，2表示完全符合。第1题为反向计分，总均分越高表示青少年感觉寻求水平越高。在本次测量中，该问卷的内部一致性系数良好（$\alpha=0.67$）。

（2）集体效能感量表。该量表由7道题组成，其中第1题和第4题为反向记分，采用6级评分，得分越高代表集体效能感越差。

（3）未来取向量表。采用刘霞等人（2011）编制的青少年未来取向问卷，问卷共31个题项，由三个维度组成，分别为未来认知、未来情感和未来意志行动，采用5点计分，1代表完全不符合，5代表完全符合。本研究中问卷的Cronbach's α系数为0.86。

（4）集体自尊量表。本研究采用Thornberg等编制的校园欺凌道德推脱量表，量表共30个条目，分为8个维度。采用Likert 5点计分，得分越高表示校园欺凌道德推脱的水平越高。本研究中量表的Cronbach's α系数为0.90。

（5）集体道德推脱。本研究采用Thornberg等编制的校园欺凌道德推脱量表，量表共30个条目，分为8个维度。采用Likert 5点计分，得分越高表

示校园欺凌道德推脱的水平越高。本研究中量表的 Cronbach's α 系数为
0.90。

（6）攻击主题偏好问卷。该问卷是郭昫澄等人（2014）在国外成人版
攻击主题偏好问卷的基础上编制的。共有6个维度，29个条目，问卷采用
Likert 5 点计分，从完全不感兴趣到非常感兴趣。本研究中量表的 Cron-
bach's α 系数是0.90，信度很好。

（7）参与者角色量表。该量表共35个题，区分公开或相关施暴者、公
开或相关协助者、公开或相关强化者、公开或相关局外人、公开或相关保
护者和公开或相关受害者12种角色。采用5点计分，1表示从不，5表示
总是。以班级为单位，分数标准化后，如果某一角色的标准分数大于0，
且高于其他角色的标准分数，则属于这一角色；若每个人得分数都小于
0，或者分数最高的两个角色之间的差异小于0.01，则为无角色者。在本
次测量中，该问卷的内部一致性系数良好（α=0.85）。

（8）中学生现实受欺凌量表。该量表共包括个7项目，项目采用5点
计分方法，得分越高表明被试现实受欺凌的频率越高（杨卫敏，2014）。
本研究主要采用现实欺凌行为量表，Cronbach's α 系数为0.75。

（9）攻击行为问卷。该问卷包括23个题，测量主动性攻击行为和反
应性攻击行为。采用3点计分，1表示从不，3表示经常。计算总均分，
分数越高表示青少年攻击行为水平越高。在本次测量中，该问卷的内部
一致性系数良好（α=0.88）。

三、结果

（一）基本特点

1.现实欺凌和现实受欺凌

男生的现实欺凌在初二时最低，女生的现实欺凌在初二时最高，男女生的发展趋势具有不同特点。见表4-16和图4-8。

表4-16　性别和年级在现实欺凌维度的交互作用

年级	性别	均值	标准差	$F_{年级}$	$F_{性别}$	$F_{交互}$
初一	男	1.622	0.025	0.90	49.54*** 男>女	3.69*
	女	1.428	0.025			
初二	男	1.533	0.020			
	女	1.458	0.019			
初三	男	1.582	0.029			
	女	1.441	0.024			

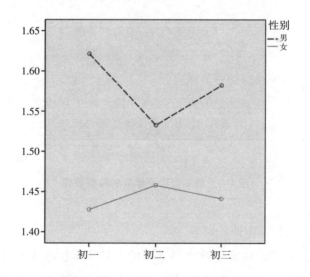

图4-8　现实欺凌维度的性别差异

在现实受欺凌维度上，男生的现实受欺凌在初二时最低，女生的现实受欺凌在初二时最高，男女生的发展趋势具有不同特点。见表4-17和图4-9。

表4-17 性别和年级在现实受欺凌维度的交互作用

年级	性别	均值	标准差	F$_{年级}$	F$_{性别}$	F$_{交互}$
初一	男	1.798	0.063	0.77	19.86*** 男>女	3.47*
初一	女	1.441	0.064			
初二	男	1.634	0.051			
初二	女	1.569	0.048			
初三	男	1.695	0.074			
初三	女	1.451	0.062			

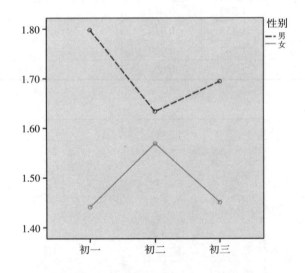

图4-9 现实受欺凌维度的性别差异

2.寄宿生活和来源地的影响

住在自己家里的现实受欺凌是最少的，其次是住校生，最多的是住在亲戚朋友家里的孩子，这更多反映出父母监督/成人监督的重要作用，监督力度越大，个体被欺凌的可能性更低。见表4-18和图4-10。

表4-18　寄宿生活和来源地的描述性统计

居住地点	来源地	均值	标准差
寄宿学校	农村	1.584	0.031
	城市	1.712	0.086
自己家	农村	1.565	0.047
	城市	1.606	0.121
亲戚朋友家	农村	1.700	0.220
	城市	1.810	0.232

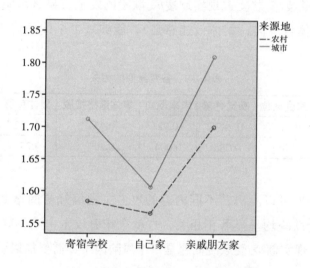

图4-10　现实受欺凌维度的来源地差异

（二）预测因子

1.相关分析结果

从结果可以看出，家庭地位与现实欺凌/网络欺凌之间相关显著，这就意味着家庭地位越高，个体实施现实欺凌和网络欺凌的可能就更高，家庭变量在欺凌行为中有更显著的影响。

感觉寻求、集体道德推脱与网络欺凌/受欺凌和现实欺凌/受欺凌均呈显著正相关，这两个因素对于校园欺凌行为是重要危险因子，需要引起重视。

未来取向和网络欺凌呈显著负相关，这可能因为未来取向的个体对于现实中的某些诱惑能够进行抵御，网络欺凌的发生和个体自我控制能力（抵制诱惑）有关。

集体自尊与网络欺凌/受欺凌和现实欺凌/受欺凌均呈显著负相关，集体效能感与网络受欺凌和现实欺凌/受欺凌均呈显著正相关（这是因为分数越高，其集体效能感越低），因此，对于网络欺凌/受欺凌、现实欺凌/受欺凌而言，集体自尊和集体效能感是重要保护因子，在一定程度上，班级环境对于网络欺凌/受欺凌、现实欺凌/受欺凌的发生有显著影响，提升班级凝聚力（集体自尊高，集体效能感强），能够减少个体的校园欺凌行为。见表4-19。

表4-19　各变量间的相关

维度	家庭地位	感觉寻求	未来取向	集体道德推脱	集体自尊	集体效能感
现实欺凌	0.118**	0.287**	−0.021	0.457**	−0.222**	0.204**
现实被欺凌	0.058	0.085*	0.004	0.289**	−0.271**	0.197**

从表4-20可以看出，不同内容的攻击主题偏好与网络欺凌/受欺凌，现实欺凌/受欺凌均呈显著正相关，这就意味着攻击主题偏好对于网络欺凌/受欺凌、现实欺凌/受欺凌而言是一个风险因子，需要加以引导和控制。

表4-20　各变量间的相关

维度	攻击主题偏好:尚武好战	攻击主题偏好:暴力死亡	攻击主题偏好:动漫娱乐	攻击主题偏好:神秘玄学	攻击主题偏好:恐怖刺激	攻击主题偏好:流行娱乐
现实欺凌	0.328**	0.415**	0.167**	0.315**	0.307**	0.333**
现实被欺凌	0.165**	0.182**	0.116**	0.182**	0.129**	0.079*

2.回归分析结果

（1）现实被欺凌的回归方程

表4-21表明，这些自变量可以解释网络欺凌行为的比率为16.4%。集

体自尊、主观评价的家庭地位和学校地位负向预测现实受欺凌，即集体自尊感越强（这和班级环境有关），自己认为的家庭地位越高，学校地位越高，现实受欺凌的可能性越低；集体道德推脱越高，喜欢神秘玄学的视频节目，个体遭受现实受欺凌的可能性越大。根据标准系数的大小，可以发现，对现实受欺凌最有预测力的三个变量为集体道德推脱、集体自尊，以及神秘玄学的主题偏好，可以看出，班级环境对于现实受欺凌有很大的预测力。

表4-21　现实受欺凌相关因素的回归分析

	标准系数	t	p	R	R²	F
集体道德推脱	0.214	6.332	0.000	0.404	0.164	31.52***
集体自尊	−0.195	−5.794	0.000			
家庭地位	−0.089	−2.514	0.012			
攻击主题偏好:神秘玄学	0.118	3.541	0.000			
学校地位	−0.078	−2.190	0.029			

（2）现实欺凌的回归方程

表4-22表明，这些自变量可以解释网络欺凌行为的比率为35.9%。集体自尊、动漫娱乐主题偏好负向预测网络欺凌，集体自尊越高，越喜欢动漫娱乐视频节目，越不可能实施现实欺凌；喜好暴力死亡、流行娱乐主题类的视频节目，集体道德推脱越高，感觉寻求越强，实施现实欺凌的概率也越大。根据标准系数的大小，可以发现，对网络欺凌最有预测力的三个变量为集体道德推脱、暴力死亡的主题偏好和感觉寻求。

表4-22　现实欺凌相关因素回归分析

自变量	标准系数	t	p	R	R²	F
集体道德推脱	0.339	11.241	0.000	0.599	0.359	75.07***
攻击主题偏好——暴力死亡	0.255	7.422	0.000			
感觉寻求	0.135	4.511	0.000			
集体自尊	−0.103	−3.533	0.000			
攻击主题偏好——流行娱乐	0.131	3.879	0.000			
攻击主题偏好——动漫娱乐	−0.078	−2.400	0.017			

综合来看，主观评价的家庭地位和学校地位能够正向预测网络欺凌，同时，两者能够负向预测个体现实受欺凌，有意思的是，这一结果比较有趣的地方在于，家庭地位越高，学校地位越高，能够减少个体现实受欺凌的风险，同时又增加了个体实施网络欺凌的可能性。

对于现实欺凌和现实受欺凌而言，集体自尊是一个重要的保护因子，它可以减少实施现实欺凌的可能性，也可以降低个体现实受欺凌的可能性。因此，班级环境在校园欺凌中的作用必须得到重视。

对于网络欺凌和网络受欺凌而言，未来取向是一个重要的保护因子，未来取向指向今后的发展，越关注自己的未来发展，个体实施网络欺凌和遭受网络受欺凌的可能性都会下降，中学生的一个主要任务就是自我意识的觉醒，找到他们未来发展的方向，能够对网络欺凌和受欺凌行为产生正向影响。

集体道德推脱在现实欺凌/受欺凌、网络欺凌/受欺凌中的作用都很显著，集体道德推脱水平越高，校园欺凌的发生率也越高，因此，班级环境的营造非常重要。

攻击主题偏好对于现实欺凌/受欺凌、网络欺凌/受欺凌中的作用也很明显，有意思的是，动漫娱乐的攻击主题偏好能够负向预测现实欺凌行为，这可能和动漫娱乐诱发的个体情绪有关，动漫娱乐一般诱发的是积极情绪，而其他方面的攻击主题偏好却正向预测校园欺凌行为。

另外，在现实欺凌中，感觉寻求的作用需要引起重视，个体感觉寻求水平越高，实施现实欺凌的可能性越大。高感觉寻求可能和暴力游戏有直接关系，长时间的暴力游戏会导致个体对他人情绪的脱敏，进而导致现实欺凌行为的增加。

（三）中介效应检验

1.个体感觉寻求对欺凌/受欺凌的影响

（1）感觉寻求对现实受欺凌的影响

采用结构方程模型检验道德推脱在感觉寻求和现实受欺凌之间的中介

效应（见图4-11）。首先，感觉寻求对道德推脱的路径系数显著（β=0.20，P<0.05），道德推脱对现实受欺凌的路径系数显著（β=0.28，P<0.05），其次，感觉寻求对现实受欺凌的路径系数不显著（β=0.03，P=0.474），因此道德推脱在感觉寻求和现实被欺凌之间起完全中介作用。道德推脱的中介效应大小为0.055，占总效应的64%。见表4-23。

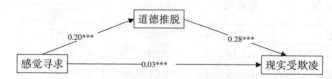

图4-11 道德推脱在感觉寻求与现实受欺凌之间的中介效应示意图

表4-23 道德推脱在感觉寻求与现实受欺凌之间的中介效应

效应类型	效应值	Boot 标准误	Boot 95%CI	
			下限	上限
总效应	0.086	0.041	0.004	0.161
直接效应	0.031	0.040	−0.051	0.105
间接效应	0.055	0.013	0.034	0.084

（2）感觉寻求对欺凌行为的影响

采用结构方程模型分析道德推脱在感觉寻求与攻击性之间的中介作用（见图4-12）。根据温忠麟和叶宝娟推荐的Bootstrap方法进一步检验中介效应的显著性。结果显示，道德推脱的中介效应均显著。

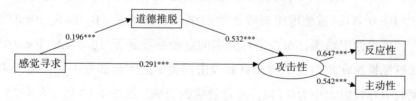

图4-12 道德推脱在感觉寻求和攻击性之间的中介模型

坚毅对网络欺凌的总效应为0.19，模型引入坚毅之后，直接效应变为0.17；坚毅在电子媒介使用对网络欺凌的间接效应为0.02，效应量（即中介效应占总效应的百分比）为11%，详见表4-24。

表4-24　网络欺凌的中介效应分析

效应类型	效应值	Boot SE	95%的置信区间	
			下限	上限
总效应	0.089	0.012	0.067	0.113
中介效应	0.023	0.005	0.014	0.033
直接效应	0.065	0.011	0.045	0.089

综上所述，坚毅在电子媒介使用和中学生网络欺凌之间起到了部分中介作用。

可以看出，感觉寻求特质会影响个体的欺凌行为，也会影响个体的受欺凌行为。道德推脱在感觉寻求与欺凌/受欺凌行为之间是一个显著的中介变量。降低个体的感觉寻求，减少个体的道德推脱水平，能够有效降低校园欺凌的发生率。

感觉寻求的产生和游戏有密不可分的关系，因此，课题组进一步对个体的攻击主题偏好与欺凌/受欺凌的关系进行了探讨。

2. 攻击主题偏好对受欺凌的影响

采用结构方程模型检验道德推脱在攻击性主题偏好和攻击性类型之间的中介效应。首先，攻击性主题偏好对道德推脱的路径系数显著（β=0.33，$P<0.05$），道德推脱对攻击性的路径系数显著（β=0.44，$P<0.05$），其次，攻击性主题偏好对攻击性类型的路径系数显著（β=0.42，$P<0.05$），因此道德推脱在攻击性主题偏好和攻击性类型之间起部分中介作用。道德推脱的中介效应大小为0.142，占总效应的25%。见图4-13和见表4-25。

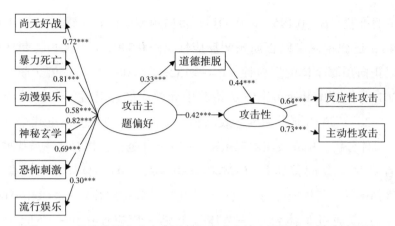

图4-13　道德推脱在攻击主题偏好与攻击性之间的中介效应示意图

表4-25　道德推脱在攻击主题偏好与攻击性之间的中介效应

效应类型	效应值	Boot 标准误	Boot 95%CI	
			下限	上限
总效应	0.557	0.043	0.467	0.639
直接效应	0.415	0.047	0.322	0.512
间接效应	0.142	0.022	0.102	0.188

攻击主题偏好能够通过道德推脱对个体的欺凌/受欺凌行为产生显著影响，攻击主题偏好是校园欺凌的一个风险因子，集体道德推脱是另一个风险因子，感觉寻求也是一个风险因子。这要求我们在校园欺凌预防中要采取有效手段进行干预，切实减少校园欺凌的发生。

3.班级环境对校园欺凌的影响

自尊是校园欺凌中的一个有效保护因子，本课题将集体自尊作为班级环境质量的一个评估指标，对集体自尊对校园欺凌的影响进行了中介效应检验，结果如下。

采用结构方程模型分析道德推脱和集体效能感在集体自尊与反应性之间的链式中介作用。模型分析结果显示（见图4-14），集体自尊可以负向预测道德推脱（β=-0.195，p<0.001），负向预测集体效能感（β=-0.310，p<0.001）；道德推脱可以正向预测反应性（β=0.340，p<0.001），集体效能感可以正向预测个体的反应性（β=-0.132，p<0.001）。根据温忠麟和叶宝娟（2014）推荐的Bootstrap方法检验中介效应的显著性。中介效应表明（见表4-26）：道德推脱和集体效能感在集体自尊与反应性链式中介效应显著。具体分析，中介效应由三条路径产生：①通过集体自尊—道德推脱—反应性产生一条间接路径（95%CI=[-0.042，-0.017]）；②通过集体自尊—道德推脱—集体效能感—反应性产生一条间接路径（95%CI=[-0.004，-0.001]）；③通过集体自尊—集体效能感—反应性产生一条间接路径（95%CI=[-0.033，-0.007]），三条路径95%的置信区间均不包括0，表示三条路径间接效应均显著，但直接效应包括0，直接效应不显著。

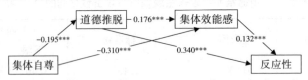

图4-14　集体自尊和反应性的链式中介模型

表4-26　中介效应检验的Bootstrap分析（n=1517）

中介路径	效应值	BootSE	95%的置信区间	
			下限	上限
集体自尊—道德推脱—反应性	-0.066	0.014	-0.042	-0.017
集体自尊—道德推脱—集体效能感—反应性	-0.005	0.002	-0.004	-0.001
集体自尊—集体效能感—反应性	-0.041	0.014	-0.033	-0.007
总效应	-0.161	0.038	-0.104	-0.039
直接效应	-0.050	0.037	-0.054	0.010
间接效应	-0.112	0.018	-0.067	-0.035

可以看出，集体自尊能够负向预测班级中的欺凌和受欺凌行为，它通过班级中的集体道德推脱水平、集体效能感对欺凌和受欺凌行为产生显著影响。其中，集体道德推脱水平越高，班级的欺凌/受欺凌行为越严重，集体效能感越高，班级的欺凌/受欺凌行为越少，这也证实了集体道德推脱是一个风险因子，集体自尊和集体效能感是保护因子。

四、讨论

1.感觉寻求和现实受欺凌/攻击性的中介

感觉寻求与攻击行为的发生密切相关。感觉寻求水平高的个体会表现出更多的攻击行为（Okuda，2019）。青少年感觉寻求与各种类型的不良行为存在着必然联系，同时也会造成个体的物质滥用等行为。通常情况下，出现攻击行为、吸烟饮酒等不良行为的个体，其感觉寻求也比较高（Okuda，2019）。在对青少年攻击行为进行分析时，感觉寻求水平成为一种重要的预测因素，如果青少年感觉寻求水平比较高，攻击行为的发生概率也会增加，因为这种行为能给他们带来强烈的刺激感受（李董平，2012）。挫折攻击理论认为，攻击是由挫折引起的（Dollard & Miller，1937），当个体遇到挫折时，内部情绪状态随之发生改变，由此引起个体的攻击行为（Berkowitz，1993）。高感觉寻求的个体对高奖赏有着执着的追求，因此当高感觉寻求个体选择高奖赏的目标时，也更可能遭遇挫折和失败，而此时遭遇的挫折与失败就很有可能转化为攻击行为（Rothbart & Putnam，2002）。

2.攻击主题偏好和攻击性中介模型：道德推脱

结果发现，道德推脱中介了攻击主题偏好对攻击性的正向预测作用，也就是说，攻击主题偏好越高，初中生道德推脱水平越高，从而进一步促进攻击行为的发生。这可能是由于个体通过选择自己喜爱的暴力、血腥话题的时候，已经利用道德推脱的策略机制认为这些不过是娱乐性的事物，从而认同自己对他人的攻击行为并且不感到内疚、自责。而自责感和内疚感是降低个体道德推脱水平的重要因素（杨继平，王兴超，高玲，2010）。

从这个角度看，攻击主题偏好高的个体可能通过接触大量的自己喜爱的极端主题从而降低内疚感和自责感，最后增加了个体道德推脱水平。此外，当个体通过网络视频游戏不断地接触甚至操作自己喜欢的和极端话题有关的内容，可能使他们的道德推脱机制以及对他人的攻击性无意识地被激活，使个体在参加其他如聊天、评论等正常社交活动时对他人做出攻击性行为。

3.集体自尊和反应性中介模型：道德推脱-集体效能感

本研究旨在探讨集体自尊对欺凌的影响，以及集体道德推脱和集体效能感的中介机制。相关分析显示，集体自尊与欺凌显著负相关，进一步结回归分析显示，集体自尊负向预测欺凌。这一结果与以往研究集体自尊与欺凌的结果一致（周心怡，2019）。相关的研究结果表明，高自尊与积极的情感显著相关，并能导致积极行为；消极的情感与低自尊密切相关，并能导致消极行为（King et al.，1999）。儿童在校园受欺凌程度与儿童自尊水平存在显著负相关，所以提高儿童的自尊水平可减少其受欺凌次数（林菲，2017）。

在集体认知发展的过程中，群体认同、集体效能感及群体情绪会随着社会情境与群体状况的变化而变化，即当学生坚毅水平高时，集体效能感水平会提高，群体成员更愿意参与集体行动。学生通过合作与交流改善了人际关系，进而对欺凌行为的干预也会相对增多，从而对欺凌行为产生一定的抑制作用。因此，提高集体效能水平能够有效降低欺凌事件发生的概率。

五、结论

（1）感觉寻求和欺凌/受欺凌：道德推脱在感觉寻求和现实受欺凌之间起中介；道德推脱在感觉寻求和攻击性之间起中介作用。

（2）道德推脱在攻击主题偏好和攻击性之间起中介作用。

（3）道德推脱和集体效能感在集体自尊和反应性之间起链式中介作用。

第三节　校园欺凌的特点及模型构建：
现实欺凌/受欺凌的分析结果

一、问题提出

校园欺凌行为指学生在校期间所遭受或实施的一种故意的、有伤害性的行为，这种行为可以通过肢体暴力、言语侮辱、人际关系破裂或者网络等形式实施。校园欺凌行为不仅会扰乱学校的学习环境，而且也会破坏良好的社会风气，对于学生的身心健康发展造成不良影响（任海涛，2017）。

初中生校园欺凌的发生是多种因素共同作用的结果。首先，家庭因素是一项重要因素，父母是影响个体成长的首要教育者，个体行为习惯与行为模式的养成与家庭环境和父母教育观念等家庭因素密不可分。其次，学校和班级是中学生接触最为频繁的环境，它们对中学生的行为方式有直接的影响。从已有研究来看，中学生的欺凌行为与道德推脱、自我效能感、班级环境等因素有关，但较少研究从集体层面探讨校园欺凌的影响因素（王磊等，2018）。根据生态系统理论，中学生的发展处在一个复杂的环境系统中，每一层系统都与其他系统以及个体存在交互作用，影响着学生的发展。

因此，本研究以家庭和学校为背景环境，通过对父亲投入、集体效能、社区效能、集体道德推脱和学校文化等影响校园欺凌行为的因素进行研究，进而为解决校园欺凌问题提供参考依据。

二、方法

（一）研究对象

对云南省某州的初一到初三的808名中学生进行了问卷调查，男生占43.6%，女生占56.4%。其中，初一人数占34.3%，初二人数占29.3%，初三人数占36.4%。调查对象信息如表4-27。

表4-27　性别和年级交叉表

性别	年级			合计
	初一	初二	初三	
男	123	108	121	352
女	154	129	173	456
合计	277	237	294	808

（二）研究工具

1.成长型思维量表

本研究采用成长型思维量表（Schroder et al.，2015）和欺凌态度的成长型思维（Yeager et al.，2011）测量中学生的成长型思维。量表共20个项目，包括五个维度：焦虑、智力、情绪、人格、欺凌态度主题的成长型思维，采用6点评分，1代表非常不同意，6代表非常同意。分数越低代表个体成长型思维越高。本研究中该量表具有良好的信度，内部一致性系数为0.80。

2.集体道德推脱量表

本研究采用Thornberg等编制的道德推脱量表，量表共30个条目，分为道德辩护、扭曲结果、非人性化、责任转移、责任分散、委婉标签、有利比较、责备归因等八个维度。采用5点计分，得分越高表示集体道德推脱水平越高。本研究中该量表具有良好的信度，内部一致性系数为0.86。

3.父母协同教养量表

本研究采用修订的青少年评定版父母协同教养问卷（刘畅等，2017），共计29个题项，包含团结、一致、冲突、贬低四个维度。量表采用5点计分，1表示从不，5表示总是，得分越高代表某一维度程度越高。本研究中该量表具有良好的信度，内部一致性系数为0.87。

4.集体效能感量表

本研究采用Goddard等人（2002）编制的集体效能感量表，共12个条目，分为2个因子：任务分析、群体结构。采用5点计分，得分越高表示学生集体效能感的水平越高。本研究中该量表具有良好的信度，内部一致性系数为0.87。

5.社区效能感量表

本研究采用社区效能感量表（肖亦宗，2016），共有10个项目，分为两个维度：社区归属感（5个项目）、社区自治力（5个项目），采用5点计分，得分越高代表社区效能感越强。本研究中该量表具有良好的信度，内部一致性系数为0.74。

6.父亲投入量表

本研究采用Finley等人（2004）编制的父亲投入量表，共9个项目，采用5点计分，得分越高代表父亲投入水平越高。本研究中该量表具有良好的信度，内部一致性系数为0.86。

7.参与者角色量表

本研究采用Casper等人（2013）编制的参与者角色量表，共有35个项目，采用5级评分。利用量表分数，可以把参与者角色分为12个角色，分别是公开的欺凌者（3个项目）、公开的受欺凌者（3个项目）、公开的协助者（3个项目）、公开的强化者（3个项目）、公开的局外人（2个项目）、公开的保护者（3个项目）、相关的/隐蔽的欺凌者（3个项目）、相关的/隐蔽的受欺凌者（3个项目）、相关的/隐蔽的协助者（3个项目）、相关的/隐蔽的强化者（3个项目）、相关的/隐蔽的局外人（3个项目）、相关的/隐蔽的保护者（3个项目）。得分越高，越归属于某一角色。本研究中该量表具有良好的信度，内部一致性系数为0.91。

8.欺凌保护行为量表

本量表共有10个项目，采用5点计分，得分越高代表欺凌保护行为越多。本研究中该量表具有良好的信度，内部一致性系数为0.92。

9.旁观者干预量表

本研究采用Nickerson等人（2014）编制的旁观者干预量表，共有16

个项目，分为5个步骤，分别是注意（3个项目）、解释（3个项目）、承担责任（3个项目）、技能（3个项目）和执行（4个项目），4点计分，得分越高，代表个体干预的可能性越强。本研究中该量表具有良好的信度，内部一致性系数为0.90。

10.认知和情感移情量表

本量表共有12个项目，其中情感移情有7个项目，认知移情有5个项目，采用4点计分，得分越高，移情水平越高。本研究中该量表具有良好的信度，内部一致性系数为0.86。

11.现实欺凌与受欺凌量表

该量表共包括14个项目，分为两个维度：现实受欺凌行为（7题）和现实欺凌行为（7题），得分越高表明被试欺凌/受欺凌的频率越高（杨卫敏，2014）。项目采用5点计分，分数越高代表欺凌水平越高，欺凌水平越严重。本研究中该量表具有良好的信度，内部一致性系数分别为0.85、0.89。

12.学校松紧文化量表

本研究采用Gelfand等（2011）编制的学校松紧文化量表，共6个条目。采用6点计分，从1表示完全不同意到6表示完全同意，得分越高表示学生感知到的学校文化越"紧"。本研究中该量表具有良好的信度，内部一致性系数为0.86。

三、结果

（一）基本特点

1.描述性分析结果

（1）欺凌/受欺凌行为与年级、性别之间的关系

从表4-28、表4-29和表4-30的卡方值可以看出，欺凌行为与年级、性别之间存在显著相关，受欺凌行为与年级之间存在显著相关。

表4-28 欺凌与年级的卡方检验

年级	欺凌				x^2
	完全没有	1—2次	每周一次	每周数次	
初一	213	58	4	1	20.24**
初二	206	25	3	4	
初三	248	32	7	7	

表4-29 受欺凌与年级的卡方检验

年级	受欺凌				x^2
	完全没有	1—2次	每周一次	每周数次	
初一	192	65	8	11	13.72*
初二	190	37	5	6	
初三	240	41	7	6	

表4-30 欺凌与性别的卡方检验

性别	欺凌				x^2
	完全没有	1—2次	每周一次	每周数次	
男	270	62	10	10	19.73***
女	397	53	4	2	

（2）父母情绪与个体欺凌/受欺凌行为之间的关系

父母情绪越稳定，个体受欺凌的频率越低；父母情绪越不稳定，个体受欺凌的频率越多。见表4-31、表4-32。

表4-31 受欺凌与母亲情绪的卡方检验

母亲情绪	受欺凌				x^2
	完全没有	1—2次	每周一次	每周数次	
稳定	565(78.7%)	121(16.9%)	17(2.4%)	15(2.1%)	19.37***
不稳定	54(62.8%)	21(24.4%)	3(3.5%)	8(9.3%)	

表4-32 受欺凌与父亲情绪的卡方检验

父亲情绪	受欺凌				x^2
	完全没有	1—2次	每周一次	每周数次	
稳定	560(78.8%)	115(16.2%)	16(2.3%)	20(2.8%)	13.29**
不稳定	58(62.4%)	28(30.1%)	4(4.3%)	3(3.2%)	

（3）家庭地位与个体欺凌/受欺凌行为的关系

从卡方检验的结果来看，个体自我评价的家庭地位与欺凌行为之间存在显著相关，个体评价的家庭地位越高，其实施欺凌行为的可能性越大。见表4-33。

表4-33　欺凌行为与家庭地位的卡方检验

变量		欺凌行为				x^2
		完全没有	1—2次	每周一次	每周数次	
家庭地位	完全不同意	104(81.3%)	20(15.6%)	3(2.3%)	1(0.8%)	35.61***
	有点不同意	86(86.0%)	12(12.0%)	0(0.0%)	2(2.0%)	
	不确定	395(83.0%)	70(14.7%)	5(1.1%)	6(1.3%)	
	有点同意	60(85.7%)	7(10.0%)	3(4.3%)	0(0.0%)	
	完全同意	20(62.5%)	6(18.8%)	3(9.4%)	3(9.4%)	

2.差异检验的结果

（1）欺凌行为在性别与年级上的特点

男生显著高于女生，初二学生的欺凌行为最多，并且显著高于初一和初三学生。见表4-34和图4-15。

表4-34　欺凌行为在性别与年级上的差异检验

年级	性别	均值	标准差	N	$F_{性别}$	$F_{年级}$	$F_{交互}$
初一	男	1.47	0.75	113	60.54*** 男>女	3.18* 初二>初三 初二>初一	1.87
	女	1.18	0.43	149			
初二	男	1.69	0.94	101			
	女	1.21	0.43	127			
初三	男	1.47	0.83	120			
	女	1.18	0.38	170			

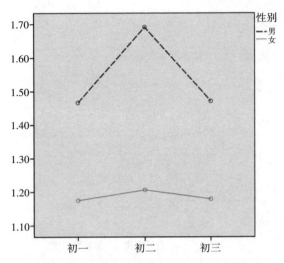

图4-15 欺凌行为在性别与年级上的差异

（2）寄宿生活经历的影响

寄宿会导致个体欺凌行为增多，住在亲戚朋友家里的个体欺凌行为最多，并且显著高于住校和住家。见表4-35和图4-16。

表4-35 欺凌行为在居住地点与性别上的差异检验

居住地点	性别	均值	标准差	N	$F_{性别}$	$F_{地点}$	$F_{交互}$
学校	男	1.55	0.88	144	32.09*** 男>女	2.87* 亲戚朋友家>家里 亲戚朋友家>学校	1.86
	女	1.19	0.44	186			
自己家里	男	1.50	0.78	177			
	女	1.18	0.38	240			
亲戚朋友家	男	2.04	1.16	11			
	女	1.24	0.52	17			

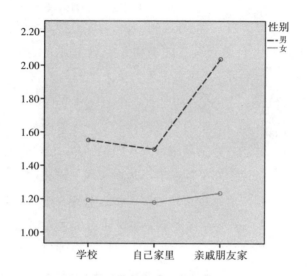

图4-16　欺凌行为在居住地点与性别上的差异检验

（3）受欺凌行为在性别和年级上的特点

男生的受欺凌行为显著高于女生，初一学生的受欺凌行为显著高于初三学生。见表4-36和图4-17。

表4-36　受欺凌行为在性别和年级上的差异检验

年级	性别	均值	标准差	N	$F_{性别}$	$F_{年级}$	$F_{交互}$
初一	男	1.97	0.92	116	16.70*** 男>女	3.24* 初一>初三	0.87
	女	1.66	0.79	145			
初二	男	1.87	0.85	97			
	女	1.61	0.67	127			
初三	男	1.71	0.87	119			
	女	1.57	0.71	166			

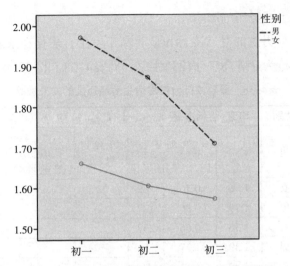

图4-17　受欺凌行为在性别和年级上的差异检验

（4）父母情绪的影响

母亲情绪的主效应显著，母亲情绪的稳定性程度对个体受欺凌行为有更显著的影响。母亲情绪稳定，个体的受欺凌行为就低；母亲情绪不稳定，个体受欺凌行为就高。父亲情绪的主效应不显著。见表4-37。

表4-37　受欺凌行为在父母情绪上的差异检验

母亲情绪	父亲情绪	均值	标准差	N	F母亲	F父亲	F交互
稳定	稳定	1.65	0.76	631	9.36*** 稳定>不稳定	2.59	1.51
	不稳定	1.95	0.72	52			
不稳定	稳定	2.11	1.02	47			
	不稳定	2.15	1.15	32			

（5）寄宿生活经历的影响

结果表明，男生的受欺凌行为显著高于女生，居住在亲戚朋友家里的学生，受欺凌行为显著高于住校和住家。见表4-38和图4-18。

表4-38　受欺凌行为在寄宿生活经历上的差异检验

居住地点	性别	均值	标准差	N	$F_{性别}$	$F_{地点}$	$F_{交互}$
学校	男	1.88	0.88	143	7.32** 男>女	4.35* 亲戚朋友家>家里 亲戚朋友家>学校	0.34
	女	1.66	0.76	182			
自己家里	男	1.79	0.86	177			
	女	1.56	0.66	237			
亲戚朋友家	男	2.39	1.27	9			
	女	1.89	1.14	16			

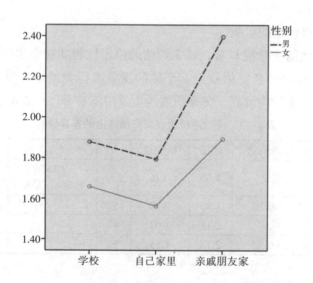

图4-18　受欺凌行为在寄宿生活经历上的差异检验

（二）预测因子

1. 相关分析的结果

（1）家庭因素与欺凌/受欺凌的关系

从结果上看，父亲投入越多，越关注子女的成长和表达需要，则个体的现实欺凌/受欺凌行为会越少；父母之间冲突越多，则个体的现实欺凌/受欺凌行为越多；在家庭地位上，个体家庭地位越高，现实受欺凌行为就会越少。见表4-39。

表4-39　家庭因素与欺凌/受欺凌间的相关分析

维度	父亲投入	父母协同:团结	父母协同一致	父母协同:冲突	父母协同:贬低	父亲:工具性需要	父亲:表达性需要	家庭地位
现实受欺凌	−0.179***	0.028	−0.041	0.238***	0.238***	−0.137***	−0.114**	−0.112**
现实欺凌	−0.154***	−0.006	−0.043	0.158***	0.253***	−0.172***	−0.115**	0.002

（2）学校因素与欺凌/受欺凌的关系

从结果上看，学生感知的集体效能越高，学校文化越严格，社区效能感越强，则个体的现实欺凌和受欺凌行为会越少；而集体道德推脱越高，则现实欺凌/受欺凌行为越多。见表4-40。

表4-40　学校因素与欺凌/受欺凌间的相关分析

维度	集体效能	社区效能感	集体道德推脱	学校文化
现实受欺凌	−0.278**	−0.194**	0.311**	−0.146**
现实欺凌	−0.329**	−0.113**	0.276**	−0.207**

2. 回归分析的结果

（1）现实欺凌的回归方程

从结果上看，集体道德推脱能够正向预测个体的现实欺凌行为，父亲-工具性需要，父母团结一致，以及学校文化能够负向预测现实欺凌，这意味着班级环境和家庭因素共同影响现实欺凌行为。见表4-41。

表4-41 现实欺凌的回归分析

自变量	标准系数	t	p	共线性统计量				
				容差	VIF	R	R²	F
集体道德推脱	0.162	2.811	0.005	0.945	1.059	0.325	0.105	8.39***
父亲-工具性需要	−0.197	−3.197	0.002	0.825	1.213			
父母协同-团结	−0.156	2.537	0.012	0.830	1.204			
学校文化	−0.136	−2.365	0.019	0.955	1.047			

（2）现实受欺凌的回归方程

从结果上看，集体道德推脱和父母冲突能够正向预测个体的现实受欺凌行为，社区效能感和班级地位可以负向预测现实受欺凌行为。同现实欺凌一样，家庭因素和班级环境对个体的现实受欺凌行为有更大影响。见表4-42。

表4-42 现实受欺凌的回归分析

自变量	标准系数	t	p	共线性统计量				
				容差	VIF	R	R²	F
集体道德推脱	0.257	4.745	0.000	0.959	1.043	0.449	0.202	17.97***
社区效能感	−0.213	−3.925	0.000	0.954	1.048			
班级地位	−0.171	−3.171	0.002	0.964	1.037			
父母协同-冲突	0.147	2.742	0.006	0.972	1.029			

（三）模型建构

1.学校在校园欺凌中的影响作用

（1）学校文化对现实受欺凌的影响

采用结构方程模型检验集体道德推脱和集体效能感在学校文化与现实受欺凌之间的中介效应。首先，学校文化对集体道德推脱的路径系数显著（β=−0.174，P<0.01），集体道德推脱对现实受欺凌的路径系数显著（β=0.283，P<0.001），学校文化对现实受欺凌的路径系数不显著（β=−0.037，P>0.05），因此集体道德推脱在学校文化和现实受欺凌之间起完全中介作用。集体道德推脱的中介效应大小为-0.049，占总效应的32%。

其次，学校文化正向预测集体效能感（β=0.306，P＜0.01），集体效能感反向预测现实受欺凌（β=-0.217，P＜0.001），学校文化对现实受欺凌的路径系数不显著（β=-0.037，P=0.461），因此集体效能感在学校文化和现实受欺凌之间起完全中介作用。集体效能感的中介效应大小为-0.066，占总效应的43%。见图4-19和表4-43。

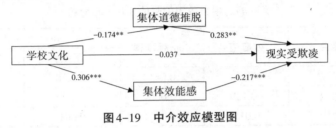

图4-19 中介效应模型图

表4-43 中介效应检验的Bootstrap分析

中介路径	效应值	Boot 标准误	Boot 95%CI	
			下限	上限
学校文化—集体道德推脱—现实受欺凌	−0.049	0.017	−0.092	−0.018
学校文化—集体效能—现实受欺凌	−0.066	0.015	−0.099	−0.040
总效应	−0.153	0.042	−0.238	−0.065
直接效应	−0.037	0.041	−0.123	0.039
间接效应	−0.116	0.023	−0.160	−0.070

从整体来看，学校文化可通过集体效能感和集体道德推脱影响欺凌的发生。学校文化越紧，越能有效减少欺凌的发生。

采用结构方程模型检验情感移情在学校文化和现实受欺凌之间的中介效应。首先，学校文化正向预测情感移情（β=0.166，P＜0.001），情感移情正向预测现实受欺凌（β=0.088，P＜0.05），其次，学校文化对现实受欺凌的路径系数显著（β=-0.159，P＜0.001）。因此情感移情在学校文化和现实受欺凌之间起部分中介作用。情感移情的中介效应大小为0.015，占总效应的10%。见图4-20和表4-44。

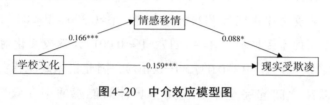

图4-20　中介效应模型图

表4-44　中介效应检验的Bootstrap分析

中介路径	效应值	Boot标准误	Boot 95%CI	
			下限	上限
总效应	−0.145	0.041	−0.220	−0.063
直接效应	−0.159	0.000	−0.237	−0.073
间接效应	0.015	0.063	0.001	0.031

（2）学校文化对现实欺凌的影响

采用结构方程模型检验集体道德推脱在学校文化和现实欺凌之间的中介效应。首先，学校文化反向预测集体道德推脱（$\beta=-0.178$，$P<0.001$），集体道德推脱对现实欺凌的路径系数显著（$\beta=0.224$，$P<0.001$）。其次，学校文化对现实欺凌的路径系数显著（$\beta=-0.091$，$P<0.05$），因此集体道德推脱在学校文化和现实欺凌之间起部分中介作用。集体道德推脱的中介效应大小为−0.040，占总效应的20%。

采用结构方程模型检验集体效能感在学校文化和现实欺凌之间的中介效应。首先，学校文化正向预测集体效能感（$\beta=0.307$，$P<0.001$），集体效能感反向预测现实欺凌（$\beta=-0.254$，$P<0.001$）。其次，学校文化对现实欺凌的路径系数不显著（$\beta=-0.091$，$P<0.05$），因此集体效能感在学校文化和现实欺凌之间起部分中介作用。集体效能感的中介效应大小为−0.078，占总效应的39%。见图4-21和表4-45。

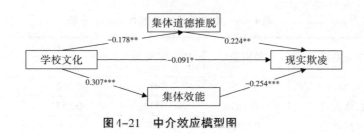

图4-21　中介效应模型图

表4-21　中介效应检验的Bootstrap分析

中介路径	效应值	Boot标准误	Boot 95%CI	
			下限	上限
学校文化—集体道德推脱—现实欺凌	−0.040	0.017	−0.104	−0.015
学校文化—集体效能—现实欺凌	−0.078	0.017	−0.129	−0.047
总效应	−0.209	0.038	−0.285	−0.138
直接效应	−0.091	0.041	−0.171	−0.014
间接效应	−0.118	0.022	−0.169	−0.081

从整体来看，学校文化可通过集体效能感和集体道德推脱影响现实欺凌的发生。学校文化越紧，越能有效减少欺凌的发生。

2.家庭因素在校园欺凌中的影响作用

在家庭因素中，主要建构父亲投入对现实受欺凌的影响模型。

采用结构方程模型检验父亲投入在情感移情和现实受欺凌之间的中介效应。首先，父亲投入正向预测情感移情（$\beta=0.106$，$P<0.01$），情感移情对现实受欺凌的路径显著（$\beta=0.088$，$P<0.05$）。其次，父亲投入对现实受欺凌的路径系数显著（$\beta=-0.187$，$P<0.001$），因此情感移情在父亲投入和现实受欺凌之间起部分中介作用。见图4-22和表4-46。

图4-22　中介效应模型图

表4-46 中介效应检验的Bootstrap分析

中介路径	效应值	Boot标准误	Boot 95%CI	
			下限	上限
总效应	−0.178	0.041	−0.262	−0.097
直接效应	−0.187	0.041	−0.257	−0.109
间接效应	0.009	0.006	0.001	0.025

四、讨论

本研究旨在探讨学校因素和家庭因素对现实欺凌的影响，以及集体道德推脱、集体效能感、情感移情的中介机制。相关分析显示，首先，学校文化与现实欺凌呈显著负相关；进一步回归分析显示，学校文化负向预测现实欺凌。这一结果与以往研究学校文化与现实欺凌关系的结果一致（王磊等，2021），即学校文化对欺凌现象有负向预测作用。其次，父亲投入与现实欺凌呈显著负相关，父亲-工具性需要、父母团结一致能够负向预测现实欺凌。所以，个体的欺凌现象受到学校因素和家庭因素的共同影响。

（一）学校文化对校园欺凌的影响

研究结果表明，集体道德推脱在学校文化与欺凌之间起中介作用。一方面，道德推脱是心理虐待与忽视影响青少年欺凌行为的重要内部机制。学校文化为学生提供了道德规范要求，列出了明确的规章制度，决定了学生哪些行为可以做，哪些是脱离学校管理条约的。这些都能够有效地减少集体道德推脱现象的发生。另一方面，当道德推脱水平较高时，集体会更多地将责任进行转移，从而感知到较少的责备归因，进而降低对被欺凌者痛苦的感知，最终导致校园欺凌的发生。因此，我们不仅要重视学校文化环境的培养，也要注重抵御班级环境中的集体道德推脱的消极作用。

研究结果表明，集体效能感在学校文化与欺凌之间起中介作用。在集体认知发展的过程中，群体认同、集体效能感及群体情绪会随着社会情境与群体状况的变化而变化，即当学生感知到"紧"的学校文化氛围时，集体效能感水平会提高，群体成员更愿意参与集体行动。学生通过合作与交流改善了人际关系，进而对校园欺凌行为的干预也会相对增多，从而对欺凌行为产生一定的抑制作用。因此，提高集体效能感水平能够有效降低校园欺凌事件发生的概率。

研究结果表明，情感移情在学校文化与现实受欺凌之间起部分中介作用。以往研究指出，管控力过强的学校制度更易引发学生的反抗，学生通过违反学校纪律、班规、校规来实现反抗学校制度，在长期处于对制度反抗的教育氛围之下，更易衍生出校园欺凌行为（王嘉毅等，2017）。因此，在学校的教育下，青少年虽然具有较高的情感移情，但也会为了反抗学校制度而产生欺凌行为。

（二）父亲投入对校园欺凌的影响

以往研究指出，父亲投入会影响个体的亲社会行为（张静竹等，2022）。同样，本研究发现父亲投入越多，越关注子女的成长和表达需要，则欺凌现象越少。

研究结果表明，情感移情在父亲投入与现实受欺凌之间起部分中介作用。情感移情是激发个体对被欺凌者将体验到的痛苦等情绪的共鸣，对即将的行为产生愧疚和不忍等情绪，从而影响欺凌等负性行为。父亲投入对于儿童安全感、社会情绪能力具有积极影响，因此父亲投入有助于促进个体的情感移情，进而也会通过情感移情影响欺凌行为。

五、结论

（1）集体道德推脱和集体效能感在学校文化和现实受欺凌之间起并行中介作用。

（2）情感移情在学校文化和现实受欺凌之间起部分中介作用。

（3）集体道德推脱和集体效能感在学校文化和现实欺凌之间起并行中介作用。

（4）情感移情在父亲投入和现实受欺凌之间起部分中介作用。

第四节　校园欺凌旁观者行为的特点及模型构建

一、问题提出

校园欺凌是一个群体过程，在整个发生过程中研究者认为旁观者群体存在三类：亲欺凌者、局外人、保护者。其中，亲欺凌者会参与到欺凌行为中，对受欺凌者会造成直接伤害；局外人是观众，但他们的冷漠与无所事事也会导致事件的升级；保护者站在受欺凌者一边，他们的介入不会让欺凌事件程度升级。

过度养育也叫直升机教育，表示父母对子女的过度教养，具有高支持、高控制和低自主性支持等特点（Padilla-Walker & Nelson，2012）。研究发现，权威型的教养方式是欺凌行为的危险因素（Zurcher et al.，2018）。有关美国青少年父母教养方式的研究表明，权威的教养方式与欺凌行为呈正相关（Hong et al.，2020）。考虑到过度养育与权威型教养方式存在相似之处，并且前者对孩子的控制性更强（夏宇娟等，2021），因此，过度养育可能在校园欺凌行为的发生起重要的作用。

集体道德推脱这一概念由 Bandura 提出。集体道德推脱是指在道德上为消极行为辩护的群体共同信念，它表现的是班级对于某些不规范行为的认可或反对程度。有研究表明，集体道德推脱作为一种集体共识，更容易使个体发生责任转移，从而加大校园欺凌发生的可能性（Bandura，2002）。

尽管校园欺凌最近受到广泛关注，但是关于其研究对象主要还是欺凌者和被欺凌者，对于欺凌过程中的另外一个角色——旁观者的研究还有待进一步加强。最近有研究调查了不同旁观者的类型，这对于欺凌的干预有很大的帮助（傅纳等，2022）。但是，有关旁观者角色在欺凌中的作用机制需要进一步明确。为此，本研究以中学生为对象，探讨过度养育和集体道德推脱与校园欺凌中旁观者行为的关系，以期为预防和干预校园伤害提供依据。

二、方法

（一）研究对象

对广东省佛山某中学初一到初三的1951名中学生进行了问卷调查，男生占51.7%，女生占48.3%。其中，初一人数占31.8%，初二人数占34.2%，初三人数占34%。调查对象信息如表4-47。

表4-47　性别和年级交叉表

性别	年级			合计
	初一	初二	初三	
男	339	345	324	1008
女	281	323	339	943
合计	620	668	663	1951

（二）研究工具

1.过度养育

本研究采用过度养育量表（C. Bradley-Geist & B. Olson-Buchanan, 2014），共5个项目，采用5点计分，得分越高，过度养育程度越高。本研究中该量表具有良好的信度，内部一致性系数为0.89。

2.集体道德推脱量表

本研究采用集体道德推脱量表测量中学生的道德推脱水平。该量表共17个项目，分为道德辩护、扭曲结果、非人性化、责任转移、责任分散、委婉标签、有利比较、责备归因八个维度。采用5点计分，得分越高表示代表个体感知的集体道德推脱水平越高。本研究中该量表具有良好的信度，内部一致性系数为0.93。

3.认知和情感移情量表

该量表共有12个项目，其中情感移情有7个项目，认知移情有5个项目，采用4点计分，得分越高，移情水平越高。本研究中该量表具有良好的信度，内部一致性系数为0.89。

4.自尊量表

本研究采用自尊量表（Rosenberg，1965），共10个项目，采用5点计分，得分越高，自尊程度越高。本研究中该量表具有良好的信度，内部一致性系数为0.80。

5.愤怒反刍量表

本研究采用愤怒反刍量表（Sukhodolsky, D. G. et al., 2001），共19个项目，分为四个维度：事后愤怒（6个项目）、报复想法（4个项目）、愤怒记忆（5个项目）、理解原因（4个项目）。采用4点计分，得分越高代表愤怒反刍的程度越高。本研究中该量表具有良好的信度，内部一致性系数为0.91。

6.旁观者角色测评

本研究采用旁观者行为量表（Thornberg R. & Jungert T., 2013），共8个项目，分为三类行为：保护者行为（2个项目）、局外人行为（2个项目）、参与欺凌行为（4个项目）。该量表为5点评分，得分越高，越归属于某个角色。

7.受害者态度量表

本研究采用受害者态度量表（Rigby，1997），共10条项目，采用3点计分法，从不同意、不确定到同意。其中，第5、7、9、10条需要反向计分。得分越高说明参与者越支持网络欺凌，得分越低说明越反对网络欺凌。

8.旁观者干预量表

本研究采用旁观者干预量表（Nickerson A. B. et al., 2013），共16个项目，分为五个步骤：注意（3个项目）、解释（3个项目）、承担责任（3个项目）、技能（3个项目）和执行（4个项目）。采用4点计分，得分越高，代表个体干预的可能性越强。本研究中该量表具有良好的信度，内部一致性系数为0.88。

9.现实受欺凌量表

本研究采用Sumter等（2015）编制的现实受欺凌量表，共10个项目，分为两个维度：直接欺凌（5个项目）、关系欺凌（5个项目）。采用6点计分，得分越高代表现实受欺凌程度越严重。本研究中该量表具有良好的信度，内部一致性系数为0.87。

10.欺凌量表

本研究采用欺凌量表（Betts L R et al., 2015），共有20个项目，分为五个维度，分别是身体欺凌（physical，4个项目）、关系操纵（social manipulation，4个项目）、言语欺凌（verbal，4个项目）、财物欺凌（attack on property，4个项目）、网络欺凌（electronic，4个项目）。采用6点计分，得分越高代表欺凌行为越严重。本研究中该量表具有良好的信度，内部一致性系数为0.90。

三、结果

（一）基本特点

1.描述性分析结果

（1）欺凌/受欺凌发生率

从调查结果来看，学生受欺凌的比率为9.6%，欺凌的比率为4.5%，相对而言，该校学生的校园欺凌率较低。见表4-48。

表4-48　欺凌/受欺凌频率调查表

维度	类别	频率	百分比(%)
受欺凌	无	1762	90.4
	1—2次	132	6.8
	每周一次	25	1.3
	每周数次	31	1.6
欺凌	无	1860	95.5
	1—2次	62	3.2
	每周一次	10	0.5
	每周数次	15	0.8

（2）求助对象的特点

本研究设计了两个项目来了解学生遭遇欺凌后求助的对象，分别是"如果你在学校被欺凌了，你会向谁求助？""如果你在网上被欺凌了，你会向谁求助"，结果如下。

从结果来看，在学校遭受欺凌后，学生选择向教师求助的比率最高，达到51.8%，向家长和同伴求助的比率差不多，分别是20.7%和20.8%。

学生在网络上遭受欺凌后，选择向家长报告的最多，比率是41.2%，其次是同伴，比率为33.8%。可以看出，家长和同伴是学生遭遇网络欺凌后的主要求助对象。考虑到欺凌现象更容易被同伴得知，因此，让学生填写问卷来调查欺凌发生率是一个比较可靠的途径。见表4-49。

表4-49　求助对象调查

欺凌类别	求助对象	频率	百分比（%）
现实欺凌	老师	1006	51.8
	家长	401	20.7
	同伴	403	20.8
	其他人	118	6.7
网络欺凌	老师	131	6.8
	家长	797	41.2
	同伴	654	33.8
	其他人	343	17.7

（3）旁观者类别

本研究利用项目"假如你正在目睹校园欺凌行为，你会怎么做？"对个体的角色进行划分，选项有5个，每一项都代表一种校园欺凌参与者角色。角色的评定标准如下。如果选择A选项"看热闹跟着起哄"，被试被认定为强化者；选择选项B"若无其事地走开，装作没有看见"，则被定义为局外者；选择选项C"报告老师"或D"帮助保护被欺凌的同学，制止欺凌行为"，都被判定是保护者；选择E选项"跟着欺凌被欺凌的同学"，则该生被定义为协助者。因为选项 A 和 E 测试的结构相似，所以合并在一起归纳为亲欺凌者。

　　从结果可以看出，旁观者群体中保护者占据主流，达到84.1%，但也有13.4%的局外人和2.5%的亲欺凌者。见表4-50。

表4-50　旁观者角色调查

类别	频率	百分比（%）
亲欺凌者	49	2.5
局外人	260	13.4
保护者	1634	84.1

2.差异检验的结果

（1）欺凌保护行为在性别与年级上的特点

　　在欺凌保护行为得分上，初一学生显著高于初三学生，并且年级与性别的交互作用显著，男生随年级呈下降趋势，女生在初二时最低，初一和初三的分数相近。见表4-51和图4-23。

表4-51　欺凌保护行为在性别与年级上的差异检验

年级	性别	均值	标准差	$F_{年级}$	$F_{性别}$	$F_{交互}$
初一	男	3.317	0.061	3.17* 初一>初三	0.17	3.87*
	女	3.269	0.067			
初二	男	3.226	0.061			
	女	3.120	0.062			
初三	男	3.034	0.063			
	女	3.251	0.061			

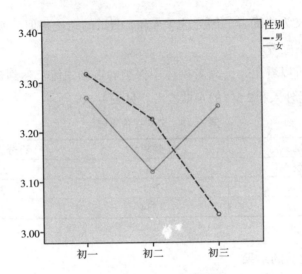

图4-23 欺凌保护行为在性别与年级上的差异

（2）欺凌局外行为在性别与年级上的特点

从结果来看，初三学生的欺凌局外行为最多，这也和他们欺凌保护行为最少相对应。初一学生的欺凌局外行为显著低于初二学生和初三学生。见表4-52和图4-24。

表4-52 欺凌局外行为在性别与年级上的差异检验

年级	性别	均值	标准差	$F_{年级}$	$F_{性别}$	$F_{交互}$
初一	男	1.505	0.045	11.78*** 初一<初三 初一<初二	0.01	0.22
	女	1.535	0.050			
初二	男	1.680	0.045			
	女	1.649	0.046			
初三	男	1.749	0.046			
	女	1.739	0.045			

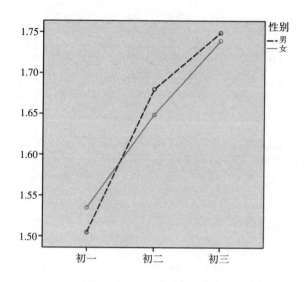

图4-24 欺凌局外行为在性别与年级上的差异

（3）参与欺凌行为在性别与年级上的特点

在参与欺凌行为上，男生随年级而增加，女生呈倒U型变化，初三显著下降，性别与年级之间的交互作用显著。初三学生的参与欺凌行为得分显著高于初一学生，初二学生的参与欺凌行为得分也显著高于初一学生。男生参与欺凌行为显著多于女生。见表4-53和图4-25。

表4-53 参与欺凌行为在性别与年级上的差异检验

年级	性别	均值	标准差	$F_{年级}$	$F_{性别}$	$F_{交互}$
初一	男	1.050	0.016	3.71* 初一<初三 初一<初二	16.99*** 男>女	5.89**
	女	1.054	0.017			
初二	男	1.122	0.015			
	女	1.063	0.016			
初三	男	1.140	0.016			
	女	1.033	0.016			

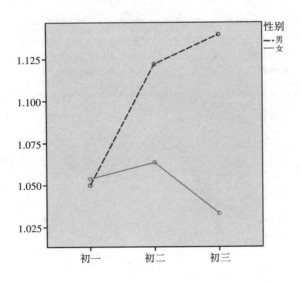

图4-25   参与欺凌行为在性别与年级上的差异

（4）受欺凌者态度在性别与年级上的特点

在受欺凌者态度上，得分越高说明参与者越支持网络欺凌，得分越低说明越反对网络欺凌。从结果上看，初一学生反对网络欺凌的态度得分显著高于初二和初三学生；在性别上，女生更反对网络欺凌。见表4-54和图4-26。

表4-54   受欺凌者态度在性别与年级上的差异检验

年级	性别	均值	标准差	F_年级	F_性别	F_交互
初一	男	1.538	0.016	4.18* 初一<初三 初一<初二	51.84*** 男>女	0.85
	女	1.457	0.018			
初二	男	1.584	0.017			
	女	1.490	0.017			
初三	男	1.605	0.017			
	女	1.481	0.017			

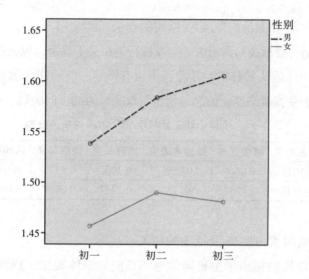

图4-26 受欺凌者态度在性别与年级上的差异

（二）预测因子

1.相关分析结果

（1）旁观者不同行为的相关

从结果上看，注意到欺凌事件对于个体实施保护行为有负向预测，而对局外行为和参与欺凌行为有正向预测，而在解释、承担责任、掌握技能以及执行能力等旁观者步骤上，保护行为与它们都呈显著正相关，局外行为和参与欺凌行为都呈显著负相关。因此，在面对欺凌事件时，注意不是最关键的，解释、承担责任、掌握技能和执行能力是最关键的。见表4-55。

表4-55 旁观者不同行为的相关分析

类别	注意	解释	承担责任	掌握技能	执行能力
保护行为	−0.091**	0.280**	0.469**	0.400**	0.423**
局外行为	0.078**	−0.101**	−0.313**	−0.285**	−0.314**
参与欺凌行为	0.117**	−0.234**	−0.177**	−0.099**	−0.183**

（2）个体心理变量与欺凌/受欺凌的相关

认知移情与受欺凌行为有关，与欺凌行为相关不显著，也就意味着欺凌行为发生时，个体的认知移情对欺凌行为没有影响，情感移情起主要作用，这也直接解释了受害者态度、愤怒等情绪与欺凌行为的正向关联。见表4-56。

表4-56　个体心理变量与欺凌/受欺凌的相关分析

维度	匿名力度	匿名感知	受害者态度	愤怒反刍	情感移情	认知移情	自尊
受欺凌	0.107**	0.060*	0.059*	0.290**	0.157**	0.070**	-0.265**
欺凌	0.274**	0.126**	0.172**	0.235**	0.080**	0.033	-0.133**

（3）环境因素与欺凌/受欺凌的相关

集体道德推脱相当于全班同学道德推脱的总体表征，班级环境越趋于对欺凌行为做合理解释、责任推卸，那么欺凌/受欺凌行为的发生就会越多，相关系数是非常显著的。

过度养育是指父母对孩子的替代过多，也会导致个体责任感的缺失，相关检验表明，这种相关是非常显著的。过度养育越多，欺凌/受欺凌行为越多。见表4-57。

表4-57　环境因素与欺凌/受欺凌的相关分析

自变量	受欺凌	欺凌
集体道德推脱	0.216**	0.318**
过度养育	0.267**	0.216**

2.回归分析的结果

（1）现实欺凌的回归方程

回归方程显示，集体道德推脱正向预测现实欺凌，过度养育正向预测现实欺凌，个体感知的匿名力度、对受害者的态度、个体的情感移情和愤怒反刍水平都正向预测现实欺凌。排在前三位的预测因素分别是集体道德推脱、匿名力度和过度养育。家庭养育方式、班级道德推脱水平以及个体对自己匿名的自信程度会导致现实欺凌的发生。见表4-58。

表4-58　现实欺凌的回归分析

自变量	标准系数	t	p	R	R²	F
集体道德推脱	0.188	6.239	0.000	0.415	0.173	46.30***
过度养育	0.125	4.526	0.000			
匿名力度	0.139	4.830	0.000			
受害者态度	0.111	4.206	0.000			
情感移情	0.084	3.146	0.002			
愤怒反刍	0.059	1.995	0.046			

（2）现实受欺凌的回归方程

对现实受欺凌有预测力的因子是过度养育、自尊、愤怒反刍、情感移情、集体道德推脱。其中，自尊越强，现实受欺凌越少。

综合来看，自尊对于个体受欺凌行为是一个保护因子，自尊越强，网络受欺凌和现实受欺凌就会越少。集体道德推脱和过度养育对网络欺凌/受欺凌、现实欺凌/受欺凌都有预测作用，这充分说明了在校园欺凌中，家庭因素和班级环境的重要影响。情感移情和愤怒反刍也在校园欺凌中有重要影响，提醒我们需要关注情绪因素。见表4-59。

表4-59　现实受欺凌的回归分析

自变量	标准系数	t	p	R	R²	F
过度养育	0.165	5.849	0.000	0.395	0.156	41.16***
自尊	−0.160	−5.927	0.000			
愤怒反刍	0.106	3.546	0.000			
情感移情	0.095	3.604	0.000			
集体道德推脱	0.088	3.164	0.002			

（3）旁观者行为的回归方程

以旁观者干预步骤为自变量，以旁观者的不同行为为因变量，分别建立旁观者保护行为、局外行为和参与欺凌行为的回归方程。

同相关检验的结果一致，注意这个阶段的得分越高，个体采取局外行为和参与欺凌行为的可能性越高，而保护行为会越低，这可能与后面的几个步骤有关，旁观者干预不能仅仅是注意，而且过于注意欺凌现象，可能是个体对于欺凌现象感兴趣。对于促进旁观者的积极行为即保护行为而言，需要教给个体更多的责任意识，促进个体正确解释校园欺凌现象，培养他们的干预技能和执行力。见表4-60、表4-61、表4-62。

表4-60　旁观者保护行为的回归分析

自变量	标准系数	t	p	R	R²	F
旁观者干预-责任	0.309	9.470	0.000	0.513	0.263	157.43***
旁观者干预-执行	0.188	6.566	0.000			
旁观者干预-注意	−0.114	−5.591	0.000			
旁观者干预-技能	0.062	1.981	0.048			

表4-61　旁观者局外行为的回归分析

自变量	标准系数	t	p	R	R²	F
旁观者干预-执行	−0.224	−7.428	0.000	0.372	0.138	69.71***
旁观者干预-责任	−0.229	−7.088	0.000			
旁观者干预-解释	0.118	4.365	0.000			
旁观者干预-注意	0.070	3.126	0.002			

表4-62　旁观者参与欺凌行为的回归分析

自变量	标准系数	t	p	R	R²	F
旁观者干预-解释	−0.210	−8.260	0.000	0.301	0.090	57.78***
旁观者干预-注意	0.146	6.337	0.000			
旁观者干预-执行	−0.117	−4.630	0.000			

（三）模型建构

1.过度养育的影响

（1）过度养育对现实受欺凌的影响

采用结构方程模型检验愤怒反刍在过度养育和现实受欺凌之间的中介效应。首先，过度养育对现实受欺凌的直接预测作用显著（β=0.199，P<0.001）。其次，过度养育正向预测愤怒反刍（β=0.383，P<0.001），愤怒反刍显著预测现实受欺凌（β=0.532，P<0.001），95%置信区间不包括0，证明路径存在中介效应，且占总效应的37%。见图4-27和表4-63。

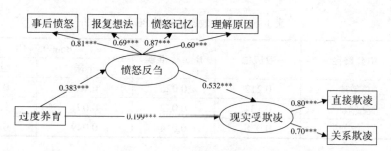

图4-27　中介效应模型图

表4-63　中介效应检验的Bootstrap分析

中介路径	效应值	Boot标准误	Boot 95%CI	
			下限	上限
总效应	0.074	0.022	0.029	0.117
直接效应	0.058	0.024	0.010	0.103
间接效应	0.017	0.005	0.006	0.027

（2）过度养育对现实欺凌的影响

采用结构方程模型检验愤怒反刍在过度养育和现实欺凌之间的中介效应。首先，过度养育对现实欺凌的直接预测作用显著（β=0.199，P<0.001）。其次，过度养育正向预测愤怒反刍（β=0.383，P<0.001），愤怒反刍显著预测现实欺凌（β=0.301，P<0.001），95%置信区间不包括0，证明路径存在中介效应，且占总效应的37%。见图4-28和表4-64。

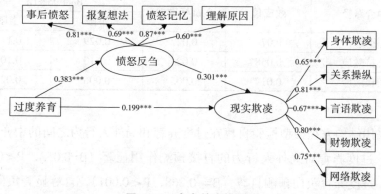

图4-28　中介效应模型图

表4-64　中介效应检验的Bootstrap分析

中介路径	效应值	Boot标准误	Boot 95%CI	
			下限	上限
总效应	0.212	0.026	0.157	0.259
直接效应	0.134	0.022	0.091	0.177
间接效应	0.078	0.014	0.049	0.105

（3）过度养育对旁观者行为的影响

采用结构方程模型检验自尊在过度养育和参与欺凌行为之间的中介效应。首先，过度养育对参与欺凌的直接预测作用显著（β=0.058，P<0.05）。其次，过度养育负向预测自尊（β=-0.267，P<0.001），自尊显著负向预测参与欺凌（β=-0.062，P<0.01）。95%置信区间不包括0，证明路径存在中介效应，且占总效应的23%。见图4-29和表4-65。

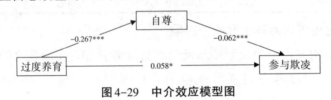

图4-29　中介效应模型图

表4-65　中介效应检验的Bootstrap分析

中介路径	效应值	Boot标准误	Boot 95%CI	
			下限	上限
总效应	0.074	0.022	0.029	0.117
直接效应	0.058	0.024	0.010	0.103
间接效应	0.017	0.005	0.006	0.027

采用结构方程模型检验自尊在过度养育和局外人行为之间的中介效应。首先，过度养育对局外人行为的直接预测作用显著（β=0.053，P<0.05）。其次，过度养育负向预测自尊（β=-0.268，P<0.001），自尊显著负向预测

局外人行为（β=-0.126，P<0.001）。95%置信区间不包括0，证明路径存在中介效应，且占总效应的39%。见图4-30和表4-66。

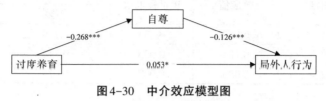

图4-30　中介效应模型图

表4-66　中介效应检验的Bootstrap分析

中介路径	效应值	Boot标准误	Boot 95%CI	
			下限	上限
总效应	0.087	0.024	0.041	0.135
直接效应	0.053	0.025	0.006	0.101
间接效应	0.034	0.008	0.020	0.050

2.集体道德推脱的影响

集体道德推脱对旁观者行为的影响

采用结构方程模型检验受欺凌者态度在集体道德推脱和参与欺凌行为之间的中介效应。首先，集体道德推脱对参与欺凌的直接预测作用显著（β=0.185，P<0.001）。其次，集体道德推脱正向预测受欺凌者态度（β=0.188，P<0.001），受欺凌者态度显著正向预测参与欺凌（β=0.184，P<0.001），95%置信区间不包括0，证明路径存在中介效应，且占总效应的16%。见图4-31和表4-67。

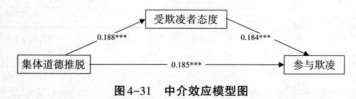

图4-31　中介效应模型图

表4-67 中介效应检验的Bootstrap分析

中介路径	效应值	Boot标准误	Boot 95%CI	
			下限	上限
总效应	0.220	0.035	0.149	0.286
直接效应	0.185	0.035	0.114	0.249
间接效应	0.035	0.007	0.023	0.048

采用结构方程模型检验受欺凌者态度在集体道德推脱和局外人行为之间的中介效应。首先，集体道德推脱对局外人行为的直接预测作用显著（β=0.207，P＜0.001）。其次，集体道德推脱正向预测受欺凌者态度（β=0.189，P＜0.001），受欺凌者态度显著正向预测局外人行为（β=0.146，P＜0.001）。95%置信区间不包括0，证明路径存在中介效应，且占总效应的12%。见图4-32和表4-68。

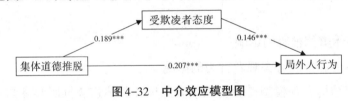

图4-32 中介效应模型图

表4-68 中介效应检验的Bootstrap分析

中介路径	效应值	Boot标准误	Boot 95%CI	
			下限	上限
总效应	0.235	0.027	0.206	0.340
直接效应	0.207	0.029	0.171	0.308
间接效应	0.028	0.006	0.019	0.048

四、讨论

本研究发现，过度养育和集体道德推脱能够显著预测现实欺凌，青少年过度养育和集体道德推脱水平越高，其现实欺凌水平就越高。过度养育可以通过影响愤怒反刍来影响青少年欺凌。过度养育可以通过影响自尊来影响青少年的旁观者行为（参与欺凌行为、局外人行为）。受欺凌者态度在集体道德推脱和旁观者行为（参与欺凌行为、局外人行为）之间起到部分中介作用。

（一）愤怒反刍的中介效应

研究结果表明，愤怒反刍在过度养育与青少年欺凌之间起到部分中介作用。首先，过度养育会导致欺凌发生。这一结果与之前关于父母教养方式对于欺凌行为有预测作用的结果相同（刘细华，2020；Georgiou，2017）。作为一种不当的父母教养方式，过度养育会阻止孩子为自己的选择承担责任（Segrin et al.，2012）。在过度保护的教养方式下，青少年往往享受来自父母过度的纵容与溺爱，更容易产生欺凌行为。

其次，过度养育可以通过影响愤怒反刍来影响青少年的欺凌。一方面，高水平过度养育影响愤怒反刍思维。在父母过度养育的教养方式下，青少年会受到父母的严格控制，感受到较大的压力，情绪容易暴躁，产生愤怒反刍思维，反复回想自己被压抑的情景。另一方面，愤怒反刍会导致青少年欺凌行为的发生。这是因为长期的愤怒反刍思维会让青少年沉浸在自己的世界中，持续的愤怒会降低思维的灵活性，导致自我调节能力下降，攻击性和愤怒感提升，进而会让他们更易发泄愤怒情绪，产生欺凌行为（Pedersen et al.，2011）。

（二）自尊的中介效应

研究结果表明，自尊在过度养育与青少年的旁观者行为（参与欺凌行为、局外人行为）之间起到部分中介作用。一方面，在家庭环境中，子女感受到的肯定和理解越多，越容易形成自信、自尊、独立的人格特点，而父母亲对孩子的溺爱和过度保护，极易导致子女独立性较差，遇到事情的时候采取逃避忽略的应对方式，导致孩子自尊较低。另一方面，辛自强、郭素然和池丽萍（2007）的研究也认为低自尊的个体与社会联系较少，对社会规范的认识以及掌握比较滞后，移情能力以及社会问题解决能力较差，解决问题的方式比较单一，因此更倾向于表现出攻击行为。低自尊的个体自我意识比较模糊，自我评价较低，很容易受到外界干扰因素的影响。这类人群往往对他人的消极反馈比较敏感，根据挫折-攻击理论，在遭遇负性事件的时候，他们往往会夸大自身所遭遇的挫折，甚至可能因为反复的挫折形成习得性无助，从而产生攻击行为。因而，它们很容易在欺凌事件中产生欺凌行为和局外人行为。

（三）受欺凌者态度的中介效应

研究结果表明，受欺凌者态度在集体道德推脱和旁观者行为（参与欺凌行为、局外人行为）之间起到部分中介作用。这是因为，当道德推脱水平较高时，集体会更多地将责任进行转移，因此在进行欺凌时，会降低自己的道德标准，不会因为做出对他人不利的行为而产生内疚、自责等心理，弱化对欺凌者的同情，为自己找理由推卸责任，令不道德行为显得合理化。因此，集体道德推脱水平较高时，会提高个体的受欺凌者态度，进而使他们做出参与欺凌行为和局外人行为。

五、结论

（1）愤怒反刍在过度养育和现实欺凌之间起部分中介作用。

（2）自尊在过度养育与青少年的旁观者行为（参与欺凌行为、局外人行为）之间起到部分中介作用。

（3）受欺凌者态度在集体道德推脱和旁观者行为（参与欺凌行为、局外人行为）之间起到部分中介作用。

第五章

不同欺凌角色的预测模型

第一节　校园欺凌中不同角色的特点

一、问题提出

校园欺凌中存在三类角色：欺凌者、受欺凌者，以及数量庞大的旁观者，他们对欺凌事件的发生趋势能够起到推动或者抑制作用。因此，有针对性地研究这些不同角色的特点，可以使人们对校园欺凌形成更科学的认知。

以往研究对于旁观者角色群体的划分不够精准，旁观者群体可以分成三大类：帮助欺凌者的旁观者群体、帮助受欺凌者的旁观者群体、游离在外的旁观者群体。本研究利用参与者角色量表，对校园欺凌中的各个角色进行细致的画像，从而更准确地了解校园欺凌的互动过程。

欺凌者具体可以分为相关的施暴者和公开的施暴者。公开的施暴者是从行为层面上攻击受欺凌者，相关的施暴者是操纵关系，伤害他人。受欺凌者可以分为公开的受欺凌者和相关的受欺凌者。公开的受欺凌者是在行为层面被他人伤害，相关的受欺凌者是从关系层面被他人伤害。旁观者群体主要包含以下几类。①公开的协助者：这类人类似于"助纣为虐"，直接配合欺凌者实施欺凌行为；②公开的强化者：这类人就是"冷眼旁观"，但其在群体归属上是偏向欺凌者群体的，其旁观行为助长了欺凌者的行为；③公开的局外人：这类人是"无所事事"，不参与，不阻止，处于中立角色；④公开的防御者：这类人是"助人为乐"，从行为层面帮助受欺凌者对抗欺凌者，相当于被欺凌者的积极保护者；⑤相关的协助者：这类人擅长的是关系攻击，以间接的方式帮助欺凌者；⑥相关的强化者：这类人对关系攻击的情况很了解，通过不作为对受欺凌者造成伤害；⑦相关的局外人：这类人是中立群体，不了解情况，也不想了解情况；⑧相关的防御者：这类人是助人者，他们帮助受欺凌者，从关系层面帮助受欺凌者，减少对受欺凌者的伤害。

同时，欺凌中还存在着双重角色，即欺凌他人也受人欺凌的人，本研究将对上述几类角色的角色分布、角色行为特点及其行为倾向影响因素做进一步的分析与探讨。

二、研究方法

（一）研究对象

本研究采用方便取样的方法，选取云南省某中学827名初中生进行调查。数据收集保证被试、老师和学校的知情同意权。采用统一指导语进行问卷测量，被试可以随时退出研究。被试人口学变量情况见表5-1。

表5-1　被试人口学变量情况

类别	变量	人数	百分比（%）
性别	男	387	46.8
	女	440	53.2
年级	初一	233	28.2
	初二	384	46.4
	初三	210	25.4
合计		827	100

（二）研究工具

1.参与者角色量表（Casper et al.，2017）

Casper、Deborah M.等编制的参与者角色量表（The Overt and Relational Aggression Participant Role Scales）可用来区分中学生在校园欺凌中的角色。该量表包括35个项目，采用5级评分。每个学生需要对除自己以外的其他学生进行评分，然后计算每个学生在35个项目上的平均分，以全班为单位，计算每个学生的标准分。如果在某个角色量表上标准分大于0，且高于其他角色的标准分，则该学生就归属于某个角色；如果学生的两个最高分（标准分）之间差异小于0.1，则该学生就是两个角色的混合；如果学生在所有角色量表的标准分都低于0，则属于无角色者。在本次测量中，该问卷的内部一致性良好（α=0.85）。

2.感觉寻求（Li et al.，2010）

该量表包括6个项目。采用6点计分，1表示完全不符合，6表示完全符合。第一题为反向计分，总均分越高表示青少年的感觉寻求水平越高，本次测量中，该问卷的内部一致性良好（α=0.64）。

3.攻击行为（Raine et al.，2006）

该问卷包括23个题目，测量主动性攻击行为和反应性攻击行为。采用3点计分，1表示从不，3表示经常。计算总均分，分数越高表示青少年的攻击行为水平越高。在本次测量中，该问卷的内部一致性良好（α=0.85）。

4.攻击主题偏好问卷（郭昫澄等，2014）

问卷包括29个题目，测量青少年的攻击主题偏好，主题包括尚武好战、暴力死亡、神秘玄学、恐怖刺激、动漫娱乐和流行娱乐。采用5点计分，1表示完全不感兴趣，5表示非常感兴趣。计算总均分，分数越高表示青少年对某种攻击主题偏好程度越高。在本次测量中，该问卷的内部一致性良好（α=0.93）。

5.未来取向问卷（刘霞等，2011）

该问卷包括31个项目，测量密度、思虑性、计划性、乐观性、执行性和广阔性。采用5点计分，1表示完全不符合，5表示完全符合。总均分越高表示青少年未来取向水平越高。在本次测量中，该问卷的内部一致性良好（α=0.86）。

6.集体自尊量表（Luhtanen & Crocker，1992）

该量表包括16个项目，测量成员资格自尊、身份重要性、私密性和公众性集体自尊。采用7点计分，1表示完全不符合，7表示完全符合。其中，第2、4、5、7、10、12、13、15题为反向记分题，总均分越高表示青少年集体自尊水平越高。在本次测量中，该问卷的内部一致性良好（α=0.67）。

7.集体道德推脱量表（Gini et al.，2013）

该量表包括30个项目，测量道德辩护、扭曲结果、非人性化等8种集体推脱机制。采用5点计分，1表示完全不符合，5表示完全符合。总均分越高表示青少年集体道德推脱水平越高。本次测量中，该问卷的内部一致性良好（α=0.90）。

8.集体效能感量表（Riggs et al.，1994）

该量表包括7个项目，测量本班的集体效能感。采用6点计分，1表示完全不符合，6表示完全同意。其中，第1、4题为反向记分题，总均分越高表示青少年集体效能感越弱。在本次测量中，该问卷的内部一致性良好（α=0.65）。

三、研究结果

（一）不同欺凌角色的分布

从表5-2中可以看出，双重角色所占比例最高，为21.3%，公开保护者的人数比例次之，占到16.2%，公开受欺凌者的人数比例占到16.0%，公开协助者比例最低，占比13.1%。相关局外人占到15.6%，相关保护者次之，占到15.4%，相关欺凌者、相关受欺凌者和相关强化者占比都为14.9%。

表5-2　各角色分布比例

角色	频率	所占百分比(%)
公开欺凌者	112	13.5
公开受欺凌者	132	16.0
公开强化者	120	14.5
公开协助者	108	13.1
公开局外人	130	15.7
公开保护者	134	16.2
相关欺凌者	123	14.9
相关受欺凌者	123	14.9
相关强化者	123	14.9
相关协助者	124	15.1
相关局外人	129	15.6
相关保护者	127	15.4
双重角色	176	21.3

从这些数据可以看出，双重角色的人数最多，即在欺凌行为中，有很多人既是欺凌者又是受欺凌者，两者之间可能存在相互转换的现象。虽然公开保护者的人数占比较多，公开协助者的人数占比最低，但是公开受欺凌者的人数比例还是维持在一个较高水平上。因此，需要预防受欺凌者和欺凌者之间的转化，并且对旁观者的不作为或者胡乱作为进行干预和引导，减少校园欺凌发生率。从群体互动过程来看，防御者的人数不足以对抗强化者、局外人以及协助者的联合，因而受欺凌者的比例仍然较高。

（二）卡方检验的结果汇总

1.性别与角色

从性别来看，男女存在差异，在欺凌的大多数角色中，男生比例高于女生。男生更容易成为公开欺凌者、公开受欺凌者、公开强化者、公开协助者、公开局外人以及相关欺凌者，女生更容易成为相关保护者。简言之，男生更容易成为欺凌者、受欺凌者以及消极的旁观者。见表5-3。

表 5-3　不同角色与性别的卡方检验

角色	选项	性别		x^2
		男	女	
公开欺凌者	是	66(17.1%)	46(10.5%)	7.659**
	否	321(82.9%)	394(89.5%)	
公开受欺凌者	是	76(19.6%)	56(12.7%)	7.331**
	否	311(80.4%)	384(87.3%)	
公开强化者	是	82(21.2%)	38(8.6%)	26.152***
	否	305(78.8%)	402(91.4%)	
公开协助者	是	74(19.1%)	34(7.7%)	23.544***
	否	313(80.9%)	719(92.3%)	
公开局外人	是	76(19.6%)	54(12.3%)	8.431**
	否	311(80.4%)	386(87.7%)	
相关欺凌者	是	86(22.2%)	37(8.4%)	31.030***
	否	301(77.8%)	403(91.6%)	

　　青春期个体的心理处于相对不稳定的状态，同时其情绪共情能力也处在一生中的相对最低点，而男生的情绪状态相较女生来说更为不稳定且共情能力低。因此，男生在欺凌中更易成为欺凌者、受欺凌者以及消极的旁观者。

　　2.出生地

　　从出生地来看，出生在农村成为相关受欺凌者和相关强化者的可能性相同，但是百分比都要小于出生在城镇的个体，出生在农村的个体会更加独立，独自应对欺凌的能力更强。见表5-4。

表 5-4　不同角色与出生地的卡方检验

角色	选项	出生地		x^2
		农村	城镇	
相关受欺凌者	是	99(13.8%)	24(22.2%)	5.299*
	否	620(86.2%)	84(77.8%)	
相关强化者	是	99(13.8%)	24(22.2%)	5.299*
	否	620(86.2%)	84(77.8%)	

3.居住地

从居住地来看，居住在亲朋好友家的个体容易成为相关强化者和相关受欺凌者，居住在亲朋好友家会缺少来自父母的关爱，这对青少年心理发展有一定的影响，当受到欺凌时，缺少与父母的沟通交流，容易助长欺凌行为，很有可能成为长期被欺凌的对象。见表5-5。

表5-5 不同角色与居住地的卡方检验

| 角色 | 选项 | 过去一年住在哪里 | | | x^2 |
		寄宿学校	自己家	亲朋好友家	
相关强化者	是	78(13.9%)	36(36.9%)	9(47.4%)	16.266*
	否	482(86.1%)	212(85.5%)	10(52.6%)	
相关受害者	是	78(13.9%)	38(15.3%)	7(36.8%)	7.677*
	否	482(86.1%)	210(84.7%)	12(63.2%)	

4.社会经济地位、同伴地位与参与者角色

表5-6显示，主观经济地位越低，成为公开受欺凌者和相关受欺凌者的可能性越高。主观上认为自己家庭条件越好，越可能成为公开强化者。收入增多，越可能是双重角色，即既是欺凌者又是被欺凌者。同时，成为公开保护者的比率也在上升。家庭中等以上收入的个体，更容易成为公开保护者。认为家庭在当地有影响力的个体可能成为双重角色、公开协助者和相关强化者。

表5-6 不同角色与社会经济地位和同伴地位的卡方检验

| 角色 | 社会经济地位 | | | x^2(同伴地位) |
	x^2(主观经济地位)	x^2(月收入)	x^2(当地影响力)	
双重角色		17.137**	13.290*	
公开受欺凌者	27.796**			37.778***
公开保护者		17.122**		
公开协助者			12.490*	
相关受欺凌者	24.465*			23.480*
相关强化者			11.283*	

良好的学业成绩，较高的社会经济地位、同伴地位，这些因子既可以成为保护因素，也可以成为风险因素，它们既可能使个体成为欺凌中的积极角色（公开保护者），也可能使得个体成为消极角色（相关强化者和公开协助者等），这就意味着存在其他心理品质的影响。社会经济地位越低个体越容易成为受欺凌者，推断群体因素在欺凌参与者角色的形成中起到一定作用，需要重视班级与家庭环境产生的重要影响。

（三）不同角色的差异检验

1.公开欺凌者

表5-7差异检验表明，在集体道德推脱、感觉寻求、攻击主题偏好和攻击行为方面，公开欺凌者和非公开欺凌者之间存在差异。具体而言，公开欺凌者的集体道德推脱（t=4.60，p<0.001）、感觉寻求（t=2.33，p<0.05）、攻击主题偏好（t=4.51，p<0.001）和攻击行为（t=6.56，p<0.001）显著高于非公开欺凌者。

表5-7　公开欺凌者的各变量差异检验

自变量	公开欺凌者(n=112)	非公开欺凌者(n=715)	t
	M±SD	M±SD	
集体自尊	4.46±0.70	4.58±0.74	−1.55
集体道德推脱	2.38±0.56	2.11±0.58	4.60***
集体效能感	3.54±0.87	3.46±0.74	0.94
感觉寻求	3.09±1.04	2.87±0.95	2.33*
未来取向	3.15±0.55	3.23±0.55	−1.30
攻击主题偏好	2.87±0.83	2.49±0.81	4.51***
攻击行为	1.69±0.33	1.48±0.25	6.56***

注：*p<0.05，**p<0.01，***p<0.001，下同。

2.公开协助者

表5-8差异检验表明，在集体自尊、集体道德推脱、集体效能感、感觉寻求、攻击主题偏好和攻击行为方面，公开协助者和非公开协助者之间存在差异。具体而言，公开协助者的集体道德推脱（t=6.15，p<0.001）、集

体效能感（t=2.39，p<0.05）、感觉寻求（t=4.19，p<0.001）、攻击主题偏好（t=6.83，p<0.001）和攻击行为（t=8.44，p<0.001）显著高于非公开协助者。而公开协助者集体自尊显著低于非公开协助者（t=-2.35，p<0.05）。

表5-8 公开协助者的各变量差异检验

自变量	公开协助者(n=108)	非公开协助者(n=719)	t
	M±SD	M±SD	
集体自尊	4.41±0.69	4.59±0.74	-2.35*
集体道德推脱	2.46±0.59	2.09±0.57	6.15***
集体效能感	3.64±0.78	3.45±0.75	2.39*
感觉寻求	3.26±1.00	2.85±0.95	4.19***
未来取向	3.16±0.54	3.22±0.55	-1.12
攻击主题偏好	3.04±0.77	2.47±0.81	6.83***
攻击行为	1.75±0.333	1.47±0.25	8.44***

3.公开强化者

表5-9差异检验表明，在集体自尊、集体道德推脱、感觉寻求、攻击主题偏好和攻击行为方面，公开强化者和非公开强化者之间存在差异。具体而言，公开受害者的集体道德推脱（t=5.81，p<0.001）、感觉寻求（t=4.48，p<0.001）、攻击主题偏好（t=5.49，p<0.001）和攻击行为（t=8.69，p<0.001）显著高于非公开欺凌者。而公开强化者集体自尊显著低于非公开强化者（t=-3.53，p<0.001）。

表5-9 公开强化者的各变量差异检验

自变量	公开强化者(n=120)	非公开强化者(n=707)	t
	M±SD	M±SD	
集体自尊	4.34±0.75	4.60±0.73	-3.53***
集体道德推脱	2.43±0.59	2.09±0.58	5.81***
集体效能感	3.57±0.79	3.46±0.75	1.52
感觉寻求	3.26±1.01	2.84±0.95	4.48***
未来取向	3.17±0.51	3.22±0.56	-0.92
攻击主题偏好	2.92±0.79	2.48±0.81	5.49***
攻击行为	1.71±0.33	1.47±0.25	8.69***

4.公开局外人

表5-10差异检验表明，在集体自尊、集体道德推脱、集体效能感、攻击主题偏好和攻击行为方面，公开局外人和非公开局外人之间存在差异。具体而言，公开局外人的集体道德推脱（t=2.10，p<0.05）、集体效能感（t=3.07，p<0.01）、攻击主题偏好（t=1.97，p<0.05）和攻击行为（t=2.40，p<0.05）显著高于非公开局外人。而公开局外人集体自尊显著低于非公开局外人（t=-2.81，p<0.01）。

表5-10　公开局外人的各变量差异检验

自变量	公开局外人（n=130）	非公开局外人（n=697）	t
	M±SD	M±SD	
集体自尊	4.40±0.82	4.59±0.72	−2.81**
集体道德推脱	2.24±0.56	2.12±0.59	2.10*
集体效能感	3.66±0.82	3.44±0.74	3.07**
感觉寻求	2.98±0.90	2.89±0.98	1.04
未来取向	3.21±0.50	3.22±0.56	−0.05
攻击主题偏好	2.68±0.79	2.52±0.83	1.97*
攻击行为	1.56±0.30	1.49±0.27	2.40*

5.公开保护者

表5-11差异检验表明，在集体自尊、未来取向和攻击主题偏好方面，公开保护者和非公开保护者之间存在差异。具体而言，公开保护者的集体自尊（t=2.38，p<0.05）、未来取向（t=2.48，p<0.05）和攻击主题偏好（t=2.54，p<0.05）显著高于非公开保护者。

表5-11　公开保护者的各变量差异检验

自变量	公开保护者（n=123）	非公开保护者（n=704）	t
	M±SD	M±SD	
集体自尊	4.70±0.75	4.54±0.73	2.38*
集体道德推脱	2.23±0.55	2.13±0.60	1.79
集体效能感	3.48±0.81	3.47±0.75	0.08

自变量	公开保护者(n=123)	非公开保护者(n=704)	t
	M±SD	M±SD	
感觉寻求	3.01±1.00	2.88±0.96	1.41
未来取向	3.32±0.49	3.20±0.56	2.48*
攻击主题偏好	2.71±0.88	2.52±0.81	2.54*
攻击行为	1.54±0.28	1.50±0.27	1.66

6.公开受害者

表5-12差异检验表明，在集体自尊、集体道德推脱、攻击主题偏好和攻击行为方面，公开受欺凌者和非公开受欺凌者之间存在差异。具体而言，公开受欺凌者的集体道德推脱（t=4.71，p<0.001）、攻击主题偏好（t=3.45，p<0.01）和攻击行为（t=5.76，p<0.001）显著高于非公开欺凌者。而公开受欺凌者集体自尊显著低于非公开受欺凌者（t=-3.95，p<0.001）。

表5-12　公开受欺凌者的各变量差异检验

自变量	公开受欺凌者(n=132)	非公开受欺凌者(n=695)	t
	M±SD	M±SD	
集体自尊	4.33±0.73	4.61±0.73	−3.95***
集体道德推脱	2.36±0.55	2.1±0.59	4.71***
集体效能感	3.58±0.82	3.45±0.74	1.79
感觉寻求	3.04±1.05	2.87±0.95	1.71
未来取向	3.21±0.52	3.22±0.56	−0.12
攻击主题偏好	2.78±0.89	2.50±0.80	3.45**
攻击行为	1.68±0.28	1.48±0.27	5.76***

7.相关欺凌者

表5-13差异检验表明，在集体自尊、集体道德推脱、攻击主题偏好和攻击行为方面，相关欺凌者和非相关欺凌者之间存在差异。具体而言，相关欺凌者的集体道德推脱（t=7.86，p<0.001）、攻击主题偏好（t=0.57，p<0.001）和攻击行为（t=8.87，p<0.0016）显著高于非相关欺凌者。而相关

欺凌者集体自尊显著低于非相关欺凌者（t=-3.28，p<0.01）。

表5-13　相关欺凌者的各变量差异检验

自变量	相关欺凌者(n=123)	非相关欺凌者(n=704)	t
	M±SD	M±SD	
集体自尊	4.39±0.59	4.59±0.76	-3.28**
集体道德推脱	2.52±0.63	2.08±0.56	7.86***
集体效能感	3.50±0.73	3.47±0.76	0.38
感觉寻求	3.04±0.97	2.88±0.97	1.69
未来取向	3.16±0.58	3.23±0.55	-1.22
攻击主题偏好	2.93±0.80	2.48±0.80	0.57***
攻击行为	1.72±0.30	1.47±0.25	8.87***

8.相关协助者

表5-14差异检验表明，在集体自尊、集体道德推脱、未来取向、攻击主题偏好和攻击行为方面，相关协助者和非相关协助者之间存在差异。具体而言，相关协助者的集体道德推脱（t=5.65，p<0.001）、攻击主题偏好（t=1.96，p<0.05）和攻击行为（t=6.98，p<0.001）显著高于非相关协助者。而相关协助者集体自尊（t=-3.50，p<0.001）和未来取向（t=-2.45，p<0.05）显著低于非相关协助者。

表5-14　相关协助者的各变量差异检验

自变量	相关协助者(n=124)	非相关协助者(n=703)	t
	M±SD	M±SD	
集体自尊	4.35±0.64	4.60±0.75	-3.50***
集体道德推脱	2.41±0.63	2.10±0.57	5.65***
集体效能感	3.53±0.78	3.46±0.76	0.93
感觉寻求	2.96±0.92	2.89±0.98	0.74
未来取向	3.11±0.50	3.24±0.56	-2.45*
攻击主题偏好	2.68±0.81	2.52±0.82	1.96*
攻击行为	1.68±0.31	1.47±0.26	6.98***

9. 相关强化者

表5-15差异检验表明，在集体道德推脱、感觉寻求、攻击主题偏好和攻击行为方面，相关强化者和非相关强化者之间存在差异。具体而言，相关强化者的集体道德推脱（t=4.37，p<0.001）、感觉寻求（t=4.12，p<0.001）、攻击主题偏好（t=4.22，p<0.001）和攻击行为（t=5.30，p<0.001）显著高于非相关强化者。

表5-15　相关强化者的各变量差异检验

自变量	相关强化者(n=123)	非相关强化者(n=704)	t
	M±SD	M±SD	
集体自尊	4.57±0.82	4.56±0.72	0.09
集体道德推脱	2.36±0.59	2.11±0.58	4.37***
集体效能感	3.56±0.89	3.46±0.73	1.21
感觉寻求	3.26±1.06	2.84±0.94	4.12***
未来取向	3.28±0.47	3.21±0.56	1.28
攻击主题偏好	2.83±0.77	2.50±0.82	4.22***
攻击行为	1.62±0.27	1.48±0.27	5.30***

10. 相关局外人

表5-16差异检验表明，在集体道德推脱、集体效能感和攻击行为方面，相关局外人和非相关局外人之间存在差异。具体而言，相关局外人的集体道德推脱（t=2.97，p<0.05）、集体效能感（t=2.03，p<0.05）和攻击行为（t=4.17，p<0.001）显著高于非相关局外人。

表5-16　相关局外人的各变量差异检验

自变量	相关局外人(n=124)	非相关局外人(n=703)	t
	M±SD	M±SD	
集体自尊	4.57±0.86	4.56±0.71	0.12
集体道德推脱	2.28±0.61	2.12±0.58	2.97**
集体效能感	3.62±0.91	3.45±0.72	2.03*
感觉寻求	3.04±0.95	2.87±0.97	1.78

续表

自变量	相关局外人（n=124）	非相关局外人（n=703）	t
	M±SD	M±SD	
未来取向	3.25±0.51	3.21±0.56	0.69
攻击主题偏好	2.66±0.87	2.53±0.81	1.67
攻击行为	1.60±0.28	1.49±0.27	4.17***

11.相关保护者

表5-17差异检验表明，在集体自尊、感觉寻求和未来取向方面，相关保护者和非相关保护者之间存在差异。具体而言，相关保护者的集体自尊（t=2.96，p<0.01）、感觉寻求（t=2.02，p<0.05）和未来取向（t=3.17，p<0.01）显著高于非相关保护者。

表5-17　相关保护者的各变量差异检验

自变量	相关保护者（n=124）	非相关保护者（n=703）	t
	M±SD	M±SD	
集体自尊	4.74±0.77	4.53±0.73	2.96**
集体道德推脱	2.12±0.62	2.15±0.58	−0.55
集体效能感	3.38±0.77	3.49±0.76	−1.50
感觉寻求	3.06±0.94	2.87±0.97	2.02*
未来取向	3.34±0.44	3.20±0.57	3.17**
攻击主题偏好	2.50±0.86	2.56±0.82	−0.63
攻击行为	1.47±0.27	1.51±0.27	−1.35

12.相关受欺凌者

表5-18差异检验表明，在集体自尊、集体道德推脱、集体效能感、攻击主题偏好和攻击行为方面，相关受欺凌者和非相关欺凌害者之间存在差异。具体而言，相关受欺凌者的集体道德推脱（t=6.66，p<0.001）、集体效能感（t=3.44，p<0.01）、攻击主题偏好（t=4.55，p<0.001）和攻击行为（t=6.99，p<0.001）显著高于非相关受欺凌者。而相关受欺凌者集体自尊

显著低于非相关受欺凌者（t=−4.92，p<0.001）。

表5-18　相关受欺凌者的各变量差异检验

自变量	相关受欺凌者(n=123)	非相关受欺凌者(n=704)	t
	M±SD	M±SD	
集体自尊	4.26±0.76	4.61±0.72	−4.92***
集体道德推脱	2.46±0.60	2.09±0.57	6.66***
集体效能感	3.69±0.82	3.44±0.74	3.44**
感觉寻求	2.97±1.00	2.89±0.96	0.90
未来取向	3.22±0.54	3.22±0.55	0.03
攻击主题偏好	2.86±0.88	2.49±0.80	4.55***
攻击行为	1.67±0.30	1.47±0.26	6.99***

结果表明，公开保护者和相关保护者具有更高的未来取向、更强的集体自尊，而其他角色在这两个维度上具有明显不同的发展趋势（见表5-19）。

表5-19　不同角色的差异比较

角色	集体自尊	集体道德推脱	集体效能感	感觉寻求	未来取向	攻击主题偏好	攻击行为
公开欺凌者		+		+		+	+
公开协助者	—	+	+	+		+	+
公开强化者	—	+		+		+	+
公开局外人	—	+	+			+	+
公开保护者	+				+		
公开受欺凌者	—	+				+	+
相关欺凌者	—	+				+	+
相关协助者	—	+			—	+	+
相关强化者		+		+		+	+
相关局外人		+	+				+
相关保护者	+			+	+		
相关受欺凌者	—	+	+			+	+

总而言之，集体道德推脱、攻击主题偏好和攻击行为是较为重要的风险因素，会增强个体成为消极参与者的行为倾向。集体自尊、集体效能感以及未来取向是对抗欺凌的保护因素。在校园欺凌预防中，班级环境的影响不可忽略，对个体的未来发展有积极推动作用，有助于减少校园欺凌。

第二节　个体与班级变量对不同欺凌角色的预测

一、问题提出

校园欺凌是一种群体现象，其不仅是个体之间的相互作用，更是多角色互动的结果。以往研究探讨了影响校园欺凌的变量，例如学校氛围、教师态度等，主要考察欺凌者和被欺凌者两种对象（刘小群等，2021），较少将旁观者考虑在内，也缺少对旁观者进行细化分类。由于不同的欺凌角色之间存在差异，不同的角色影响因素也会有所差异。因此，有必要确定不同欺凌角色的影响因素，以便更好预防欺凌的发生。

校园氛围是影响青少年欺凌的重要因素，建设良好的校园环境可以有效预防校园欺凌发生。班级集体在校园中起到非常重要的作用，在不同校园松-紧文化下，集体道德推脱和集体效能感可以正向预测中学生的校园欺凌（王磊，宋一锐，2021）。本研究将探讨集体道德推脱、集体自尊和集体效能感对不同欺凌角色的影响，同时考察感觉寻求、未来取向、攻击行为和攻击主题偏好等个体变量是否可以有效预测不同欺凌角色，从多角度理解校园欺凌。

二、不同角色的 logisitic 回归分析

（一）公开欺凌者的 logisitic 回归

以是否为公开欺凌者为因变量，性别、感觉寻求、集体道德推脱、攻击行为和攻击主题偏好为自变量，进行二元 logistic 回归分析。结果表明，回归方程拟合良好（x^2=14.050，p=0.080＞0.05），能够正确分类百分比为87.3%。攻击行为（B=2.028，p＜0.001）能够显著正向预测个体是否为公开欺凌者。具体而言，攻击行为每提升一个单位，个体成为公开欺凌者的概率将提高7.600倍。见表5-20。

表5-20　公开欺凌者影响因素的多因素 logistic 回归分析

自变量	B	S.E	Wald	P	OR	95%CI	
						下限	上限
性别	0.098	0.232	0.177	0.674	1.103	0.699	1.739
感觉寻求	−0.004	0.116	0.001	0.969	0.996	0.793	1.250
集体道德推脱	0.217	0.199	1.181	0.277	1.242	0.840	1.835
攻击行为	2.028	0.411	24.386	0.000	7.600	3.398	16.999
攻击主题偏好	0.190	0.144	1.732	0.188	1.209	0.911	1.604

注：女生作为参照组，后同。

（二）公开协助者的 logisitic 回归

以是否为公开协助者为因变量，性别、感觉寻求、集体道德推脱、集体自尊、攻击行为和攻击主题偏好为自变量，进行二元 logistic 回归分析。结果表明，回归方程拟合良好（x^2=12.267，p=0.140＞0.05），能够正确分类百分比为87.8%。攻击行为（B=2.304，p＜0.001）和攻击主题偏好（B=0.354，p＜0.05）能够显著正向预测个体是否为公开协助者。具体而言，攻击行为每提升一个单位，个体成为公开协助者的概率将提高10.014倍；攻击主题偏好每提升一个单位，个体成为公开协助者的概率将提高1.425倍。见表5-21。

表5-21　公开协助者影响因素的多因素logistic回归分析

自变量	B	S.E	Wald	P	OR	95%CI	
						下限	上限
性别	0.411	0.252	2.649	0.104	1.508	0.920	2.473
感觉寻求	0.167	0.124	1.809	0.179	1.182	0.927	1.507
未来取向	−0.213	0.219	0.952	0.329	0.808	0.526	1.240
集体道德推脱	0.292	0.212	1.912	0.167	1.340	0.885	2.028
集体自尊	0.000	0.160	0.000	0.998	1.000	0.731	1.368
攻击行为	2.304	0.439	27.575	0.000	10.014	4.238	23.663
攻击主题偏好	0.354	0.152	5.457	0.019	1.425	1.059	1.919

（三）公开强化者的logisitic回归

以是否为公开强化者为因变量，性别、感觉寻求、集体道德推脱、集体自尊、攻击行为和攻击主题偏好为自变量，进行二元logistic回归分析。结果表明，回归方程拟合良好（$x^2=3.740$，$p=0.880>0.05$），能够正确分类百分比为86.0%。性别（$B=0.680$，$p<0.01$）、感觉寻求（$B=0.233$，$p<0.05$）和攻击行为（$B=1.712$，$p<0.001$）能够显著正向预测个体是否为公开强化者。具体而言，男生为公开强化者的概率是女生的1.974倍；感觉寻求每提升一个单位，个体成为公开强化者的概率将提高1.263倍；攻击行为每提升一个单位，个体成为公开强化者的概率将提高5.540倍。见表5-22。

表5-22　公开强化者影响因素的多因素logistic回归分析

自变量	B	S.E	Wald	P	OR	95%CI	
						下限	上限
性别	0.680	0.238	8.192	0.004	1.974	1.239	3.146
感觉寻求	0.233	0.115	4.117	0.042	1.263	1.008	1.582
集体道德推脱	0.289	0.199	2.101	0.147	1.334	0.903	1.971
集体自尊	−0.278	0.150	3.452	0.063	0.757	0.565	1.015
攻击行为	1.712	0.413	17.172	0.000	5.540	2.465	12.451
攻击主题偏好	0.130	0.141	0.856	0.355	1.139	0.864	1.502

（四）公开局外人的 logisitic 回归

以是否为公开局外人为因变量，性别、集体道德推脱、集体自尊、集体效能感、攻击行为和攻击主题偏好为自变量，进行二元 logistic 回归分析。结果表明，回归方程拟合良好（$x^2=5.102$，$p=0.747>0.05$），能够正确分类百分比为 84.4%。性别（B=0.485，$p<0.05$）、集体效能感（B=0.281，$p<0.05$）能够显著正向预测个体是否为公开局外人。具体而言，男生为公开局外人的概率是女生的 1.624 倍；集体效能感每提升一个单位，个体成为公开局外人的概率将提高 1.324 倍。见表 5-23。

表 5-23　公开局外人影响因素的多因素 logistic 回归分析

自变量	B	S.E	Wald	P	OR	95%CI	
						下限	上限
性别	0.485	0.212	5.236	0.022	1.624	1.072	2.461
集体道德推脱	0.045	0.189	0.056	0.813	1.046	0.722	1.515
集体自尊	−0.219	0.144	2.333	0.127	0.803	0.606	1.064
集体效能感	0.281	0.14	4.039	0.044	1.324	1.007	1.741
攻击行为	0.202	0.403	0.253	0.615	1.224	0.556	2.696
攻击主题偏好	0.049	0.133	0.135	0.713	1.05	0.809	1.363

（五）公开保护者的 logisitic 回归

以是否为公开保护者为因变量，未来取向、集体自尊和攻击主题偏好为自变量，进行二元 logistic 回归分析。结果表明，回归方程拟合良好（$x^2=4.093$，$p=0.849>0.05$），能够正确分类百分比为 83.8%。集体自尊（B=0.280，$p<0.05$）和攻击主题偏好（B=0.279，$p<0.05$）能够显著正向预测个体是否为公开保护者。具体而言，集体自尊每提升一个单位，个体成为公开保护者的概率将提高 1.323 倍；攻击主题偏好每提升一个单位，个体成为公开保护者的概率将提高 1.322 倍。见表 5-24。

表5-24　公开保护者影响因素的多因素logistic回归分析

自变量	B	S.E	Wald	P	OR	95%CI	
						下限	上限
未来取向	0.341	0.185	3.380	0.066	1.406	0.978	2.023
集体自尊	0.280	0.131	4.605	0.032	1.323	1.025	1.709
攻击主题偏好	0.279	0.115	5.883	0.015	1.322	1.055	1.657

（六）公开受欺凌者的logisitic回归

以是否为公开受欺凌者为因变量，性别、集体道德推脱、集体自尊、攻击行为和攻击主题偏好为自变量，进行二元logistic回归分析。结果表明，回归方程拟合良好（x^2=6.798，p=0.559＞0.05），能够正确分类百分比为83.8%。集体自尊（B=-0.370，p＜0.01）能够显著负向预测个体是否为公开受欺凌者，攻击行为（B=1.030，p＜0.01）能够显著正向预测个体是否为公开受欺凌者。具体而言，集体自尊每提升一个单位，个体成为公开受欺凌者的概率将降低0.690倍；攻击行为每提升一个单位，个体成为公开受欺凌者的概率将提高2.802倍。见表5-25。

表5-25　公开受欺凌者影响因素的多因素logistic回归分析

自变量	B	S.E	Wald	P	OR	95%CI	
						下限	上限
性别	0.193	0.213	0.819	0.366	1.213	0.799	1.841
集体道德推脱	0.347	0.182	3.622	0.057	1.414	0.990	2.021
集体自尊	-0.370	0.139	7.083	0.008	0.690	0.526	0.907
攻击行为	1.030	0.385	7.144	0.008	2.802	1.316	5.965
攻击主题偏好	0.112	0.131	0.733	0.392	1.119	0.865	1.447

（七）相关欺凌者的logisitic回归

以是否为相关欺凌者为因变量，性别、集体道德推脱、集体自尊、攻击行为和攻击主题偏好为自变量，进行二元logistic回归分析。结果表明，回归方程拟合良好（x^2=7.420，p=0.492＞0.05），能够正确分类百分比

84.5%。性别（B=0.638，p<0.01）、集体道德推脱（B=0.667，p<0.01）和攻击行为（B=2.009，p<0.001）能够显著正向预测个体是否为相关欺凌者。具体而言，男生为相关欺凌者的概率是女生的1.893倍；集体道德推脱每提升一个单位，个体成为相关欺凌者的概率将提高1.948倍；攻击行为每提升一个单位，个体成为相关欺凌者的概率将提高3.367倍。见表5-26。

表5-26　表相关欺凌者影响因素的多因素logistic回归分析

自变量	B	S.E	Wald	P	OR	95%CI	
						下限	上限
性别	0.638	0.234	7.406	0.006	1.893	1.195	2.997
集体道德推脱	0.667	0.199	11.268	0.001	1.948	1.320	2.875
集体自尊	−0.075	0.150	0.251	0.616	0.928	0.691	1.245
攻击行为	2.009	0.406	24.508	0.000	7.459	3.367	16.527
攻击主题偏好	0.141	0.140	1.022	0.312	1.152	0.876	1.514

（八）相关协助者的logisitic回归

以是否为相关协助者为因变量，未来取向、集体道德推脱、集体自尊、攻击行为和攻击主题偏好为自变量，进行二元logistic回归分析。结果表明，回归方程拟合良好（x^2=9.551，p=0.298>0.05），能够正确分类百分比为84.4%。集体道德推脱（B=0.461，p<0.05）和攻击行为（B=1.821，p<0.001）能够显著正向预测个体是否为相关协助者。具体而言，集体道德推脱每提升一个单位，个体成为相关协助者的概率将提高1.585倍；攻击行为每提升一个单位，个体成为相关协助者的概率提高6.180倍。见表5-27。

表5-27　相关协助者影响因素的多因素logistic回归分析

自变量	B	S.E	Wald	P	OR	95%CI	
						下限	上限
未来取向	−0.360	0.187	3.685	0.055	0.698	0.483	1.008
集体道德推脱	0.461	0.188	6.010	0.014	1.585	1.097	2.290
集体自尊	−0.205	0.148	1.909	0.167	0.815	0.609	1.090
攻击行为	1.821	0.376	23.476	0.000	6.180	2.958	12.910

（九）相关强化者的 logisitic 回归

以是否为相关强化者为因变量，感觉寻求、集体道德推脱、攻击行为和攻击主题偏好为自变量，进行二元 logistic 回归分析。结果表明，回归方程拟合良好（$x^2=9.873$，$p=0.274>0.05$），能够正确分类百分比为 86.0%。感觉寻求（$B=0.296$，$p<0.01$）和攻击行为（$B=0.859$，$p<0.05$）能够显著正向预测个体是否为相关强化者。具体而言，感觉寻求每提升一个单位，个体成为相关强化者的概率将提高 1.344 倍；攻击行为每提升一个单位，个体成为相关强化者的概率提高 2.362 倍。见表5-28。

表5-28　相关强化者影响因素的多因素 logistic 回归分析

自变量	B	S.E	Wald	P	OR	95%CI	
						下限	上限
感觉寻求	0.296	0.110	7.233	0.007	1.344	1.084	1.668
集体道德推脱	0.357	0.186	3.682	0.055	1.429	0.992	2.058
攻击行为	0.859	0.396	4.720	0.030	2.362	1.088	5.127
攻击主题偏好	0.195	0.132	2.191	0.139	1.216	0.939	1.574

（十）相关局外人的 logisitic 回归

以是否为相关局外人为因变量，集体道德推脱、集体效能感和攻击行为为自变量，进行二元 logistic 回归分析。结果表明，回归方程拟合良好（$x^2=7.923$，$p=0.441>0.05$），能够正确分类百分比为 84.4%。攻击行为（$B=1.033$，$p<0.01$）能够显著正向预测个体是否为相关局外人。具体而言，攻击行为每提升一个单位，个体成为相关局外人的概率将提高 2.810 倍。见表5-29。

表5-29　相关局外人影响因素的多因素 logistic 回归分析

自变量	B	S.E	Wald	P	OR	95%CI	
						下限	上限
集体道德推脱	0.185	0.184	1.008	0.315	1.203	0.839	1.724
集体效能感	0.185	0.131	1.974	0.160	1.203	0.930	1.556
攻击行为	1.033	0.367	7.944	0.005	2.810	1.370	5.763

（十一）相关保护者的 logisitic 回归

以是否为相关保护者为因变量，感觉寻求、未来取向和集体自尊为自变量，进行二元 logistic 回归分析。结果表明，回归方程拟合良好（$x^2=8.105$，$p=0.423>0.05$），能够正确分类百分比为84.6%。集体自尊（B=0.358，$p<0.01$）能够显著正向预测个体是否为相关保护者。具体而言，集体自尊每提升一个单位，个体成为相关保护者的概率将提高1.431倍。见表5-30。

表5-30　相关保护者影响因素的多因素 logistic 回归分析

自变量	B	S.E	Wald	P	OR	95%CI	
						下限	上限
感觉寻求	0.190	0.102	3.440	0.064	1.209	0.989	1.478
未来取向	0.356	0.195	3.322	0.068	1.427	0.974	2.091
集体自尊	0.358	0.134	7.118	0.008	1.431	1.100	1.861

（十二）相关受欺凌者的 logisitic 回归

以是否为相关受欺凌者为因变量，集体道德推脱、集体自尊、集体效能感、攻击行为和攻击主题偏好为自变量，进行二元 logistic 回归分析。结果表明，回归方程拟合良好（$x^2=7.073$，$p=0.529>0.05$），能够正确分类百分比为84.6%。集体道德推脱（B=0.592，$p<0.01$）和攻击行为（B=1.346，$p<0.01$）能够显著正向预测个体是否为相关受欺凌者。集体自尊（B=-0.452，$p<0.01$）能够显著负向预测个体是否为相关受欺凌者。具体而言，集体效能感每提升一个单位，个体成为相关受欺凌者的概率将提高1.068倍；攻击行为每提升一个单位，个体成为相关受欺凌者的概率将提高3.843倍；集体自尊每提升一个单位，个体成为相关受欺凌者的概率将降低0.636倍。见表5-31和表5-32。

表5-31　相关受欺凌者影响因素的多因素 logistic 回归分析

自变量	B	S.E	Wald	P	OR	95%CI	
						下限	上限
集体道德推脱	0.592	0.190	9.771	0.002	1.808	1.247	2.622
集体自尊	-0.452	0.158	8.188	0.004	0.636	0.467	0.867

续表

自变量	B	S.E	Wald	P	OR	95%CI	
						下限	上限
集体效能感	0.065	0.146	0.200	0.655	1.068	0.801	1.423
攻击行为	1.346	0.396	11.565	0.001	3.843	1.769	8.348
攻击主题偏好	0.197	0.131	2.249	0.134	1.217	0.941	1.574

表5-32　不同角色的预测变量汇总表

角色	性别	感觉寻求	集体道德推脱	集体自尊	集体效能感	攻击行为	攻击主题偏好
公开欺凌者						+	
公开协助者						+	+
公开强化者	+	+				+	
公开局外人	+				+		
公开保护者				+			+
公开受欺凌者				+	+		
相关欺凌者	+	+				+	
相关协助者			+			+	
相关强化者		+				+	
相关局外人						+	
相关保护者				+			
相关受欺凌者			+	+		+	

上述研究分析结果如下。①性别可以正向预测公开强化者、公开局外人和相关欺凌者；②感觉寻求可以正向预测公开强化者、相关欺凌者和相关强化者；③集体道德推脱可以正向预测相关协助者和相关受欺凌者；④集体自尊可以正向预测公开保护者、公开受欺凌者、相关保护者和相关受欺凌者；⑤集体效能感得分越高，代表个体的集体效能感越低，因此，集体效能感能够负向预测公开局外人和公开受欺凌者；⑥攻击行为可以正向预测公开/相关欺凌者、公开/相关协助者、公开/相关强化者、相关局外人和相关受欺凌者；⑦攻击主题偏好可以正向预测公开协助者和公开保护者。因此，减少校园欺凌，需要关注这些变量的影响。

第三节　家庭变量与社区变量对不同欺凌角色的预测

一、问题提出

根据生态系统理论，个体的发展会受到环境因素的影响，环境与个体相互作用也会共同影响个体行为。校园欺凌不仅受到个体和学校因素影响，还会受到家庭和社区变量的影响。父母的教养方式与欺凌关系密切，其作用是双向的。权威型的教养方式是欺凌的危险因素，可以正向预测青少年欺凌行为（Zurcher，2018；Hong et al.，2020），父母的积极教养方式可以使孩子不易成为受欺凌者（唐静燕，李新影，2022），并且可以减少孩子的抑郁水平。虽然以往探讨教养方式与欺凌之间关系的研究较多，但是针对欺凌事件中的旁观者研究对象较少。因此，本研究将探讨父母教养方式对不同角色的预测作用，以便有针对性地预防欺凌。

目前校园欺凌的治理将个人与环境互动作用作为分析重点，从学生行为问题转向为成长环境影响（魏雷东，宗千雅，2022）。除了家庭环境外，社区在欺凌中也会发挥一定作用。社区集体效能感是集体效能感在社区中的应用，是指居民的社区归属感和对社区实施控制管理的意愿。本研究将社区集体效能感作为社区变量，探讨其是否可以有效预测不同的欺凌角色。

二、研究方法

（一）研究对象

本研究采用方便取样的方法，选取云南省某中学808名初中生。检查回收的问卷后，去除回答不认真以及明显规律性回答的问卷69份，最终有效问卷为739份，有效率为91.46%。数据收集过程保证了被试、老师和学校的知情同意权。采用统一指导语进行问卷测量，被试可以随时退出研究。被试人口学变量情况见表5-33。

表5-33　被试人口学变量情况

变量		人数	百分比（%）
性别	男	311	42.1
	女	428	57.9
年级	初一	254	34.4
	初二	206	27.9
	初三	279	37.8
合计		739	100

（二）研究工具

1.父母协同教养问卷（刘畅等，2017）

该量表包括29个项目，测量团结、一致、冲突和贬低。采用5点计分，1表示从不，5表示总是。总均分越高表示父母协同教养水平越高。在本次测量中，该问卷的内部一致性良好（α=0.86）。

2.社区集体效能感（施文捷，2009）

采用Sampson等人编制、施文捷改编的社区集体效能感量表，该量表包括9个项目，测量社区归属感和社区自治力。采用5点计分，1表示非常不符合，5表示非常符合。总均分越高表示社区集体效能感越强。在本次测量中，该问卷的内部一致性良好（α=0.74）。

3.父亲投入量表（Finley & Schwartz，2016）

该量表包括9个项目，测量父亲教养投入程度。采用5点计分，1表示非常不符合，5表示非常符合。总均分越高表示父亲投入水平越高。在本次测量中，该问卷的内部一致性良好（α=0.86）。

三、研究结果

（一）公开欺凌者的 logisitic 回归

以是否为公开欺凌者为因变量，性别、是否独生子女、父亲–工具性需要、期望父亲–工具性需要、期望父亲 表达性需要、父母协同–冲突、父母协同–贬低、父亲投入和社区集体效能感为自变量，进行二元 logistic 回归分析。结果表明，模型拟合良好（x^2=4.831，p=0.775＞0.05），能够正确分类的百分比为68.5%。性别（B=0.903，p＜0.001）和父母协同–贬低（B=0.255，p＜0.05）能够显著正向预测个体是否为公开欺凌者，是否独生子女（B=-0.665，p＜0.05）能够显著负向预测个体是否为公开欺凌者。具体而言，男生为公开欺凌者的概率是女生的2.468倍；独生子女为公开欺凌者的概率是非独生子女的0.514倍；父母协同–贬低每提升一个单位，个体成为公开欺凌者的概率将提高1.291倍。见表5-34。

表5-34　公开欺凌者影响因素的多因素 logistic 回归分析

自变量	B	S.E	Wald	P	OR	95%CI	
						下限	上限
性别	0.903	0.164	30.518	0.000	2.468	1.791	3.400
是否独生子女	−0.665	0.286	5.430	0.020	0.514	0.294	0.900
父亲–工具性需要	−0.159	0.124	1.632	0.201	0.853	0.669	1.089
期望父亲–工具性需要	−0.012	0.163	0.006	0.940	0.988	0.718	1.358
期望父亲–表达性需要	−0.187	0.163	1.315	0.252	0.830	0.603	1.142
父母协同–冲突	0.034	0.122	0.078	0.780	1.035	0.814	1.315
父母协同–贬低	0.255	0.117	4.802	0.028	1.291	1.027	1.622
父亲投入	−0.182	0.127	2.058	0.151	0.834	0.651	1.069
社区集体效能感	−0.094	0.129	0.529	0.467	0.911	0.707	1.172

注：女生和非独生子女作为参照组，下同。

（二）公开协助者的 logisitic 回归

以是否为公开协助者为因变量，性别、父亲–工具性需要、期望父亲–工具性需要、期望父亲–表达性需要、父母协同–冲突、父母协同–贬低、父亲投入为自变量，进行二元 logistic 回归分析。结果表明，模型拟合良好（x^2=14.243，p=0.076＞0.05），能够正确分类百分比为74.6%。性别（B=0.879，p＜0.001）能够显著正向预测个体是否为公开协助者。父亲–工具性需要（B=−0.303，p＜0.05）能够显著负向预测个体是否为公开协助者。具体而言，男生为公开协助者的概率是女生的2.408倍，父亲–工具性需要每提升一个单位，个体成为公开协助者的概率将降低0.738倍。见表5–35。

表5–35　公开协助者影响因素的多因素 logistic 回归分析

自变量	B	S.E	Wald	P	OR	95%CI	
						下限	上限
性别	0.879	0.180	23.829	0.000	2.408	1.692	3.427
父亲–工具性需要	−0.303	0.137	4.885	0.027	0.738	0.564	0.966
期望父亲–工具性需要	−0.145	0.182	0.636	0.425	0.865	0.606	1.235
期望父亲–表达性需要	−0.167	0.180	0.868	0.351	0.846	0.595	1.203
父母协同–冲突	0.189	0.133	2.021	0.155	1.209	0.931	1.569
父母协同–贬低	0.154	0.125	1.511	0.219	1.166	0.913	1.490
父亲投入	−0.167	0.128	1.690	0.194	0.846	0.658	1.088

（三）公开强化者的 logisitic 回归

以是否为公开强化者为因变量，父亲–工具性需要、期望父亲–工具性需要、期望父亲–表达性需要、父母协同——致、父亲投入和社区集体效能感为自变量，进行二元 logistic 回归分析。结果表明，模型拟合良好（x^2=6.709，p=0.568＞0.05），能够正确分类的百分比为57.2%。社区集体效能感（B=0.402，p＜0.01）能够显著正向预测个体是否为公开强化者。具体而言，社区集体效能感每提升一个单位，个体成为公开强化者的概率将提高1.495倍。见表5–36。

表5-36　公开强化者影响因素的多因素logistic回归分析

自变量	B	S.E	Wald	P	OR	95%CI	
						下限	上限
父亲-工具性需要	0.107	0.119	0.815	0.367	1.113	0.882	1.406
期望父亲-工具性需要	0.019	0.150	0.016	0.900	1.019	0.760	1.367
期望父亲-表达性需要	0.247	0.154	2.577	0.108	1.281	0.947	1.733
父母协同--一致	0.031	0.110	0.078	0.780	1.031	0.831	1.280
父亲投入	-0.069	0.121	0.331	0.565	0.933	0.737	1.182
社区集体效能感	0.402	0.125	10.419	0.001	1.495	1.171	1.909

（四）公开局外人的 logisitic 回归

以是否为公开局外人为因变量，性别、父亲-表达性需要、父母协同-贬低、父亲投入为自变量，进行二元 logistic 回归分析。结果表明，模型拟合良好（$x^2=3.867$，$p=0.869>0.05$），正确分类的百分比为60.4%。性别（B=0.344，$p<0.05$）能够显著正向预测个体是否为公开局外人，父亲投入（B=-0.290，$p<0.05$）能够显著负向预测个体是否为公开局外人。具体而言，男生为公开局外人的概率是女生的1.411倍；父亲投入每提升一个单位，个体成为公开局外人的概率将降低0.748倍。见表5-37。

表5-37　公开局外人影响因素的多因素logistic回归分析

自变量	B	S.E	Wald	P	OR	95%CI	
						下限	上限
性别	0.344	0.154	5.012	0.025	1.411	1.044	1.908
父亲-表达性需要	-0.067	0.117	0.322	0.570	0.936	0.743	1.177
父母协同-贬低	0.126	0.084	2.256	0.133	1.134	0.962	1.336
父亲投入	-0.290	0.114	6.509	0.011	0.748	0.599	0.935

（五）公开保护者的 logisitic 回归

以是否为公开保护者为因变量，父亲-表达性需要、父亲-工具性需要、期望父亲-工具性需要、期望父亲-表达性需要、父母协同-团结、父母协同－一致、父亲投入和社区集体效能感为自变量，进行二元logistic回归分析。结果表明，模型拟合良好，（$x^2=13.628$，$p=0.092>0.05$），能够正确分类的百分比为56.2%。父母协同－一致（$B=0.286$，$p<0.05$）能够显著正向预测个体是否为公开保护者。具体而言，父母协同－一致每提升一个单位，个体成为公开保护者的概率将提高1.331倍。见表5-38。

表5-38　公开保护者影响因素的多因素logistic回归分析

自变量	B	S.E	Wald	P	OR	95%CI	
						下限	上限
父亲－表达性需要	0.031	0.152	0.041	0.840	1.031	0.766	1.388
父亲－工具性需要	0.005	0.142	0.002	0.969	1.005	0.762	1.327
期望父亲－工具性需要	0.126	0.152	0.679	0.410	1.134	0.841	1.529
期望父亲－表达性需要	−0.008	0.157	0.003	0.958	0.992	0.730	1.348
父母协同-团结	0.117	0.127	0.855	0.355	1.125	0.877	1.442
父母协同－一致	0.286	0.122	5.454	0.020	1.331	1.047	1.692
父亲投入	−0.020	0.125	0.027	0.870	0.980	0.767	1.252
社区集体效能感	0.104	0.120	0.754	0.385	1.110	0.877	1.404

（六）公开受欺凌者的logisitic回归

以是否为公开受欺凌者为因变量，性别、父亲-表达性需要、父亲-工具性需要、期望父亲-工具性需要、期望父亲-表达性需要、父母协同-冲突、父母协同-贬低、父亲投入和社区集体效能感为自变量，进行二元logistic回归分析。结果表明，模型拟合良好（$x^2=5.986$，$p=0.649>0.05$），能够正确分类百分比为70.4%。性别（$B=0.607$，$p<0.001$）和父母协同-冲突（$B=0.257$，$p<0.05$）能够显著正向预测个体是否为公开受欺凌者。具体而言，男生为公开受欺凌者的概率是女生的1.834倍；父母协同-冲突每提升一个单位，个体成为公开受欺凌者的概率将提高1.293倍。见表5-39。

表 5-39　公开受欺凌者影响因素的多因素 logistic 回归分析

自变量	B	S.E	Wald	P	OR	95%CI	
						下限	上限
性别	0.607	0.168	13.050	0.000	1.834	1.320	2.549
父亲-表达性需要	−0.017	0.166	0.010	0.921	0.984	0.710	1.362
父亲-工具性需要	0.045	0.151	0.087	0.768	1.046	0.778	1.405
期望父亲-工具性需要	−0.160	0.171	0.868	0.352	0.852	0.609	1.193
期望父亲-表达性需要	−0.259	0.173	2.239	0.135	0.772	0.550	1.084
父母协同-冲突	0.257	0.124	4.336	0.037	1.293	1.015	1.648
父母协同-贬低	0.196	0.117	2.792	0.095	1.216	0.967	1.530
父亲投入	−0.244	0.134	3.321	0.068	0.784	0.603	1.019
社区集体效能感	−0.114	0.133	0.737	0.391	0.892	0.688	1.157

（七）相关欺凌者的 logisitic 回归

以是否为相关欺凌者为因变量，性别、是否独生子女、父亲-表达性需要、父亲-工具性需要、期望父亲-工具性需要、期望父亲-表达性需要、父母协同-冲突、父母协同-贬低、父亲投入和社区集体效能感为自变量，进行二元 logistic 回归分析。结果表明，模型拟合良好（x^2=6.727，p=0.566>0.05），能够正确分类的百分比为 71.6%。性别（B=0.688，p<0.001）和父母协同-贬低（B=0.301，p<0.05）能够显著正向预测个体是否为相关欺凌者。是否独生子女（B=−0.673，p<0.05）能够显著负向预测个体是否为相关欺凌者。具体而言，男生为相关欺凌者的概率是女生的 1.991 倍；独生子女为相关欺凌者的概率是非独生子女的 0.510 倍；父母协同-贬低每提升一个单位，个体成为相关欺凌者的概率将提高 1.351 倍。见表 5-40。

表 5-40　相关欺凌者影响因素的多因素 logistic 回归分析

自变量	B	S.E	Wald	P	OR	95%CI	
						下限	上限
性别	0.688	0.173	15.920	0.000	1.991	1.419	2.792
是否独生子女	−0.673	0.311	4.691	0.030	0.510	0.278	0.938

续表

自变量	B	S.E	Wald	P	OR	95%CI 下限	95%CI 上限
父亲-表达性需要	0.111	0.168	0.433	0.511	1.117	0.804	1.552
父亲-工具性需要	−0.164	0.156	1.101	0.294	0.849	0.625	1.153
期望父亲-工具性需要	−0.174	0.178	0.947	0.330	0.841	0.593	1.192
期望父亲-表达性需要	−0.065	0.174	0.137	0.711	0.937	0.666	1.319
父母协同-冲突	0.226	0.126	3.193	0.074	1.253	0.978	1.606
父母协同-贬低	0.301	0.120	6.309	0.012	1.351	1.068	1.709
父亲投入	−0.252	0.137	3.381	0.066	0.777	0.594	1.017
社区集体效能感	−0.195	0.139	1.975	0.160	0.823	0.627	1.080

（八）相关协助者的 logisitic 回归

以是否为相关协助者为因变量，性别、父亲-表达性需要、父亲-工具性需要、期望父亲-工具性需要、期望父亲-表达性需要、父母协同-冲突、父母协同-贬低、父亲投入和社区集体效能感为自变量，进行二元 logistic 回归分析。结果表明，模型拟合良好（$x^2=1.238$，$p=0.996>0.05$），能够正确分类百分比为 65.6%。性别（$B=0.508$，$p<0.01$）能够显著正向预测个体是否为相关协助者，父亲投入（$B=-0.357$，$p<0.01$）能够显著负向预测个体是否为相关协助者。具体而言，男生为相关协助者的概率是女生的 1.662 倍；父亲投入每提升一个单位，个体成为相关协助者的概率将降低 0.700 倍。见表5-41。

表5-41 相关协助者影响因素的多因素 logistic 回归分析

自变量	B	S.E	Wald	P	OR	95%CI 下限	95%CI 上限
性别	0.508	0.161	10.001	0.002	1.662	1.213	2.278
父亲-表达性需要	−0.009	0.158	0.003	0.954	0.991	0.727	1.352
父亲-工具性需要	0.078	0.145	0.292	0.589	1.082	0.813	1.438
期望父亲-工具性需要	−0.191	0.164	1.360	0.244	0.826	0.599	1.139

续表

自变量	B	S.E	Wald	P	OR	95%CI	
						下限	上限
期望父亲-表达性需要	−0.136	0.164	0.681	0.409	0.873	0.633	1.205
父母协同-冲突	0.078	0.120	0.420	0.517	1.081	0.855	1.366
父母协同-贬低	0.202	0.114	3.113	0.078	1.224	0.978	1.531
父亲投入	−0.357	0.128	7.758	0.005	0.700	0.544	0.900
社区集体效能感	−0.025	0.125	0.040	0.842	0.975	0.764	1.246

（九）相关强化者的 logisitic 回归

以是否为相关强化者为因变量，性别、父母协同-冲突、父母协同-贬低和父亲投入为自变量，进行二元 logistic 回归分析。结果表明，模型拟合良好（x^2=4.522，p=0.804＞0.05），能够正确分类的百分比为60.4%。性别（B=0.343，p＜0.05）能够显著正向预测个体是否为相关强化者，父亲投入（B=−0.313，p＜0.01）能够显著负向预测个体是否为相关强化者。具体而言，男生为相关强化者的概率是女生的1.409倍；父亲投入每提升一个单位，个体成为相关强化者的概率将降低0.731倍。见表5-42。

表5-42　相关强化者影响因素的多因素 logistic 回归分析

自变量	B	S.E	Wald	P	OR	95%CI	
						下限	上限
性别	0.343	0.155	4.920	0.027	1.409	1.041	1.908
父母协同-冲突	0.100	0.114	0.777	0.378	1.106	0.885	1.382
父母协同-贬低	0.090	0.110	0.660	0.417	1.094	0.881	1.358
父亲投入	−0.313	0.104	9.132	0.003	0.731	0.597	0.896

（十）相关局外人的 logisitic 回归

以是否为相关局外人为因变量，父母协同-冲突、父亲投入为自变量，进行二元 logistic 回归分析。结果表明，模型拟合良好（x^2=11.340，p=0.183＞0.05），能够正确分类的百分比为58.5%。父亲投入（B=−0.296，p＜0.01）

能够显著负向预测个体是否为相关局外人。具体而言，父亲投入每提升一个单位，个体成为相关局外人的概率将降低0.744倍。见表5-43。

表5-43　相关局外人影响因素的多因素logistic回归分析

自变量	B	S.E	Wald	P	OR	95%CI	
						下限	上限
父母协同-冲突	0.144	0.086	2.835	0.092	1.155	0.977	1.366
父亲投入	−0.296	0.102	8.375	0.004	0.744	0.609	0.909

（十一）相关保护者的logisitic回归

以是否为相关保护者为因变量，父亲-工具性需要、期望父亲-表达性需要、父母协同-一致为自变量，进行二元logistic回归分析。结果表明，模型拟合良好（x^2=8.606，p=0.377＞0.05），能够正确分类的百分比为59.9%。但是，父亲-工具性需要、期望父亲-表达性需要、父母协同-一致均不能够显著预测个体是否为相关保护者。见表5-44。

表5-44　相关保护者影响因素的多因素logistic回归分析

自变量	B	S.E	Wald	P	OR	95%CI	
						下限	上限
父亲-工具性需要	0.108	0.114	0.890	0.346	1.114	0.890	1.393
期望父亲-表达性需要	0.130	0.121	1.145	0.285	1.138	0.898	1.444
父母协同-一致	0.110	0.105	1.109	0.292	1.117	0.909	1.371

（十二）相关受欺凌者的logisitic回归

以是否为相关受欺凌者为因变量，性别、父亲-表达性需要、父亲-工具性需要、期望父亲-工具性需要、期望父亲-表达性需要、父母协同-冲突、父母协同-贬低、父亲投入和社区集体效能感为自变量，进行二元logistic回归分析。结果表明，模型拟合良好（x^2=11.200，p=0.191＞0.05），能够正确分类的百分比为66.7%。性别（B=0.532，p＜0.01）和父母协同-

贬低（B=0.308，p＜0.001）能够显著正向预测个体是否为相关受欺凌者。父亲投入（B=-0.264，p＜0.05）和社区集体效能感（B=-0.264，p＜0.05）能够显著负向预测个体是否为相关受欺凌者。具体而言，男生为相关受欺凌者的概率是女生的1.702倍；父母协同-贬低每提升一个单位，个体成为相关受欺凌者的概率将提高1.361倍；父亲投入和社区集体效能感每提升一个单位，个体成为相关受欺凌者的概率将提高0.768倍。见表5-45。

表5-45　相关受欺凌者影响因素的多因素logistic回归分析

自变量	B	S.E	Wald	P	OR	95%CI	
						下限	上限
性别	0.532	0.162	10.793	0.001	1.702	1.239	2.338
父亲-表达性需要	-0.013	0.159	0.007	0.933	0.987	0.722	1.348
父亲-工具性需要	-0.020	0.146	0.019	0.891	0.980	0.736	1.306
期望父亲-工具性需要	-0.146	0.164	0.792	0.373	0.864	0.627	1.192
期望父亲-表达性需要	0.000	0.164	0.000	1.000	1.000	0.725	1.379
父母协同-冲突	0.197	0.119	2.718	0.099	1.217	0.964	1.537
父母协同-贬低	0.308	0.115	7.227	0.007	1.361	1.087	1.704
父亲投入	-0.264	0.130	4.123	0.042	0.768	0.596	0.991
社区集体效能感	-0.264	0.130	4.135	0.042	0.768	0.595	0.991

表5-46　不同公开角色的预测变量汇总表

自变量	公开欺凌者	公开协助者	公开强化者	公开局外人	公开保护者	公开受欺凌者
性别	+	+		+		+
是否独生子女	-					
父亲-工具性需要		-				
父母协同-一致					+	
父母协同-冲突						+
父母协同-贬低	+					
父亲投入				-		
社区集体效能感			+			

表5-47　不同相关角色的预测变量汇总表

	相关欺凌者	相关协助者	相关强化者	相关局外人	相关保护者	相关受欺凌者
性别	+	+	+			+
是否独生子女	−					
父母协同−贬低	+					+
父亲投入		−	−	−		−
社区集体效能感						−

　　上述研究分析结果如下。（1）性别可以正向预测公开/相关欺凌者、公开/相关协助者、公开/相关受欺凌者、公开局外人和相关强化者；（2）是否独生子女可以负向预测公开/相关欺凌者；（3）父亲−工具性需要可以负向预测公开协助者；（4）父母协同−一致可以正向预测公开保护者；（5）父母协同−冲突可以正向预测公开受欺凌者；（6）公开协同−贬低可以预测公开/相关欺凌者和相关受欺凌者；（7）父亲投入可以负向预测公开/相关局外人、相关协助者、相关强化者和相关受欺凌者；（8）社区集体效能感可以正向预测公开强化者，负向预测相关受欺凌者。见表5-46和表5-47。

第六章

校园欺凌的模型构建：来自追踪数据的证据

课题组先后在湖北省宜昌市选取了三所学校初一到初三的学生，同时选取了湖北省宜昌市某县的一所乡镇中学初一到初三的学生，对其进行了为期一个学期的追踪研究，尝试通过对城市学校和乡镇中学的调查，发现校园欺凌发生发展的规律。

　　之所以选择湖北省宜昌市，是因为它是全国首批社会心理服务体系建设试点城市，心理健康工作在中小学得到了很多重视，某县是宜昌市所辖的一个自治县，其对于中小学心理健康教育一直很重视。因此，课题组选择了这两个地方的学校进行了问卷调查。

第一节　暴力视频与校园欺凌

一、问题提出

　　校园欺凌是指在校园环境下，一个人或者群体针对另一个人或者群体而进行的有意的、重复的攻击性行为，包括身体上的攻击、语言上的攻击、关系上的攻击和网络各个层面上的攻击行为。

　　暴力视频游戏是指包含有个体试图对游戏中其他个体造成伤害等内容

的视频游戏。其攻击主题偏好一般包括六个纬度，分别是尚武好战、暴力-死亡、动漫娱乐、神秘玄学、恐怖刺激、流行娱乐。早期的研究集中探讨了暴力视频游戏和攻击性的关系，结果一致表明，接触暴力视频游戏会导致个体的攻击性认知、情感、行为等显著增加。在现今信息大爆炸的时代，青少年很容易通过网络接触、体验到这些攻击主题的视频，这无疑会进一步促使校园欺凌行为的发生。

集体道德推脱是指在道德上为消极行为辩护的群体共同信念，它反映了班级对于某些不规范行为的认可或反对程度。作为一种集体共识，它会使得个体更容易发生责任转移，进而加大了校园欺凌发生的可能性。而关于青少年道德推脱的研究也发现，接触暴力视频游戏越深，青少年的道德推脱水平越高。因为玩暴力视频游戏时能刺激与现实攻击相同的大脑活动，在虚拟的暴力游戏中主体很容易将他们的对手和目标知觉成现实的社会人。因此，当情景环境变为现实生活的时候，这些青少年更会采用道德推脱策略使自己的暴力行为更加合理化（Hartmann&Vorderer，2010）。由此可知，青少年对暴力视频的接触可能会使得集体道德推脱水平增高，进而引发校园欺凌行为。

感觉寻求是一种人格特质，是个体对多变化的、新异的、复杂的和强烈的感觉和体验的寻求，以及通过采取生理的、社会的、法律的和经济的冒险行为来获得这些体验的愿望。感觉寻求水平比较高的个体，其身上发生的间接与直接攻击行为都较为频繁（Herrenkohl et al.，2007）。暴力视频游戏中的暴力材料更能满足中学生对于刺激的渴望和需求，而体验了暴力游戏过后又会激发和增强中学生对更大刺激的寻求。所以在个体体验暴力视频后，可能会追求更强烈的刺激，增加他们在现实或网络环境产生欺凌行为的可能。

为了有效了解校园欺凌的发生情况，研究者对中学生进行大规模发放问卷调查，共选取初一到高三464名学生，男女生比例选取恰当。发放暴力视频攻击主题偏好问卷、感觉寻求问卷、集体道德推脱问卷、攻击行为问卷、网络欺凌问卷施测，根据问卷收集的结果尝试构建校园欺凌的模型。

二、研究方法

（一）访谈对象基本情况

对这464名初一到高三的学生分两次进行问卷调查，调查时间为2018年9月中旬和2019年的1月上旬。其中，男生221名，占47.63%，女生243名，占52.37%；初一年级85名，占18.32%，初二年级143名，占30.82%，初三年级91名，占19.61%，高一年级52名，占11.21%，高二年级48名，占10.34%，高三年级45名，占9.7%。见表6-1。

表6-1　访谈对象基本情况

变量	初一		初二		初三		高一		高二		高三		总数	
	人数	占比	人数	占比	人数	占比	人数	占比	人数	占比	人数	占比	人数	占比
男	43	9.27%	70	15.09%	45	9.70%	21	4.53%	33	7.11%	9	1.94%	221	47.63%
女	42	9.05%	73	15.73%	46	9.91%	31	6.68%	15	3.23%	36	7.76%	243	52.37%
合计	85	18.32%	143	30.82%	91	19.61%	52	11.21%	48	10.34%	45	9.70%	464	100%

（二）研究工具介绍

（1）感觉寻求量表。6道题，从完全不符合到完全符合，计分方式1—6分，得分越高，表示感觉寻求倾向越强。总问卷的前后测Cronbach's α系数分别为0.71和0.67。

（2）集体道德推脱问卷。共30个项目，5点评分，0%=1，25%=2，50%=3，75%=4，100%=5，包含八个维度：道德辩护（4个项目）、扭曲结果（4个项目）、非人性化（4个项目）、责任转移（3个项目）、责任分散（5个项目）、委婉标签（3个项目）、有利比较（4个项目）、责备归因（3个项目）。得分越高，代表集体道德推脱水平越高。总问卷的前后测Cronbach's α系数分别为0.92和0.92。

（3）暴力视频攻击主题偏好问卷。共29道题，5点计分，评定个体对题目的感兴趣程度，从完全不感兴趣到非常感兴趣，总分越高，攻击主题偏好程度越高。问卷包含六个维度，分别是：尚武好战、暴力–死亡、动漫娱乐、神秘玄学、恐怖刺激、流行娱乐。总问卷的前后测 Cronbach's α 系数分别为 0.92 和 0.93。

（4）网络欺凌量表。共 15 道题，采用 6 级评分，分值越高，表明中学生网络欺凌程度越高。总问卷的前后测 Cronbach's α 系数分别为 0.84 和 0.84。

（5）攻击行为问卷。用来测量个体的现实欺凌行为，该量表共 23 个条目，分为两个维度：主动性攻击行为和反应性攻击行为。分数高表明欺凌行为越严重。总问卷的前后测 Cronbach's α 系数分别为 0.86 和 0.84。

（6）共同方偏差检验。采用 Harman 单因素检验法进行检验。结果发现，所有项目析出的第一个因子只解释了方差的 13.63%，小于 40% 的临界标准。因此，不存在共同方法偏差。

三、交叉滞后回归结果

（一）集体道德推脱与校园欺凌

1.集体道德推脱和网络欺凌的相关关系

T1 集体道德推脱与 T2 集体道德推脱（r=0.419**，p < 0.01）、T1 网络欺凌（r=0.247**，p < 0.01）和 T2 网络欺凌（r=0.181**，p < 0.01）均呈显著正相关；T1 网络欺凌和 T2 集体道德推脱（r=0.175**，p < 0.01）、T2 网络欺凌（r=0.378**，p < 0.01）均呈显著正相关；T2 集体道德推脱与 T2 网络欺凌（r=0.305**，p < 0.01）呈显著正相关。见表 6-2。

表 6-2　T1 和 T2 集体道德推脱和网络欺凌相关分析结果（n=464）

研究变量	1	2	3	4
T1 集体道德推脱	1			
T1 网络欺凌	0.247**	1		
T2 集体道德推脱	0.419**	0.175**	1	
T2 网络欺凌	0.181**	0.378**	0.305**	1

注：*p < 0.05；**p < 0.01；***p < 0.001。

2.集体道德推脱和网络欺凌的交叉滞后分析

利用Mplus软件，以变量集体道德推脱和变量网络欺凌两个时间点的测量数据构建交叉滞后模型。结果显示，模型为饱和模型（RMSEA=0，SRME=0，CFI=1，TLI=1）。T1集体道德推脱可以显著正向预测T2集体道德推脱（β= 0.400，p＜0.001）；T1网络欺凌可以显著正向预测T2网络欺凌（β= 0.355，p＜0.001）；T1集体道德推脱对T2网络欺凌有显著正向预测（β= 0.093，p＜0.05）；T1网络欺凌对T2集体道德推脱的预测作用不显著（β= 0.077，p＞0.05）。这表明从总体上来说，集体道德推脱是网络欺凌的预测变量。见图6-1。

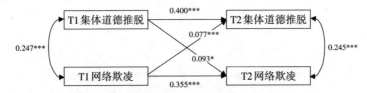

图6-1 变量集体道德推脱和变量网络欺凌的交叉滞后模型

3.集体道德推脱和主动性攻击的相关关系

T1集体道德推脱与T2集体道德推脱（r=0.419**，p＜0.01）、T1主动性攻击（r=0.232**，p＜0.01）和T2主动性攻击（r=0.174**，p＜0.01）均呈显著正相关；T1主动性攻击和T2集体道德推脱（r=0.205**，p＜0.01）、T2主动性攻击（r=0.220**，p＜0.01）均呈显著正相关；T2集体道德推脱与T2主动性攻击（r=0.255**，p＜0.01）呈显著正相关。见表6-3。

表6-3 T1和T2集体道德推脱和主动攻击相关分析结果（n=464）

研究变量	1	2	3	4
T1集体道德推脱	1			
T1主动性攻击	0.232**	1		
T2集体道德推脱	0.419**	0.205**	1	
T2主动性攻击	0.174**	0.220**	0.255**	1

注：*p＜0.05；**p＜0.01；***p＜0.001。

4.集体道德推脱和主动性攻击的交叉滞后分析

利用Mplus软件，以变量集体道德推脱和变量主动性攻击两个时间点的测量数据构建交叉滞后模型。结果显示，模型为饱和模型（RMSEA=0，SRME=0，CFI=1，TLI=1）。T1集体道德推脱可以显著正向预测T2集体道德推脱（β= 0.393，p＜0.001）；T1主动性攻击可以显著正向预测T2主动性攻击（β= 0.190，p＜0.001）；T1集体道德推脱对T2主动性攻击有显著正向预测（β= 0.130，p＜0.01），而T1主动性攻击对T2集体道德推脱同样有显著正向预测（β= 0.114，p＜0.01）。这表明，集体道德推脱和主动性攻击之间的交叉滞后效应显著。见图6-2。

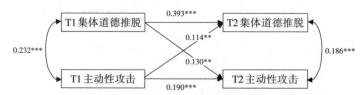

图6-2 变量集体道德推脱和变量主动攻击的交叉滞后模型

从结果上看，集体道德推脱能显著预测个体的主动性攻击和网络欺凌，同时主动性攻击也能够预测个体感知的集体道德推脱。这意味着集体道德推脱的水平越高，越可能对个体的现实欺凌与网络欺凌有显著影响。反过来，这种网络欺凌经验和现实欺凌经验会对个体感知的集体道德推脱水平产生影响，欺凌经验越多，其集体道德推脱水平也越高。

（二）感觉寻求与网络欺凌

1.感觉寻求和网络欺凌的相关关系

T1感觉寻求与T2感觉寻求（r=0.438**，p＜0.01）、T1网络欺凌（r=0.183**，p＜0.01）和T2的网络欺凌（r=0.121**，p＜0.01）均呈显著正相关；T1网络欺凌和T2感觉寻求（r=0.181**，p＜0.01）、T2网络欺凌（r=0.378**，p＜0.01）均呈显著正相关；T2感觉寻求与T2网络欺凌（r=0.249**，p＜0.01）呈显著正相关。见表6-4。

表6-4 T1和T2感觉寻求和网络欺凌相关分析结果（n=464）

研究变量	1	2	3	4
T1感觉寻求	1			
T1网络欺凌	0.183**	1		
T2感觉寻求	0.438**	0.181**	1	
T2网络欺凌	0.121**	0.378**	0.249**	1

注：*p < 0.05；**p < 0.01；***p < 0.001。

2.感觉寻求和网络欺凌的交叉滞后分析

利用Mplus软件，以变量感觉寻求和变量网络欺凌两个时间点的测量数据构建交叉滞后模型。结果显示，模型为饱和模型（RMSEA=0，SRME=0，CFI=1，TLI=1）。T1感觉寻求可以显著正向预测T2感觉寻求（β=0.419，p＜0.001）；T1网络欺凌可以显著正向预测T2网络欺凌（β=0.368，p＜0.001）；T1感觉寻求对T2网络欺凌没有显著预测（β=0.053，p＞0.05）；T1网络欺凌对T2感觉寻求能显著正向预测（β=0.104，p＜0.05）。这表明，从总体上来说网络欺凌是感觉寻求的预测变量。见图6-3。

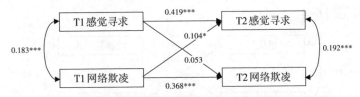

图6-3 变量感觉寻求和变量网络欺凌的交叉滞后模型

3.感觉寻求和主动性攻击的相关关系

T1感觉寻求与T2感觉寻求（r=0.438**，p < 0.01）、T1主动性攻击（r=0.184**，p < 0.01）和T2的主动性攻击（r=0.153**，p < 0.01）均呈显著正相关；T1主动性攻击和T2感觉寻求（r=0.157**，p < 0.01）、T2主动性攻击（r=0.220**，p < 0.01）均呈显著正相关；T2感觉寻求与T2主动性攻击（r=0.296**，p < 0.01）呈显著正相关。见表6-5。

表6-5　T1和T2感觉寻求和主动性攻击相关分析结果（n=464）

研究变量	1	2	3	4
T1感觉寻求	1			
T1主动性攻击	0.184**	1		
T2感觉寻求	0.438**	0.157**	1	
T2主动性攻击	0.153**	0.220**	0.296**	1

注：*p < 0.05；**p < 0.01；***p < 0.001。

4.感觉寻求和主动性攻击的交叉滞后分析

利用Mplus软件，以变量感觉寻求和变量主动性攻击两个时间点的测量数据构建交叉滞后模型。结果显示，模型为饱和模型（RMSEA=0，SRME=0，CFI=1，TLI=1）。T1感觉寻求可以显著正向预测T2感觉寻求（β= 0.423，p＜0.001）；T1主动性攻击可以显著正向预测T2主动性攻击（β= 0.199，p＜0.001）；T1感觉寻求对T2主动性攻击能显著正向预测（β= 0.116，p＜0.05）；T1主动性攻击对T2感觉寻求的预测作用不显著（β= 0.079，p＞0.05）。这表明，从总体上来说感觉寻求是主动性攻击的预测变量。见图6-4。

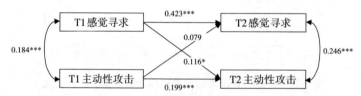

图6-4　变量感觉寻求和变量主动性攻击的交叉滞后模型

从结果上看，网络欺凌能够预测个体的感觉寻求。这意味着这种网络欺凌经验会对个体感觉寻求水平产生影响，网络欺凌经验越多，其感觉寻求水平也越高。而感觉寻求高的个体，也更可能发生现实欺凌的行为。

（三）攻击主题偏好与网络欺凌

1.尚武好战和网络欺凌的相关关系

T1 尚武好战与 T2 尚武好战（r=0.643**，p＜0.01）、T1 网络欺凌（r=0.164**，p＜0.01）和 T2 网络欺凌（r=0.235**，p＜0.01）均呈显著正相关；T1 网络欺凌和 T2 尚武好战（r=0.140**，p＜0.01）、T2 网络欺凌（r=0.378**，p＜0.01）均呈显著正相关；T2 尚武好战与 T2 网络欺凌（r=0.246**，p＜0.01）呈显著正相关。见表6-6。

表6-6　T1和T2尚武好战和网络欺凌相关分析结果（n=464）

研究变量	1	2	3	4
T1尚武好战	1			
T1网络欺凌	0.164**	1		
T2尚武好战	0.643**	0.140**	1	
T2网络欺凌	0.235**	0.378**	0.246**	1

注：*p＜0.05；**p＜0.01；***p＜0.001。

2.尚武好战和网络欺凌的交叉滞后分析

利用Mplus软件，以变量尚武好战和变量网络欺凌两个时间点的测量数据构建交叉滞后模型。结果显示，模型为饱和模型（RMSEA=0，SRME=0，CFI=1，TLI=1）。T1 尚武好战可以显著正向预测 T2 尚武好战（β= 0.634，p＜0.001）；T1 网络欺凌可以显著正向预测 T2 网络欺凌（β= 0.349，p＜0.001）；T1 尚武好战对 T2 网络欺凌能显著正向预测（β= 0.178，p＜0.001）；而 T1 网络欺凌对 T2 尚武好战的预测作用不显著（β= 0.036，p＞0.05）。这表明，从总体上来说尚武好战是网络欺凌的预测变量。见图6-5。

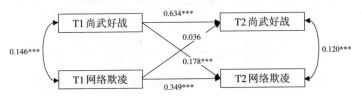

图6-5　变量尚武好战和变量网络欺凌的交叉滞后模型

3.尚武好战和主动性攻击的相关关系

T1尚武好战与T2尚武好战（r=0.643**，p＜0.01）、T1主动性攻击（r=0.156**，p＜0.01）和T2主动性攻击（r=0.311**，p＜0.01）均呈显著正相关；T1主动性攻击和T2尚武好战（r=0.129**，p＜0.01）、T2主动性攻击（r=0.220**，p＜0.01）均呈显著正相关；T2尚武好战与T2主动性攻击（r=0.325**，p＜0.01）呈显著正相关。见表6-7。

表6-7　T1和T2尚武好战和主动性攻击相关分析结果（n=464）

研究变量	1	2	3	4
T1尚武好战	1			
T1主动性攻击	0.156**	1		
T2尚武好战	0.643**	0.129**	1	
T2主动性攻击	0.311**	0.220**	0.325**	1

注：*p＜0.05；**p＜0.01；***p＜0.001。

4.尚武好战和主动性攻击的交叉滞后分析

利用Mplus软件，以变量尚武好战和变量主动性攻击两个时间点的测量数据构建交叉滞后模型。结果显示，模型为饱和模型（RMSEA=0，SRME=0，CFI=1，TLI=1）。T1尚武好战可以显著正向预测T2尚武好战（β= 0.638，p＜0.001）；T1主动性攻击可以显著正向预测T2主动性攻击（β= 0.176，p＜0.001）；T1尚武好战对T2主动性攻击能显著正向预测（β= 0.284，p＜0.001）；而T1主动性攻击对T2尚武好战的预测作用不显著（β= 0.029，p＞0.05）。这表明，从总体上来说尚武好战是主动性攻击的预测变量。见图6-6。

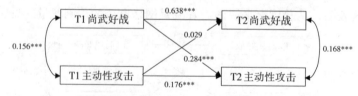

图6-6　变量尚武好战和变量主动性攻击的交叉滞后模型

从结果上看，前测的尚武好战主题偏好能够影响后续的网络欺凌和主动性攻击行为,这种攻击主题的视频经验越多,个体校园欺凌的行为就会越多。

5.暴力–死亡和网络欺凌的相关关系

T1暴力–死亡与T2暴力–死亡(r=0.544**,p < 0.01)、T1网络欺凌(r=0.382**,p < 0.01)和T2网络欺凌(r=0.251**,p < 0.01)均呈显著正相关;T1网络欺凌和T2暴力–死亡(r=0.227**,p < 0.01)、T2网络欺凌(r=0.372**,p < 0.01)均呈显著正相关;T2暴力–死亡与T2网络欺凌(r=0.378**,p < 0.01)呈显著正相关。见表6–8。

表6-8 T1和T2暴力–死亡和网络欺凌相关分析结果(n=464)

研究变量	1	2	3	4
T1暴力–死亡	1			
T1网络欺凌	0.382**	1		
T2暴力–死亡	0.544**	0.227**	1	
T2网络欺凌	0.251**	0.372**	0.378**	1

注:*p < 0.05;**p < 0.01;***p < 0.001。

6.暴力–死亡和网络欺凌的交叉滞后分析

利用Mplus软件,以变量暴力–死亡和变量网络欺凌两个时间点的测量数据构建交叉滞后模型。结果显示,模型为饱和模型(RMSEA=0,SRME=0,CFI=1,TLI=1)。T1暴力–死亡可以显著正向预测T2暴力–死亡(β=0.536,p<0.001);T1网络欺凌可以显著正向预测T2网络欺凌(β=0.330,p<0.001);T1暴力–死亡能显著正向预测T2网络欺凌(β=0.125,p<0.01);而T1网络欺凌对T2暴力–死亡的预测作用不显著(β=0.022,p>0.05)。这表明,从总体上来说暴力–死亡是网络欺凌的预测变量。见图6–7。

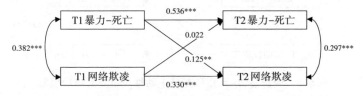

图6-7 变量暴力–死亡和变量网络欺凌的交叉滞后模型

7.暴力-死亡和主动性攻击的相关关系

T1暴力-死亡与T2暴力-死亡（r=0.544**，p<0.01）、T1主动性攻击（r=0.386**，p<0.01）和T2主动性攻击（r=0.277**，p<0.01）均呈显著正相关；T1主动性攻击和T2暴力-死亡（r=0.149**，p<0.01）、T2主动性攻击（r=0.220**，p<0.01）均呈显著正相关；T2暴力-死亡与T2主动性攻击（r=0.403**，p<0.01）呈显著正相关。见表6-9。

表6-9　T1和T2暴力-死亡和主动性攻击相关分析结果（n=464）

研究变量	1	2	3	4
T1暴力-死亡	1			
T1主动性攻击	0.386**	1		
T2暴力-死亡	0.544**	0.149**	1	
T2主动性攻击	0.277**	0.220**	0.403**	1

注：*p < 0.05；**p < 0.01；***p < 0.001。

8.暴力-死亡和主动性攻击的交叉滞后分析

利用Mplus软件，以变量暴力-死亡和变量主动性攻击两个时间点的测量数据构建交叉滞后模型。结果显示，模型为饱和模型（RMSEA=0，SRME=0，CFI=1，TLI=1）。T1暴力-死亡可以显著正向预测T2暴力-死亡（β= 0.572，p< 0.001）；T1主动性攻击可以显著正向预测T2主动性攻击（β= 0.133，p< 0.01）；T1暴力-死亡对T2主动性攻击能显著正向预测（β= 0.226，p< 0.001）；而T1主动性攻击对T2暴力-死亡的预测作用不显著（β= 0.071，p> 0.05）。这表明，从总体上来说暴力-死亡是主动性攻击的预测变量。见图6-8。

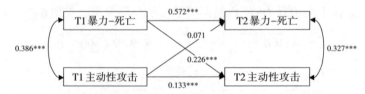

图6-8　变量暴力-死亡和变量主动性攻击交叉滞后模型

从结果上看，前测的暴力-死亡主题偏好能够影响后续的网络欺凌和主动性攻击行为，这种攻击主题的视频经验会导致个体欺凌行为的增加。

9.神秘玄学和网络欺凌的相关关系

T1 神秘玄学与 T2 神秘玄学 （r=0.707**，p < 0.01）、T1 网络欺凌（r=0.225**，p < 0.01） 和 T2 网络欺凌（r=0.232**，p < 0.01） 均呈显著正相关；T1 网络欺凌和 T2 神秘玄学（r=0.227**，p < 0.01）、T2 网络欺凌（r=0.372**，p < 0.01）均呈显著正相关；T2 神秘玄学与 T2 网络欺凌（r=0.320**，p < 0.01）呈显著正相关。见表6-10。

表6-10　T1和T2神秘玄学和网络欺凌相关分析结果（n=464）

研究变量	1	2	3	4
T1 神秘玄学	1			
T1 网络欺凌	0.225**	1		
T2 神秘玄学	0.707**	0.227**	1	
T2 网络欺凌	0.232**	0.372**	0.320**	1

注：*p < 0.05；**p < 0.01；***p < 0.001。

10.神秘玄学和网络欺凌的交叉滞后分析

利用Mplus软件，以变量神秘玄学和变量网络欺凌两个时间点的测量数据构建交叉滞后模型。结果显示，模型为饱和模型（RMSEA=0，SRME=0，CFI=1，TLI=1）。T1 神秘玄学可以显著正向预测 T2 神秘玄学（β= 0.702，p<0.001）；T1 网络欺凌可以显著正向预测 T2 网络欺凌（β= 0.343，p<0.001）；T1 神秘玄学能显著正向预测 T2 网络欺凌（β= 0.154，p<0.01）；而 T1 网络欺凌对 T2 神秘玄学的预测作用不显著（β= 0.025，p>0.05）。这表明，从总体上来说神秘玄学是网络欺凌的预测变量。见图6-9。

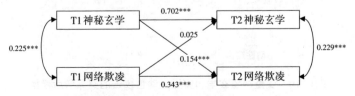

图6-9　变量神秘玄学和变量网络欺凌的交叉滞后模型

11.神秘玄学和主动性攻击的相关关系

T1神秘玄学与T2神秘玄学（r=0.707**，p < 0.01）、T1主动性攻击（r=0.171**，p < 0.01）和T2主动性攻击（r=0.243**，p < 0.01）均呈显著正相关；T1主动性攻击和T2神秘玄学（r=0.127**，p < 0.01）、T2主动性攻击（r=0.220**，p < 0.01）均呈显著正相关；T2神秘玄学与T2主动性攻击（r=0.288**，p < 0.01）呈显著正相关。见表6-11。

表6-11　T1和T2神秘玄学和主动性攻击相关分析结果（n=464）

研究变量	1	2	3	4
T1神秘玄学	1			
T1主动性攻击	0.171**	1		
T2神秘玄学	0.707**	0.127**	1	
T2主动性攻击	0.243**	0.220**	0.288**	1

注：*p < 0.05；**p < 0.01；***p < 0.001。

12.神秘玄学和主动性攻击的交叉滞后分析

利用Mplus软件，以变量神秘玄学和变量主动性攻击两个时间点的测量数据构建交叉滞后模型。结果显示，模型为饱和模型（RMSEA=0，SRME=0，CFI=1，TLI=1）。T1神秘玄学可以显著正向预测T2神秘玄学（β= 0.706，p< 0.001）；T1主动性攻击可以显著正向预测T2主动性攻击（β= 0.184，p< 0.01）；T1神秘玄学对T2主动性攻击能显著正向预测（β= 0.211，p<0.001）；而T1主动性攻击对T2神秘玄学的预测作用不显著（β= 0.006，p>0.05）。这表明，从总体上来说神秘玄学是主动性攻击的预测变量。见图6-10。

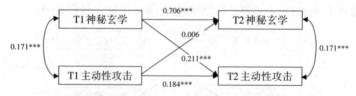

图6-10　变量神秘玄学和变量主动性攻击的交叉滞后模型

从结果上看，前测的神秘玄学主题偏好能够影响后续的网络欺凌和主动性攻击行为，这种攻击主题的视频经验会导致个体欺凌行为的增加。

13.恐怖刺激和网络欺凌的相关关系

T1恐怖刺激与T2恐怖刺激（r=0.605**，p < 0.01）、T1网络欺凌（r=0.265**，p < 0.01）和T2网络欺凌（r=0.246**，p < 0.01）均呈显著正相关；T1网络欺凌和T2恐怖刺激（r=0.157**，p < 0.01）、T2网络欺凌（r=0.378**，p < 0.01）均呈显著正相关；T2恐怖刺激与T2网络欺凌（r=0.295**，p < 0.01）呈显著正相关。见表6-12。

表6-12 T1和T2恐怖刺激和网络欺凌相关分析结果（n=464）

研究变量	1	2	3	4
T1恐怖刺激	1			
T1网络欺凌	0.265**	1		
T2恐怖刺激	0.605**	0.157**	1	
T2网络欺凌	0.246**	0.378**	0.295**	1

注：*p < 0.05；**p < 0.01；***p < 0.001。

14.恐怖刺激和网络欺凌的交叉滞后分析

利用Mplus软件，以变量恐怖刺激和变量网络欺凌两个时间点的测量数据构建交叉滞后模型。结果显示，模型为饱和模型（RMSEA=0，SRME=0，CFI=1，TLI=1）。T1恐怖刺激可以显著正向预测T2恐怖刺激（β=0.605，p<0.001）；T1网络欺凌可以显著正向预测T2网络欺凌（β=0.337，p<0.001）；T1恐怖刺激能显著正向预测T2网络欺凌（β=0.157，p<0.01）；而T1网络欺凌对T2恐怖刺激的预测作用不显著（β=0.003，p>0.05）。这表明，从总体上来说恐怖刺激是网络欺凌的预测变量。见图6-11。

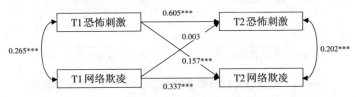

图6-11 变量恐怖刺激和变量网络欺凌交叉滞后模型

15.恐怖刺激和主动性攻击的相关关系

T1恐怖刺激与T2恐怖刺激（r=0.605**，p < 0.01）、T1主动性攻击（r=0.172**，p < 0.01）和T2主动性攻击（r=0.204**，p < 0.01）均呈显著正相关；T1主动性攻击和T2恐怖刺激（r=0.054，p＞0.05）相关不显著，与T2主动性攻击（r=0.220**，p < 0.01）呈显著正相关；T2恐怖刺激与T2主动性攻击（r=0.253**，p < 0.01）呈显著正相关。见表6-13。

表6-13　T1和T2恐怖刺激和主动性攻击相关分析结果（n=464）

研究变量	1	2	3	4
T1恐怖刺激	1			
T1主动性攻击	0.172**	1		
T2恐怖刺激	0.605**	0.054	1	
T2主动性攻击	0.204**	0.220**	0.253**	1

注：*p < 0.05；**p < 0.01；***p < 0.001。

16.恐怖刺激和主动性攻击的交叉滞后分析

利用Mplus软件，以变量恐怖刺激和变量主动性攻击两个时间点的测量数据构建交叉滞后模型。结果显示，模型为饱和模型（RMSEA=0，SRME=0，CFI=1，TLI=1）。T1恐怖刺激可以显著正向预测T2恐怖刺激（β= 0.614，p＜0.001）；T1主动性攻击可以显著正向预测T2主动性攻击（β= 0.191，p＜0.01）；T1恐怖刺激对T2主动性攻击能显著正向预测（β= 0.171，p＜0.001）；而T1主动性攻击对T2恐怖刺激的预测作用不显著（β= 0.051，p＞0.05）。这表明，从总体上来说恐怖刺激是主动性攻击的预测变量。见图6-12。

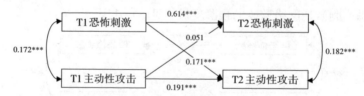

图6-12　变量恐怖刺激和变量主动性攻击的交叉滞后模型

结果上看，前测的恐怖刺激主题偏好能够影响后续的网络欺凌和主动性攻击行为，这种攻击主题的视频经验会导致个体欺凌行为的增加。

17.流行娱乐和网络欺凌的相关关系

T1 流行娱乐与 T2 流行娱乐（r=0.627**，p < 0.01）、T1 网络欺凌（r=0.315**，p < 0.01）和 T2 网络欺凌（r=0.277**，p < 0.01）均呈显著正相关，T1 网络欺凌和 T2 流行娱乐（r=0.279**，p < 0.01）、T2 网络欺凌（r=0.378**，p < 0.01）均呈显著正相关；T2 流行娱乐与 T2 网络欺凌（r=0.346**，p < 0.01）呈显著正相关。见表6-14。

表6-14 T1和T2流行娱乐和网络欺凌相关分析结果（n=464）

研究变量	1	2	3	4
T1 流行娱乐	1			
T1 网络欺凌	0.315**	1		
T2 流行娱乐	0.627**	0.279**	1	
T2 网络欺凌	0.277**	0.378**	0.346**	1

注：*p < 0.05；**p < 0.01；***p < 0.001。

18.流行娱乐和网络欺凌的交叉滞后分析

利用Mplus软件，以变量流行娱乐和变量网络欺凌两个时间点的测量数据构建交叉滞后模型。结果显示，模型为饱和模型（RMSEA=0，SRME=0，CFI=1，TLI=1）。T1流行娱乐可以显著正向预测T2流行娱乐（β= 0.608，p<0.001）；T1网络欺凌可以显著正向预测T2网络欺凌（β=0.323，p<0.001）；T1流行娱乐能显著正向预测T2网络欺凌（β=0.175，p<0.001）；而T1网络欺凌对T2流行娱乐的预测作用不显著（β=0.057，p>0.05）。这表明，从总体上来说流行娱乐是网络欺凌的预测变量。见图6-13。

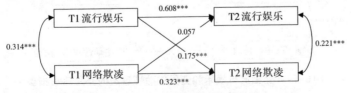

图6-13 变量流行娱乐和变量网络欺凌的交叉滞后模型

19.流行娱乐和主动性攻击的相关关系

T1流行娱乐与T2流行娱乐（r=0.627**，p＜0.01）、T1主动性攻击（r=0.211**，p＜0.01）和T2主动性攻击（r=0.255**，p＜0.01）均呈显著正相关；T1主动性攻击和T2流行娱乐（r=0.179**，p＜0.01）、T2主动性攻击（r=0.220**，p＜0.01）均呈显著正相关；T2流行娱乐与T2主动性攻击（r=0.316**，p＜0.01）呈显著正相关。见表6-15。

表6-15　T1和T2流行娱乐和主动性攻击相关分析结果（n=464）

研究变量	1	2	3	4
T1流行娱乐	1			
T1主动性攻击	0.211**	1		
T2流行娱乐	0.627**	0.179**	1	
T2主动性攻击	0.255**	0.220**	0.316**	1

注：*p＜0.05；**p＜0.01；***p＜0.001。

20.流行娱乐和主动性攻击的交叉滞后分析

利用Mplus软件，以变量流行娱乐和变量主动性攻击两个时间点的测量数据构建交叉滞后模型。结果显示，模型为饱和模型（RMSEA=0，SRME=0，CFI=1，TLI=1）。T1流行娱乐可以显著正向预测T2流行娱乐（β= 0.618，p＜0.001）；T1主动性攻击可以显著正向预测T2主动性攻击（β= 0.174，p＜0.001）；T1流行娱乐能显著正向预测T2主动性攻击（β= 0.219，p＜0.001）；而T1主动性攻击对T2流行娱乐的预测作用不显著（β= 0.049，p＞0.05）。这表明，从总体上来说流行娱乐是主动性攻击的预测变量。见图6-14。

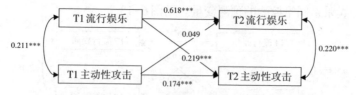

图6-14　变量流行娱乐和变量主动性攻击的交叉滞后模型

从结果上看，前测的流行娱乐主题偏好能够影响后续的网络欺凌和主动性攻击行为，这种主题的视频经验会导致个体欺凌行为的增加。

21.动漫娱乐和网络欺凌的相关关系

T1动漫娱乐与T2动漫娱乐（r=0.617**，p < 0.01）、T1网络欺凌（r=0.130**，p < 0.01）和T2网络欺凌（r=0.129**，p < 0.01）均呈显著正相关；T1网络欺凌与T2动漫娱乐（r=0.073，p > 0.05）相关不显著，与T2网络欺凌（r=0.378**，p < 0.01）呈显著正相关；T2动漫娱乐与T2网络欺凌（r=0.115*，p < 0.05）呈显著正相关。见表6-16。

表6-16 T1和T2动漫娱乐和网络欺凌相关分析结果（n=464）

研究变量	1	2	3	4
T1动漫娱乐	1			
T1网络欺凌	0.130**	1		
T2动漫娱乐	0.617**	0.073	1	
T2网络欺凌	0.129**	0.378**	0.115*	1

注：*p < 0.05；**p < 0.01；***p < 0.001。

22.动漫娱乐和网络欺凌的交叉滞后分析

利用Mplus软件，以变量动漫娱乐和变量网络欺凌两个时间点的测量数据构建交叉滞后模型。结果显示，模型为饱和模型（RMSEA=0，SRME=0，CFI=1，TLI=1）。T1动漫娱乐可以显著正向预测T2动漫娱乐（β= 0.673，p<0.001）；T1网络欺凌可以显著正向预测T2网络欺凌（β= 0.368，p<0.001）；T1动漫娱乐不能显著预测T2网络欺凌（β= 0.081，p>0.05）；而T1网络欺凌对T2动漫娱乐的预测作用也不显著（β= 0.014，p>0.05）。这表明，动漫娱乐不是网络欺凌的预测变量。见图6-15。

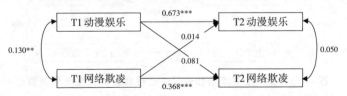

图6-15 变量动漫娱乐和变量网络欺凌与交叉滞后模型

23.动漫娱乐和主动性攻击的相关关系

T1动漫娱乐与T2动漫娱乐（r=0.671**，p < 0.01）、T2主动性攻击（r=0.148**，p < 0.01）呈显著正相关，与T1主动性攻击（r=0.024，p> 0.05）相关不显著；T1主动性攻击与T2动漫娱乐（r=0.031，p > 0.05）相关不显著，与T2主动性攻击（r=0.220**，p < 0.01）呈显著正相关；T2动漫娱乐与T2主动性攻击（r=0.119*，p < 0.05）呈显著正相关。见表6-17。

表6-17　T1和T2动漫娱乐和主动性攻击相关分析结果（n=464）

研究变量	1	2	3	4
T1动漫娱乐	1			
T1主动性攻击	0.024	1		
T2动漫娱乐	0.671**	0.031	1	
T2主动性攻击	0.148**	0.220**	0.119*	1

注：*p < 0.05；**p < 0.01；***p < 0.001。

24.动漫娱乐和主动性攻击的交叉滞后分析

利用Mplus软件，以变量动漫娱乐和变量主动性攻击两个时间点的测量数据构建交叉滞后模型。结果显示，模型为饱和模型（RMSEA=0，SRME=0，CFI=1，TLI=1）。T1动漫娱乐可以显著正向预测T2动漫娱乐（β= 0.671，p<0.001）；T1主动性攻击可以显著正向预测T2主动性攻击（β= 0.217，p<0.001）；T1动漫娱乐显著预测T2主动性攻击（β= 0.143，p<0.001）；而T1主动性攻击对T2动漫娱乐的预测作用不显著（β= 0.015，p>0.05）。这表明，动漫娱乐是主动性攻击的预测变量。见图6-16。

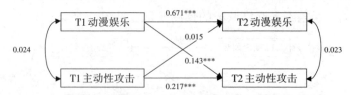

图6-16　变量动漫娱乐和变量主动性攻击的交叉滞后模型

从结果上看，前测的动漫娱乐主题偏好能够影响后续的主动性攻击行为，这种主题的视频经验会导致个体现实欺凌行为的增加。

25.攻击主题偏好和网络欺凌的相关关系

T1攻击主题偏好与T2攻击主题偏好（r=0.699**，p < 0.01）、T1网络欺凌（r=0.307**，p < 0.01）和T2网络欺凌（r=0.293**，p < 0.01）均呈显著正相关；T1网络欺凌和T2攻击主题偏好（r-0.307**，p < 0.01），T2网络欺凌（r=0.378**，p < 0.01）均呈显著正相关；T2攻击主题偏好与T2网络欺凌（r=0.349**，p < 0.01）呈显著正相关。见表6-18。

表6-18 T1和T2攻击主题偏好和网络欺凌相关分析结果（n=464）

研究变量	1	2	3	4
T1攻击主题偏好	1			
T1网络欺凌	0.307**	1		
T2攻击主题偏好	0.699**	0.307**	1	
T2网络欺凌	0.293**	0.378**	0.349**	1

注：*p < 0.05；**p < 0.01；***p < 0.001。

26.攻击主题偏好和网络欺凌的交叉滞后分析

利用Mplus软件，以变量攻击主题偏好和变量网络欺凌两个时间点的测量数据构建交叉滞后模型。结果显示，模型为饱和模型（RMSEA=0，SRME=0，CFI=1，TLI=1）。T1攻击主题偏好可以显著正向预测T2攻击主题偏好（β=0.701，p<0.001）；T1网络欺凌可以显著正向预测T2网络欺凌（β=0.318，p<0.001）；T1攻击主题偏好能显著正向预测T2网络欺凌（β=0.196，p<0.001）；而T1网络欺凌对T2攻击主题偏好的预测作用不显著（β=0.006，p>0.05）。这表明，从总体上来说攻击主题偏好是网络欺凌的预测变量。见图6-17。

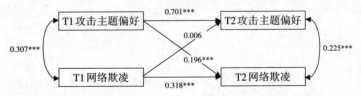

图6-17 变量攻击主题偏好和变量网络欺凌的交叉滞后模型

27.攻击主题偏好和主动性攻击的相关关系

T1攻击主题偏好与T2攻击主题偏好（r=0.699**，p < 0.01）、T1主动性攻击（r=0.237**，p < 0.01）和T2主动性攻击（r=0.322**，p < 0.01）均呈显著正相关；T1主动性攻击和T2攻击主题偏好（r=0.141**，p < 0.01）、T2主动性攻击（r=0.220**，p < 0.01）均呈显著正相关；T2攻击主题偏好与T2主动性攻击（r=0.365**，p < 0.01）呈显著正相关。见表6-19。

表6-19　T1和T2攻击主题偏好和主动性攻击相关分析结果（n=464）

研究变量	1	2	3	4
T1攻击主题偏好	1			
T1主动性攻击	0.237**	1		
T2攻击主题偏好	0.699**	0.141**	1	
T2主动性攻击	0.322**	0.220**	0.365**	1

注：*p < 0.05；**p < 0.01；***p < 0.001。

28.攻击主题偏好和主动性攻击的交叉滞后分析

利用Mplus软件，以变量攻击主题偏好和变量主动性攻击两个时间点的测量数据构建交叉滞后模型。结果显示，模型为饱和模型（RMSEA=0，SRME=0，CFI=1，TLI=1）。T1攻击主题偏好可以显著正向预测T2攻击主题偏好（β= 0.705，p<0.001）；T1主动性攻击可以显著正向预测T2主动性攻击（β= 0.153，p<0.001）；T1攻击主题偏好能显著正向预测T2主动性攻击（β= 0.286，p<0.001）；而T1主动性攻击对T2攻击主题偏好的预测作用不显著（β= 0.026，p>0.05）。这表明，从总体上来说攻击主题偏好是主动性攻击的预测变量。见图6-18。

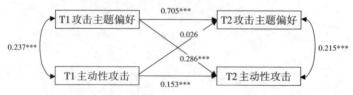

图6-18　变量攻击主题偏好和变量主动性攻击的交叉滞后模型

从结果上看,前测的攻击主题偏好能够影响后续的网络欺凌和主动性攻击行为,这种攻击主题的视频经验会导致个体校园欺凌行为的增加。

主动性攻击与反应性攻击具有明显的不同,反应性攻击在这些变量上的交叉滞后回归分析都不显著,这就意味着主动性攻击和反应性攻击具有不同的特点,需要重视对主动性攻击个体的研究。

(四)回归分析

1.网络欺凌的回归方程

从结果上看,相比较前测变量对前测网络欺凌的回归结果,后测变量对后测网络欺凌的影响更大。前后测的攻击主题偏好和集体道德推脱水平都能有效预测网络欺凌行为。而在后测变量对后测网络欺凌的回归结果中,攻击偏好和集体道德推脱会相较前测对网络欺凌的影响做出更多的解释。这说明网络欺凌也会受到频率的影响,个体在持续地接触攻击主题的视频后,也会知觉到班级道德推脱发生了变化,进而影响后续的网络欺凌行为。这是一个累积效应,在后测时更能显现这些影响因素的累积影响。见表6-20和表6-21。

表6-20 前测变量对前测网络欺凌的回归分析

维度	变量	标准系数	t	p	R^2	F
前测网络欺凌	前测攻击主题偏好	0.249	4.009	0.000	0.133	23.47
	前测集体道德推脱	0.186	2.682	0.000		
	前测感觉寻求	0.056	1.192	0.234		

表6-21 后测变量对后测网络欺凌的回归分析

维度	变量	标准系数	t	p	R^2	F
后测网络欺凌	后测攻击偏好	0.257	5.312	0.000	0.174	32.33
	后测感觉寻求	0.074	1.541	0.124		
	后测集体道德推脱	0.216	4.485	0.000		

2.主动性攻击的回归方程

从结果上看，前测的集体道德推脱水平对后续的主动性攻击有显著预测力，后续的攻击主题偏好以及感觉寻求水平的变化，能够有效预测后续的主动性攻击。同时也存在一个累积效应，导致后续的攻击偏好增加，影响个体的感觉寻求，进而有效预测后续的主动性攻击行为。见表6-22和表6-23。

6-22　前测变量对前测主动性攻击的回归分析

维度	变量	标准系数	t	p	R^2	F
前测主动性攻击	前测攻击主题偏好	0.169	3.510	0.000	0.098	16.68
	前测集体道德推脱	0.181	3.977	0.000		
	前测感觉寻求	0.087	1.813	0.070		

6-23　后测变量对后测主动性攻击的回归分析

维度	变量	标准系数	t	p	R^2	F
后测主动性攻击	后测攻击主题偏好	0.263	5.431	0.000	0.174	32.31
	后测集体道德推脱	0.148	3.316	0.001		
	后测感觉寻求	0.137	2.838	0.005		

从结果上看，后测变量对主动性攻击的影响更大，后测的攻击主题偏好、感觉寻求以及集体道德推脱都能有效预测后续的主动性攻击。而前测变量中只有攻击主题偏好和集体道德推脱能显著预测前测的主动性攻击。感觉寻求变量在前后测结果中出现变化，可能是由于之前的现实欺凌经验以及不同攻击主题视频游戏带来的结果。个体的感觉寻求出现变化，攻击偏好也会受到这种游戏频率的影响，对其知觉到的班级道德推脱发生变化，进而影响后续的主动性攻击。这是一个累积效应，在后测时更能显现这些因素的累积影响。

（五）并行中介效应检验

依据回归分析和交叉滞后回归的结果，我们选取了两个时间点的变量进行并行中介效应的检验。

1.T1攻击主题偏好、T1集体道德推脱、T2感觉寻求与T2主动性攻击

之间的关系模型

　　T1攻击主题偏好与T1集体道德推脱（r=0.202**，p < 0.01）、T2感觉寻求（r=0.384**，p < 0.01）和T2主动性攻击（r=0.322**，p < 0.01）均呈显著正相关；T1集体道德推脱和T2感觉寻求（r=0.149**，p < 0.01）、T2主动性攻击（r–0.147**，p < 0.01）均呈显著正相关；T2感觉寻求与T2主动性攻击（r=0.296**，p < 0.01）呈显著正相关。见表6-24。

表6-24　各变量相关分析结果（n=464）

研究变量	1	2	3	4
T1攻击主题偏好	1			
T1集体道德推脱	0.202**	1		
T2感觉寻求	0.384**	0.149**	1	
T2主动性攻击	0.322**	0.147**	0.296**	1

注：*p < 0.05；**p < 0.01；***p < 0.001。

　　利用Mplus软件中介效应分析结果表明，T1集体道德推脱和T2感觉寻求在T1攻击主题偏好和T2主动性攻击之间起并行中介作用。图6-19显示，模型各项拟合值（x^2/d_f=6.02，RMSEA=0.107，SRMR=0.044，CFI=0.895，TLI=0.843）大部分指标在可接受范围之内（温忠麟，侯杰泰，马什赫伯特，2004），表明该模型拟合指标可接受。T1攻击主题偏好到T2主动性攻击的直接路径显著（γ=0.262，p<0.001），T1攻击主题偏好能正向预测T1集体道德推脱（γ=0.266，p<0.001）和T2感觉寻求（γ=0.449，p<0.001），而T1集体道德推脱能正向预测T2主动性攻击（γ=0.138，p<0.01），T2感觉寻求也能正向预测T2主动性攻击（γ=0.161，p<0.01）。

　　采用偏差矫正百分位Bootstrap法（重复抽取5000次）进行中介效应检验。结果发现，T1集体道德推脱的中介效应95%的置信区间为（0.002，0.011），中介作用显著，中介效应为0.037，T2感觉寻求的中介效应95%的置信区间为（0.003，0.019），中介作用显著，中介效应为0.072，总效应为0.371。T1集体道德推脱的中介作用占总效应的9.97%，T2感觉寻求的中介作用占总效应的19.41%，总中介作用占总效应的29.38%。

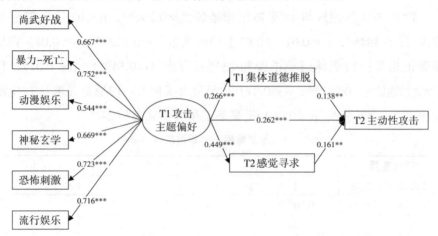

图6-19　中介效应检验结果

2. T1攻击主题偏好、T1集体道德推脱、T2感觉寻求与T2反应性攻击之间的关系模型

T1攻击主题偏好与T1集体道德推脱（r=0.202**，p < 0.01）、T2感觉寻求（r=0.384**，p < 0.01）和T2反应性攻击（r=0.287**，p < 0.01）均呈显著正相关；T1集体道德推脱和T2感觉寻求（r=0.149**，p < 0.01）、T2反应性攻击（r=0.198**，p < 0.01）均呈显著正相关；T2感觉寻求与T2反应性攻击（r=0.354**，p < 0.01）呈显著正相关。见表6-25。

表6-25　各变量相关分析结果（n=464）

研究变量	1	2	3	4
T1攻击主题偏好	1			
T1集体道德推脱	0.202**	1		
T2感觉寻求	0.384**	0.149**	1	
T2反应性攻击	0.287**	0.198**	0.354**	1

注：*p < 0.05；**p < 0.01；***p < 0.001。

利用Mplus软件中介效应分析结果表明，T1集体道德推脱和T2感觉寻求在T1攻击主题偏好和T2反应性攻击性之间起并行中介作用。图6-20显示，模型各项拟合值（x^2/d_f=6.51，RMSEA=0.113，SRMR=0.046，CFI=0.886，TLI=0.829）大部分指标在可接受范围之内（温忠麟，侯杰泰，马什赫伯特，2004），表明该模型拟合指标可接受。T1攻击主题偏好到T2反应性攻击的直接路径显著（γ=0.184，p<0.001），T1攻击主题偏好能正向预测T1集体道德推脱（γ=0.266，p<0.001）和T2感觉寻求（γ=0.449，p<0.001），而T1集体道德推脱能正向预测T2反应性攻击（γ=0.150，p<0.01），T2感觉寻求也能正向预测T2反应性攻击（γ=0.234，p<0.001）。

采用偏差矫正百分位Bootstrap法（重复抽取5000次）进行中介效应检验。结果发现，T1集体道德推脱的中介效应95%的置信区间为（0.007，0.041），中介作用显著，中介效应为0.040，T2感觉寻求的中介效应95%的置信区间为（0.030，0.085），中介作用显著，中介效应为0.105，总效应为0.329。T1集体道德推脱的中介作用占总效应的12.16%，T2感觉寻求的中介作用占总效应的31.91%，总中介作用占总效应的44.07%。

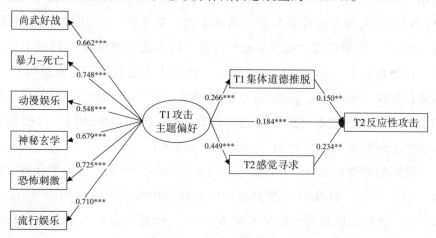

图6-20　中介效应检验结果

3. T1攻击主题偏好、T1集体道德推脱、T2感觉寻求与T2攻击行为之间的关系模型

T1攻击主题偏好与T1集体道德推脱（r=0.202**，p < 0.01）、T2感觉寻求（r=0.384**，p < 0.01）和T2攻击行为（r=0.392**，p < 0.01）均呈显

著正相关；T1集体道德推脱和T2感觉寻求（r=0.149**，p < 0.01）、T2攻击行为（r=0.222**，p < 0.01）均呈显著正相关；T2感觉寻求与T2攻击行为（r=0.392**，p < 0.01）呈显著正相关。见表6-26。

表6-26　各变量相关分析结果（n=464）

研究变量	1	2	3	4
T1攻击主题偏好	1			
T1集体道德推脱	0.202**	1		
T2感觉寻求	0.384**	0.149**	1	
T2攻击行为	0.392**	0.222**	0.392**	1

注：*p < 0.05；**p < 0.01；***p < 0.001。

利用Mplus软件中介效应分析结果表明，T1集体道德推脱和T2感觉寻求在T1攻击主题偏好和T2攻击行为之间起并行中介作用。图6-21显示，模型各项拟合值（x^2/d_f=6.30，RMSEA=0.110，SRMR=0.045，CFI=0.892，TLI=0.839）大部分指标在可接受范围之内（温忠麟，侯杰泰，马什赫伯特，2004），表明该模型拟合指标可接受。T1攻击主题偏好到T2攻击行为的直接路径显著（γ=0.229，p<0.001），T1攻击主题偏好能正向预测T1集体道德推脱（γ=0.266，p<0.001）和T2感觉寻求（γ=0.449，p<0.001），而T1集体道德推脱能正向预测T2攻击行为（γ=0.167，p<0.001），T2感觉寻求也能正向预测T2攻击行为（γ=0.247，p<0.001）。

采用偏差矫正百分位Bootstrap法（重复抽取5000次）进行中介效应检验。结果发现，T1集体道德推脱的中介效应95%的置信区间为（0.005，0.024），中介作用显著，中介效应为0.044，T2感觉寻求的中介效应95%的置信区间为（0.018，0.052），中介作用显著，中介效应为0.111，总效应为0.384。T1集体道德推脱的中介作用占总效应的11.46%，T2感觉寻求的中介作用占总效应的28.90%，总中介作用占总效应的44.36%。

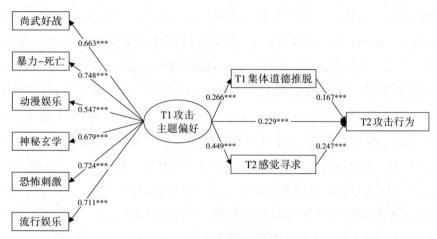

图6-21 中介效应检验结果

4. T1攻击主题偏好、T1集体道德推脱、T2感觉寻求与T2网络欺凌之间的关系模型

T1攻击主题偏好与T1集体道德推脱（r=0.202**，p < 0.01）、T2感觉寻求（r=0.384**，p < 0.01）和T2网络欺凌（r=0.293**，p < 0.01）均呈显著正相关；T1集体道德推脱和T2感觉寻求（r=0.149**，p < 0.01）、T2网络欺凌（r=0.181**，p < 0.01）均呈显著正相关；T2感觉寻求与T2网络欺凌（r=0.249**，p < 0.01）呈显著正相关。见表6-27。

表6-27 各变量相关分析结果（n=464）

研究变量	1	2	3	4
T1攻击主题偏好	1			
T1集体道德推脱	0.202**	1		
T2感觉寻求	0.384**	0.149**	1	
T2网络欺凌	0.293**	0.181**	0.249**	1

注：*p < 0.05；**p < 0.01；***p < 0.001。

利用Mplus软件中介效应分析结果表明，T1集体道德推脱在T1攻击主题偏好和T2网络欺凌之间起部分中介作用，T2感觉寻求的中介效应不显著。图6-22显示，模型各项拟合值（x^2/d_f=6.13，RMSEA=0.109，SRMR=0.046，CFI=0.891，TLI=0.836）大部分指标在可接受范围之内（温忠麟，侯杰泰，马什赫伯特，2004），表明该模型拟合指标可接受。T1攻击主题偏好到T2网络欺凌的直接路径显著（γ=0.284，$p<0.001$），T1攻击主题偏好能正向预测T1集体道德推脱（γ=0.266，$p<0.001$）和T2感觉寻求（γ=0.449，$p<0.001$），而T1集体道德推脱能正向预测T2网络欺凌（γ=0.126，$p<0.05$），T2感觉寻求不能显著预测T2网络欺凌（γ=0.046，$p>0.05$）。

采用偏差矫正百分位Bootstrap法（重复抽取5000次）进行中介效应检验。结果发现，T1集体道德推脱的中介效应95%的置信区间为（0.002，0.024），中介作用显著，中介效应为0.034，T2感觉寻求的中介效应95%的置信区间为（-0.008，0.022），置信区间包含0，所以中介作用不显著。中介效应为0.111，总效应为0.338。T1集体道德推脱的中介作用占总效应的9.92%。

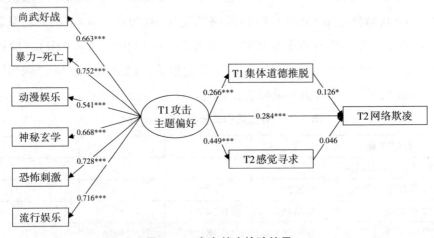

图6-22 中介效应检验结果

研究结果说明，变量暴力视频游戏通过变量集体道德推脱对变量感觉寻求产生影响，进而对攻击行为和网络欺凌行为产生影响。具体而言，暴力视频游戏使用越多，中学生的道德推脱水平越高，感觉寻求越高，进而促进欺凌行为的发生。

为什么会出现这个结果？我们认为，暴力视频游戏提供和展现的是一种虚拟环境，中学生虽处于这种不真实的环境中，但是他们将自己的对手和目标知觉成鲜活的社会人而不仅仅是虚拟的图像，而且当中学生在暴力游戏中选择扮演的游戏角色时，其实就已经对该角色的特质和行为存在较高程度的个人认同，他们会成功地利用道德推脱策略促进和保全游戏的娱乐性且不会因此而内疚（衡书鹏，周宗奎，孙丽君等，2018）。根据自我知觉理论，内疚和自责是一种指向自我的情绪，是抑制个体道德推脱的重要情感因素，人们通过观察自己的外部行为来推断其内部属性和归因（Bern，1972）。不断地在游戏中重复暴力行为会使他们习惯暴力行为，进而变得情感麻木，并且认为不用对这种行为承担责任，因此更不会产生内疚或自责的情绪（杨继平，王兴超，高玲，2010）。从这个角度上看，暴力视频游戏可能通过降低个体的内疚和自责等道德情感因素，从而达到增加个体道德推脱水平的目的。

四、分析与讨论

1.暴力视频游戏攻击主题偏好对校园欺凌的影响

暴力视频游戏的六个维度，即前测的尚武好战、暴力-死亡、恐怖刺激、神秘玄学、流行娱乐、动漫娱乐可以显著正向预测后续的主动性攻击和反应性攻击、攻击行为、网络欺凌。对于暴力视频游戏的各个主题偏好越感兴趣，中学生日常生活中表现出来的主动性攻击、反应性攻击、攻击行为以及网络欺凌就会越多，中学生采取主动的或者反应性的外部攻击形式就越多，在网络上实施的欺凌行为就越多。

2.暴力视频游戏攻击主题偏好对集体道德推脱的影响

根据并行中介模型的结果，暴力视频游戏攻击主题偏好可以正向预测集体道德推脱。当中学生频繁接触暴力内容和体验暴力情景时，这些相关的暴力素材会不断自动化和无意识化地激活中学生的攻击性认知，合理化道德推脱。当中学生离开游戏环境，进入现实生活中时，会非常容易对大脑中的暴力行为和攻击性认知进行回忆和提取。那些存在于暴力视频游戏中的道德推脱策略会在他们日常生活中产生效应和作用，弱化中学生的道德认知，从而引发更多攻击行为。

3.暴力视频游戏攻击主题偏好对感觉寻求的影响

暴力视频游戏可以显著正向预测感觉寻求，即中学生观看暴力视频游戏越频繁，对其越感兴趣，在生活中对于刺激和新奇的感觉和体验寻求越多，其感觉寻求会越高。暴力视频游戏的攻击主题涉及很多图示和认知，它们本身的刺激程度就很高，而感觉寻求本身也与刺激信息的偏好有关。如暴力的电影和游戏等，其暴力的图像、声音会对中学生的认知、思维和行为产生或多或少的影响，当然也会影响中学生追求刺激与冲动的行为方式，影响着中学生的感觉寻求水平。

4.感觉寻求对欺凌行为的影响

感觉寻求与攻击行为以及主动性攻击、反应性攻击都存在显著的相关性。感觉寻求与网络欺凌也存在显著的相关性。高水平的感觉寻求与攻击行为有紧密联系，暴力者相较于正常人往往感觉寻求水平更高。感觉寻求水平高的个体有更大意愿采取冒险行为来满足自身强烈的感觉需求。中学生正是青春期发育成熟的高峰期，尤其在初二年级以后，性激素分泌开始增加，大脑的神经结构和功能会随之变化。如果过多追求刺激，感觉寻求水平也随之增长，从而影响他们对于攻击信念的认知和感受。高水平的感觉寻求可能会让中学生急于满足内心的追求刺激的需求，从而产生欺凌行为。

5.集体道德推脱对欺凌行为的影响

从交叉滞后回归结果可以看出，集体道德推脱可以显著预测后续个体的主动性攻击与网络欺凌。初高中阶段是学生心理发展由不成熟走向成熟的时期，由于其身心发展具有不稳定性，因此个体道德判断往往会表现出反复、动荡性，也很容易受到集体层面的影响来做出判断。如果中学生认为道德脱离在班级群体中是很普遍的，就会从集体层面上认为同龄人更容易容忍攻击性行为。而实际上他们是在利用道德脱离机制来为自己的欺凌行为辩护，分散或转移这种行为的责任，或指责受欺凌者。因此，更高水平的集体道德脱离感可能会加强道德脱离感与攻击性和被动性之间的联系。

五、重要启示

（一）加强引导中学生对暴力视频游戏的攻击主题偏好

越对暴力视频游戏感兴趣的中学生，越容易产生攻击行为，因此对于中学生暴力视频游戏的接触方面应该予以重视。在面对暴力视频游戏这个问题上，中学生已经不再是小孩子，只是一味限制他们玩游戏的时间已然失去了成效。中学生在初中阶段就开始出现寻找自我的特点，对于父母的控制往往会产生排斥和抵抗，且一味地限制只会让孩子产生逆反情绪。基于此，必须让中学生对暴力视频游戏有清晰的认识，建立起科学的意识。同时，父母也要对孩子多加关注，劝导他们避开有过度刺激的暴力视频游戏。

（二）加强对中学生感觉寻求的引导

中学阶段是青少年身心发育的关键期，也是感觉寻求倾向达到顶峰的时期。

对于感觉寻求水平高的个体，家长和学校应当给予正确的引导和对待，理解并正确看待高感觉寻求水平的个体对刺激的需求。在家庭方面，青春期的中学生冲动性和感觉寻求处于上升发展阶段，他们会自己寻找途径来获取相关的刺激和感受。因此，家长们应以"疏导"代替"压抑"，如鼓励中学生多参加具有挑战性的活动，并带中学生去体验攀岩、滑雪等体育活动，满足其对于刺激活动的需求。学校也可以举办趣味运动会，激发学生自主参与有适当竞争性的运动。此外，家长在发现孩子有不良行为时，应该采取"沟通、协商"的方式来让他们自己做出判断和决定。沟通过程中多采取正面鼓励和双向协商的方式，减少批评惩罚，了解缘由，及时给予正确的关怀和满足。

（三）加强对中学生集体道德推脱的引导

由于集体道德推脱水平越高越容易使中学生做出攻击行为。因此，减少中学生集体道德推脱，增强道德品质刻不容缓。一方面，可通过德育教育形成良好的班风，来推动集体道德品质的上升。另一方面，增强中学生个人的责任意识来完善中学生的道德形成。个体层面和班级层面相结合，让中学生能拥有更加优秀的道德品质和表现出更多积极向上的行为。

从班集体的道德教育入手，注重德育过程，培养学生健康的道德品质，是形成良好班风的关键一步，老师要丰富德育内容，引导学生要通过正确途径处理矛盾，发泄情绪，解决问题，让他们正确认识用攻击行为处理问题带来的危害。

从个体层面而言，要加强个体的责任意识，因为道德推脱就是一种责任转移，要让学生清楚应如何面对校园欺凌，明确自身的责任义务，提升自身的道德感，减少校园欺凌的发生。

六、未来设想

今后的研究可以扩大范围选择样本，增加样本量，并且尝试开发干预课程，形成集体道德推脱水平和感觉寻求水平降低的干预方案。

第二节　班级环境与校园欺凌

一、问题提出

自尊分为个体自尊和集体自尊两个部分。集体自尊概念最早是由 Crocker & Luhtanen（1990）提出的，他们指出集体自尊是个体感知到的对自己所属社会群体积极评价的程度。个体自尊是个体对自我进行的整体性积极评价和接纳。集体自尊对个体身心健康有调节作用。以往研究发现集体自尊对问题行为有影响，且集体自尊已被证实可以显著预测网络受欺凌。因此可以推断集体自尊也能够作为现实受欺凌的预测因素。

未来取向被定义为个人对未来的主观看法（Seginer，2009）以及个体对未来充满希望和有目的的感觉，其与青春期的积极发展息息相关。个体在青少年时期的未来取向是一个值得研究的重要问题。当个体认为自己毫无价值的时候，往往会形成一种无望感，进而有被同伴欺凌的可能。Nurmi 的研究发现，高自尊的个体更倾向于积极地思考未来，自尊是实现自我认同的基础，自我认同又决定着个体自我界定、预测未来的心理倾向。自尊作为个体对自我的整体积极性评价，对个体行为发展有重要影响，对青少年未来取向更有着直接的影响。具有较高自尊水平的高中生更倾向于形成积极正面的自我评价，从而更容易产生探索未来的倾向，并更愿意迎接挑战，实现目标。因此，集体自尊作为自尊情绪的一种，可能显著通过影响未来取向进而影响受欺凌。

集体效能概念，被定义为群体成员共同努力能够实现群体目标的信念。罗兴华（2015）研究发现，问题行为与班级集体效能显著相关。从个体层面上看，自我效能低下的人很可能会参与到其他的不适应行为中，受欺凌行为与低自我效能相关。自尊和自我效能感之间存在密切的关系，许多研究也支持了这一观点。个体的自我效能感和自尊呈正相关，自我效能感越高自尊水平越高。随着个体进入青春期，自我效能感对个体自尊发挥着日益重要的影响。对中学生群体而言，自我效能感水平较高的青少年会表现出更高的自尊。在集体层面上，自尊与效能感可能也会存在相似的结论。可以假设，集体自尊通过影响集体效能感进而影响受欺凌。

二、研究方法

（一）访谈对象基本情况

课题组对432名初一到高三的学生分两次进行问卷调查，调查时间为2018年9月中旬和2019年的1月上旬。其中，男生220名，占50.93%，女生212名，占49.07%；初一年级96名，占22.22%，初二年级96名，占22.22%，初三年级92名，占21.29%，高一年级53名，占12.27%，高二年级44名，占10.18%，高三年级51名，占11.8%。见表6-28。

表6-28　访谈对象基本情况

变量	初一		初二		初三		高一		高二		高三		总数	
	人数	占比	人数	占比	人数	占比	人数	占比	人数	占比	人数	占比	人数	占比
男	50	11.57%	49	11.34%	53	12.27%	26	6.02%	31	7.18%	11	2.54%	220	50.93%
女	46	10.65%	47	10.88%	39	9.02%	27	6.25%	13	3.00%	40	9.26%	212	49.07%
合计	96	22.22%	96	22.22%	92	21.29%	53	12.27%	44	10.18%	51	11.8%	432	100%

（二）研究工具介绍

（1）集体效能感量表。该量表由7道题组成，其中第1和第4题为反向记分题，问卷采用6级评分，得分越高，代表集体效能感越弱。总问卷的前后测Cronbach's α系数分别为0.79和0.80。

（2）未来取向量表。该量表共31道题目，问卷采用5级评分，分为6个因子，依次为广度、密度、思虑性、乐观性、执行性和计划性。分值越高，说明中学生未来取向水平越高。总问卷的前后测Cronbach's α系数分别为0.85和0.85。

（3）集体自尊量表。由16道题组成，采用7点计分，1代表非常不符合，7代表非常符合，其中有8个项目需要反向计分。分四个维度，每个维度各4个项目，四个维度分别是群体成员身份自尊、私密性集体自尊、公众性集体自尊、身份重要性。得分越高，代表集体自尊越高。总问卷的前后测Cronbach's α系数分别为0.84和0.84。

（4）中学生现实受欺凌量表。该量表共包括个7项目，项目采用5点计分方法，得分越高表明被试现实受欺凌的频率越高。总问卷的前后测Cronbach's α系数分别为0.82和0.85。

（5）网络受欺凌量表。共17个项目，采用6级评分，分值越高，表明中学生网络受欺凌程度越高。总问卷的前后测Cronbach's α系数分别为0.87和0.86。

（6）共同方偏差检验。采用Harman单因素检验法进行检验。结果发现，所有项目析出的第一个因子只解释了方差的26.11%，小于40%的临界标准。因此，不存在共同方法偏差。

三、交叉滞后回归的结果

（一）集体效能感与受欺凌

1.集体效能感和网络受欺凌的相关关系

T1集体效能感与T2集体效能感（r=0.463**，p＜0.01）、T1网络受欺凌（r=0.163**，p＜0.01）和T2网络受欺凌（r=0.198**，p＜0.01）均呈显著正相关；T1网络受欺凌和T2集体效能感（r=0.110**，p＜0.01）、T2网络受欺凌（r=0.481**，p＜0.01）均呈显著正相关；T2集体效能感与T2网络受欺凌（r=0.229**，p＜0.01）呈显著正相关。见表6-29。

表6-29　T1和T2集体效能感和网络受欺凌相关分析结果（n=432）

研究变量	1	2	3	4
T1集体效能感	1			
T1网络受欺凌	0.163**	1		
T2集体效能感	0.463**	0.110**	1	
T2网络受欺凌	0.198**	0.481**	0.229**	1

注：*p＜0.05；**p＜0.01；***p＜0.001。

2.集体效能感和网络受欺凌的交叉滞后分析

利用Mplus软件，以变量集体效能感和变量网络受欺凌两个时间点的测量数据构建交叉滞后模型。结果显示，模型为饱和模型（RMSEA=0，SRME=0，CFI=1，TLI=1）。T1集体效能感可以显著正向预测T2集体效能感（β=0.461，p＜0.001）；T1网络受欺凌可以显著正向预测T2网络受欺凌（β=0.461，p＜0.001）；T1集体效能感对T2网络受欺凌有显著正向预测（β=0.126，p＜0.01）；T1网络受欺凌对T2集体效能感的预测作用不显著（β=0.034，p＞0.05）。这表明，从总体上来说集体效能感是网络受欺凌的预测变量。见图6-23。

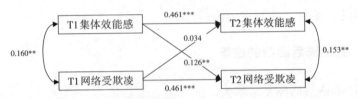

图6-23 变量集体效能感和网络受欺凌的交叉滞后模型

3.集体效能感和现实受欺凌的相关关系

T1集体效能感与T2集体效能感（r=0.463**，p＜0.01）、T1现实受欺凌（r=0.142**，p＜0.01）和T2现实受欺凌（r=0.196**，p＜0.01）均呈显著正相关；T1现实受欺凌和T2集体效能感（r=0.125**，p＜0.01）、T2现实受欺凌（r=0.335**，p＜0.01）均呈显著正相关；T2集体效能感与T2现实受欺凌（r=0.257**，p＜0.01）呈显著正相关。见表6-30。

表6-30 T1和T2集体效能感和现实受欺凌相关分析结果（n=432）

研究变量	1	2	3	4
T1集体效能感	1			
T1现实受欺凌	0.142**	1		
T2集体效能感	0.463**	0.125**	1	
T2现实受欺凌	0.196**	0.335**	0.257**	1

注：*p＜0.05；**p＜0.01；***p＜0.001。

4.集体效能感和现实受欺凌的交叉滞后分析

利用Mplus软件，以变量集体效能感和变量现实受欺凌两个时间点的测量数据构建交叉滞后模型。结果显示，模型为饱和模型（RMSEA=0，SRME=0，CFI=1，TLI=1）。T1集体效能感可以显著正向预测T2集体效能感（β= 0.458，p＜0.001）；T1现实受欺凌可以显著正向预测T2现实受欺凌（β= 0.313，p＜0.001）；T1集体效能感对T2现实受欺凌有显著正向预测（β= 0.152，p＜0.001）；T1现实受欺凌对T2集体效能感的预测作用不显著（β= 0.058，p＞0.05）。这表明，从总体上来说集体效能感是现实受欺凌的预测变量。见图6-24。

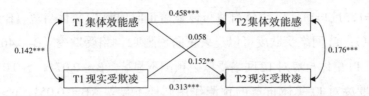

图6-24　变量集体效能感和变量现实受欺凌的交叉滞后模型

从结果上看，前测的集体效能感能够正向预测后续的网络受欺凌和现实受欺凌行为。集体效能感分数越高，代表个体感知的班级集体效能感越差。因此，班级集体效能感越强，则班级氛围越好，网络受欺凌和现实受欺凌行为就越少。培养良好的集体效能感是减少网络受欺凌和现实受欺凌的重要手段。

（二）集体自尊与受欺凌

1.集体自尊和网络受欺凌的相关关系

T1集体自尊与T2集体自尊（r=0.572**，p<0.01）呈显著正相关，与T1网络受欺凌（r=-0.171**，p<0.01）和T2网络受欺凌（r=-0.158**，p<0.01）呈显著负相关；T1网络受欺凌和T2集体自尊（r=-0.148**，p<0.01）呈显著负相关，与T2网络受欺凌（r=0.481**，p<0.01）呈显著正相关；T2集体自尊与T2网络受欺凌（r=-0.238**，p<0.01）呈显著正相关。见表6-31。

表6-31　T1和T2集体自尊和网络受欺凌相关分析结果（n=432）

研究变量	1	2	3	4
T1集体自尊	1			
T1网络受欺凌	−0.171**	1		
T2集体自尊	0.572**	−0.148**	1	
T2网络受欺凌	−0.158**	0.481**	−0.238**	1

注：*p < 0.05；**p < 0.01；***p < 0.001。

2.集体自尊和网络受欺凌的交叉滞后分析

利用Mplus软件，以变量集体自尊和变量网络受欺凌两个时间点的测量数据构建交叉滞后模型。结果显示，模型为饱和模型（RMSEA=0，SRME=

0，CFI=1，TLI=1）。T1集体自尊可以显著正向预测T2集体自尊（β=0.561，p<0.001）；T1网络受欺凌可以显著正向预测T2网络受欺凌（β=0.469，p<0.001）；T1集体自尊对T2网络受欺凌预测不显著（β=-0.074，>0.05）；T1网络受欺凌对T2集体自尊的预测作用同样不显著（β=-0.051，p>0.05）。这表明，集体自尊不是网络受欺凌的预测变量。见图6-25。

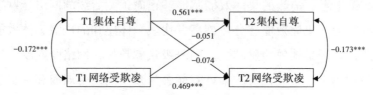

图6-25　变量集体自尊和变量网络受欺凌交叉滞后模型

3.集体自尊和现实受欺凌的相关关系

T1集体自尊与T2集体自尊（r=0.572**，p<0.01）呈显著正相关，与T1现实受欺凌（r=-0.188**，p<0.01）和T2现实受欺凌（r=-0.208**，p<0.01）呈显著负相关；T1现实受欺凌和T2集体自尊（r=-0.109*，p<0.05）呈显著负相关，与T2现实受欺凌（r=0.335**，p<0.01）呈显著正相关；T2集体自尊与T2现实受欺凌（r=-0.216**，p<0.01）呈显著正相关。见表6-32。

表6-32　T1和T2集体自尊和现实受欺凌相关分析结果（n=432）

研究变量	1	2	3	4
T1集体自尊	1			
T1现实受欺凌	−0.188**	1		
T2集体自尊	0.572**	−0.109*	1	
T2现实受欺凌	−0.208**	0.335**	−0.216**	1

注：*p < 0.05；**p < 0.01；***p < 0.001。

4.集体自尊和现实受欺凌的交叉滞后分析

利用Mplus软件，以变量集体自尊和变量现实受欺凌两个时间点的测量数据构建交叉滞后模型。结果显示，模型为饱和模型（RMSEA=0，SRME=0，CFI=1，TLI=1）。T1集体自尊可以显著正向预测T2集体自尊（β= 0.569， p<0.001）；T1现实受欺凌可以显著正向预测T2现实受欺凌（β= 0.307，p<0.001）；T1集体自尊对T2现实受欺凌有显著负向预测（β=-0.149，p<0.001）；T1现实受欺凌对T2集体自尊的预测作用不显著（β= -0.003，p>0.05）。这表明，从总体上来说集体自尊是现实受欺凌的预测变量。见图6-26。

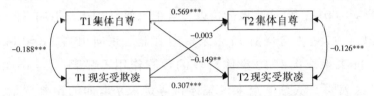

图6-26 变量集体自尊和变量现实受欺凌交叉滞后模型

从结果上看，前测的集体自尊能够负向预测后续现实受欺凌行为，而对于网络欺凌，集体自尊不能显著预测。换句话说，个体感受的集体自尊越强，对个体遭受现实受欺凌的负向预测越显著，集体自尊越强，个体越不可能遭受现实受欺凌，集体自尊可以作为现实受欺凌的保护因子。

（三）集体自尊与未来取向

1.集体自尊和未来取向的相关关系

T1集体自尊与T2集体自尊（r=0.572**，p<0.01）、T1未来取向（r=0.301**，p<0.01）和T2未来取向（r=0.206**，p<0.01）均呈显著正相关；T1未来取向和T2集体自尊（r=0.139**，p<0.01）、T2未来取向（r=0.239**，p<0.01）均呈显著正相关；T2集体自尊与T2未来取向（r=0.372**，p<0.01）呈显著正相关。见表6-33。

表6-33 T1和T2集体自尊和未来取向相关分析结果（n=432）

研究变量	1	2	3	4
T1集体自尊	1			
T1未来取向	0.301**	1		
T2集体自尊	0.572**	0.139**	1	
T2未来取向	0.206**	0.239**	0.372**	1

注：*p < 0.05；**p < 0.01；***p < 0.001。

2.集体自尊和未来取向的交叉滞后分析

利用Mplus软件，以变量集体自尊和变量未来取向两个时间点的测量数据构建交叉滞后模型。结果显示，模型为饱和模型（RMSEA=0，SRME=0，CFI=1，TLI=1）。T1集体自尊可以显著正向预测T2集体自尊（β=0.582，$p < 0.001$）；T1未来取向可以显著正向预测T2未来取向（β=0.194，$p < 0.001$）；T1集体自尊对T2未来取向有显著正向预测（β=0.143，$p < 0.01$）；T1未来取向对T2集体自尊的预测作用不显著（β=0.040，$p > 0.05$）。这表明，从总体上来说集体自尊是未来取向的预测变量。见图6-27。

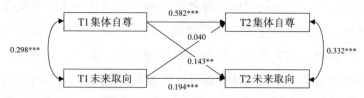

图6-27 变量集体自尊和变量未来取向交叉滞后模型

从结果上看，集体自尊能够有效预测后续的未来取向，这就意味着班级氛围越好，个体的未来取向意识就越强，班级中发生的现实受欺凌行为就会越少。因此，集体自尊会对个体未来发展的意识产生影响，进而对现实受欺凌产生抑制作用。

（四）现实受欺凌与网络受欺凌

1.现实受欺凌和网络受欺凌的相关关系

T1网络受欺凌与T2网络受欺凌（r=0.481**，$p < 0.01$）、T1现实受欺凌（r=0.545**，$p < 0.01$），和T2现实受欺凌（r=0.309**，$p < 0.01$）均呈显著正相关；T1现实受欺凌和T2网络受欺凌（r=0.210**，$p < 0.01$），T2现实受欺凌（r=0.335**，$p < 0.01$）均呈显著正相关；T2网络受欺凌与T2现实受欺凌（r=0.304**，$p < 0.01$）呈显著正相关。见表6-34。

表6-34 T1和T2现实受欺凌和网络受欺凌相关分析结果（n=432）

研究变量	1	2	3	4
T1网络受欺凌	1			
T1现实受欺凌	0.545**	1		
T2网络受欺凌	0.481**	0.210**	1	
T2现实受欺凌	0.309**	0.335**	0.304**	1

注：$^*p < 0.05$；$^{**}p < 0.01$；$^{***}p < 0.001$。

2.现实受欺凌和网络受欺凌的交叉滞后分析

利用Mplus软件，以变量网络受欺凌和变量现实受欺凌两个时间点的测量数据构建交叉滞后模型。结果显示，模型为饱和模型（RMSEA=0，SRME=0，CFI=1，TLI=1）。T1网络受欺凌可以显著正向预测T2网络受欺凌（$\beta = 0.522$，$p < 0.001$）；T1现实受欺凌可以显著正向预测T2现实受欺凌（$\beta = 0.237$，$p < 0.001$）；T1网络受欺凌对T2现实受欺凌可以显著正向预测（$\beta = 0.179$，$p < 0.001$）；T1现实受欺凌对T2网络受欺凌的预测作用不显著（$\beta = 0.075$，$p > 0.05$）。这表明，从总体上来说网络受欺凌是现实受欺凌的预测变量。见图6-28。

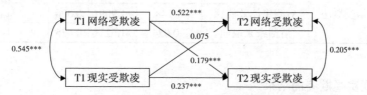

图6-28 变量网络受欺凌和变量现实受欺凌交叉滞后模型

从结果上可以看出，前测的网络受欺凌能够预测后续的现实受欺凌，网络受欺凌越多，则个体后期遭遇现实受欺凌的可能性也越大。网络受欺凌经历会改变个体某些思维方式，从而使其在现实中遭受更多的欺凌行为。

四、回归分析的结果

1.网络受欺凌的结果

从结果上看，相比较前测变量对前测网络受欺凌的回归结果，后测变量对后测网络欺凌的影响更大。前后测集体自尊都能有效预测网络受欺凌行为。而在后测变量对后测网络受欺凌的回归结果中，后测的集体效能感也能显著预测网络受欺凌。这说明集体自尊的提升，同样会使得集体效能感水平逐渐提升。因此，积极的班级氛围，能够有效抑制网络受欺凌现象。见表6-35和表3-36。

6-35　前测变量对前测网络受欺凌的回归分析

维度	变量	标准系数	t	p	R^2	F
前测网络受欺凌	前测集体自尊	−0.150	−2.705	0.007	0.044	6.617
	前测集体效能感	0.101	1.909	0.057		
	前测未来取向	0.081	1.621	0.106		

6-36　后测变量对后测网络受欺凌的回归分析

维度	变量	标准系数	t	p	R^2	F
后测网络受欺凌	后测集体自尊	−0.155	−2.705	0.008	0.073	11.086
	后测集体效能感	0.148	1.909	0.006		
	后测未来取向	−0.024	1.621	0.635		

2.现实受欺凌的结果

从结果上看，相比较前测变量对前测现实受欺凌的回归结果，后测变量对后测现实欺凌的影响更大。前后测集体自尊都能有效预测现实受欺凌行为。而在后测变量对后测网络受欺凌的回归结果中，后测的集体效能感也能显著预测现实受欺凌。这说明集体自尊的提升，同样会使得集体效能感水平逐渐提升。因此，积极的班级氛围，能够有效抑制现实受欺凌现象。见表6-37和表6-38。

6-37　前测变量对前测现实受欺凌的回归分析

维度	变量	标准系数	t	p	R^2	F
前测网络受欺凌	前测集体自尊	−0.191	−3.447	0.001	0.049	7.403
	前测集体效能感	0.064	1.220	0.223		
	前测未来取向	0.088	1.621	0.106		

6-38　后测变量对后测现实受欺凌的回归分析

维度	变量	标准系数	t	p	R^2	F
后测网络受欺凌	后测集体自尊	−0.131	−2.268	0.024	0.076	11.741
	后测集体效能感	0.194	3.611	0.006		
	后测未来取向	0.027	0.538	0.591		

五、中介效应检验

结合交叉滞后回归分析的结果以及回归分析的结果，我们尝试对以下中介模型进行检验，T1集体自尊、T2集体效能感与T2网络受欺凌行为的中介效应和T1集体自尊、T2集体效能感与T2现实受欺凌行为。

1.中学生T1集体自尊、T2集体效能感与T2网络受欺凌行为之间的中介效应分析

利用Mplus软件中介效应分析结果表明，T2集体效能感够在T1集体自尊和T2网络受欺凌之间起完全中介作用。图6-29显示，模型各项拟合指标良好（$x^2/d_f=2.48$，RMSEA=0.059，SRMR=0.027，CFI=0.981，TLI=0.965）（温忠麟，侯杰泰，马什赫伯特，2004）。T1集体自尊到T2网络受欺凌的直接路径不显著（γ=0.104，p＞0.05），T1集体自尊能负向预测T2集体效能感（γ=−0.416，p<0.001），而T2集体效能感能正向预测T2网络欺凌（γ=0.182，p<0.001）。

采用偏差矫正百分位Bootstrap法（重复抽取5000次）进行中介效应检验。结果发现，T2集体效能感的中介效应95%的置信区间为（−0.122，−0.030），中介作用显著，中介效应为−0.076，总效应为−0.180，中介效应占据总效应的42.22%。

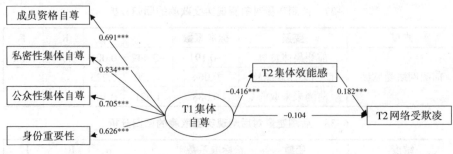

图6-29　中介效应检验结果

2.中学生T1集体自尊、T2集体效能感与T2现实受欺凌行为之间的中介效应分析

利用Mplus软件中介效应分析结果表明，T2集体效能感在T1集体自尊和T2现实受欺凌之间起部分中介作用。如图6-30显示，模型各项拟合指标良好（x^2/d_f=2.12，RMSEA=0.051，SRMR=0.024，CFI=0.986，TLI=0.974）（温忠麟，侯杰泰，马什赫伯特，2004）。T1集体自尊到T2现实受欺凌的直接路径显著（γ=-0.156，$p<0.05$），T1集体自尊能负向预测T2集体效能感（γ=-0.416，$p<0.001$），而T2集体效能感能正向预测T2现实受欺凌（γ=0.189，$p<0.01$）。

采用偏差矫正百分位Bootstrap法（重复抽取5000次）进行中介效应检验。结果发现，T2集体效能感的中介效应95%的置信区间为（-0.143，-0.014），中介作用显著，中介效应为-0.079，总效应为-0.234，中介效应占据总效应的33.76%。

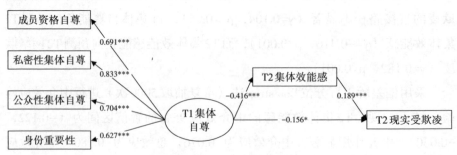

图6-30　中介效应检验结果

六、分析与讨论

1.集体自尊对受欺凌的影响

结果表明：集体自尊与网络受欺凌、现实欺凌均呈负相关，这说明个体对自己所在群体价值的评价和感知越高，受欺凌行为就越少；反之个体对自己所在群体价值的评价和感知越低，受欺凌行为就越多。

2.集体效能感对受欺凌的影响

交叉滞后回归的结果证实了集体效能感能显著预测网络受欺凌、现实欺凌。这说明个体对通过共同努力实现群体目标的信念越强，受欺凌行为就越少；反之个体对通过共同努力实现群体目标的信念越弱，受欺凌行为就越多。Bronfenbrenner生态系统理论提出，个体的发展与各种环境系统的影响是密不可分的。这些环境系统有宏观系统、微观系统、外层系统等。对中学生造成影响的微观系统不外乎是家庭、学校、社区等，而学校是除家庭以外对中学生影响最大的微观系统。学生每天长时间在学校活动，学校环境、学校氛围、师生关系等要素都对学生有重要的影响。

3.集体自尊对集体效能感的影响

研究结果显示集体自尊对集体效能感可以显著预测。具体而言，个体对自己所在群体价值的评价和感知越高，通过共同努力实现群体目标的信念就越强；反之，个体对自己所在群体价值的评价和感知越低，通过共同努力实现群体目标的信念就越弱。

七、重要启示

第一，应该重视集体自尊对受欺凌行为的积极作用，因为中学生的集体自尊越高，受欺凌行为越少，所以老师为学生们营造一个积极融洽的班级气氛提升集体自尊势在必行。老师可以鼓励同学多进行交流，互帮互助，培养班级凝聚力，提高每一个学生在班级中的归属感和价值感，以此来提升他们对集体荣誉与利益的正面信念。

第二，应该重视集体效能对受欺凌行为的积极作用，中学生的集体效能越高，越不容易受欺凌。首先，设定合理明确的班级整体目标。确定合理的目标不仅有利于学生进行正确的自我评价并得到良好的反馈，还能提高自身抗挫折和应对压力的能力，同时有助于班级的团结。其次，优化班级内师生关系和生生关系。良好的师生关系能够促进学生的责任感和集体效能感。教师和学生之间应该是民主的、平等的，班级同学之间应该团结友爱、和睦相处。师生之间要保持交流沟通，老师要学会倾听了解学生内心的需求，让学生能从班级中获得爱和归属感。最后，要发扬、增强学生的自主管理能力，发挥聪明才智，培养一批有责任心、能起模范带头作用的班干部力量，与学生共同制定班级规章制度和奖惩制度，形成严明的班级纪律，合理与其他班级进行集体荣誉的竞争。

八、未来设想

从研究方法来说，本研究仅采用了问卷调查的方法对中学生集体自尊、集体效能感与受欺凌行为的关系进行定量研究，研究方法比较单一，不够全面，未来可以采取多样化的调查方式，比如学生访谈、教师了解等方式，同时推出针对集体自尊、集体效能感进行干预的课程。从研究被试来说，本次研究中高中生被试的群体人数较少，后续的研究可以扩大高中生群体的样本量。

第三节　父亲教养方式与校园欺凌

一、问题提出

在儿童成长的过程中，家庭是其成长和社会化的关键地方，所以父母的教养方式对孩子的成长发展有直接而深远的影响。Nancy Darling 和 Laurence Steinberg（1993）认为父母教养方式就是父母教养的态度、行为及非言语的表达集合，其反映了父母与子女之间的稳定的互动模式，并且这种稳定是跨情境性的。张文新（1997）认为父母教养方式是指在日常教养孩子的过程中表现出的一种相对稳定的行为方式。由此可见，父母教养方式是父母在教育和抚养子女的过程中，形成的一种稳定行为风格，具体体现在教养观念、日常行为和对子女的情感表达上。

生态系统理论认为，个体发展是个人与各个层级的环境相互作用的结果。其中，生态系统还提出了中间环境系统（Meso-system）的概念，即微环境中的不同要素之间的相互作用。以往的研究往往只关注个人与某一层级的关系，忽略了中间环境，例如在影响青少年发展的因素中，家庭和学校环境的相互作用即中间环境系统。一项纵向研究发现：家长参与学校各种活动的程度越高，青少年的心理健康水平越高，当整个家庭参与到学校活动项目时，学生表现出更少的欺凌与反社会行为（Stormshak et al.，2011）。

教养方式对孩子的情绪情感能力等方面具有深远且持久的影响。Zhou等人（2010）的研究表明，父母温暖、积极正向的情绪表达在一定程度上能够促进小学生移情和社会能力的发展；从陈小荟（2014）的研究可知，理解型和温暖型的父母教养方式能够促进学生的移情能力，而严厉的父母教养方式可以抑制学生的移情能力；青少年的移情水平与父母积极教养方式呈正相关，与父母的消极教养方式呈负相关（何丹，2017），也有文献得到与之一致的结论（王从丹，2017；任素洁，2017）。

移情与欺凌行为密切相关，是欺凌行为的一种重要抑制因素（Miller，Paul，&Eisenberg et al.，1988），其在促进亲社会行为与抑制反社会行为中发挥着重要作用（Jolliffe&Farrington，2006）。研究都一致地认同移情与传统欺凌、攻击和反社会行为之间的关系：低同情心的人会发生更频繁或严重的欺凌行为（Ciucci&Baroncelli，2014；Jolliffe&Farrington，2006）。移情和网络欺凌行为之间的关联也与以前欺凌研究相一致（Endresen & Olweus，2002；Joliffe&Farrington，2011；Merrell，Gueldner，Ross，&Isava，2008）。

因此，本研究将考察移情在父母教养方式与网络欺凌之间的作用，并探究父母教养方式与网络欺凌之间的因果关系。

二、研究方法

（一）研究对象

本研究对356名参与者进行了两次问卷施测，分别是2018年9月中旬（T1）和2019年1月上旬（T2）。其中，男性193名（54.2%），女性163名（45.8%）；初一94名（26.4%），初二167名（47%），初三95名（26.6%）。见表6-39。

表6-39　被试人口学变量情况

性别	年级			合计
	初一	初二	初三	
男	48	93	52	193
女	46	74	43	163
合计	94	167	95	356

（二）研究工具

1.父母教养方式问卷

本研究采用Cecilia（2006）编制的父母教养方式问卷，分为父亲教养方式和母亲教养方式两个方面，本研究中重点关注父亲教养方式的作用。

父亲教养方式包含26个项目，采用5点评分，分为五个维度，分别是父亲积极养育（6个项目）、父亲卷入/参与（8个项目）、父亲监督不力（6个项目）、父亲体罚（3个项目）、父亲不一致养育（3个项目）。数据分析中以维度分作为分析依据。

母亲教养方式包含21个项目，采用5点评分，分为五个维度，分别是母亲积极养育（5个项目）、母亲卷入/参与（4个项目）、母亲监督不力（6个项目）、母亲体罚（3个项目）、母亲不一致养育（3个项目）。数据分析中以维度分作为分析依据。

2.基本移情量表

本研究采用 Jollife（2006）编制的基本移情量表，共有20个项目，采用5点计分，其中8个项目需要反向计分，分为两个维度：认知移情（9个项目）和情感移情（11个项目），得分越高代表移情水平越高。

3.中庸思维量表

本研究采用 Chiahuei Wu（2017）编制的中庸思维量表，共有13个项目，采用5点计分，分为三个维度：多方思考（4个项目）、整合性（5个项目）、和谐性（4个项目），得分越高，代表越倾向于中庸思维。

4.成长型思维量表

本研究采用 Hans（2015）编制的成长型思维量表，共有15个项目，6点计分，其中2个项目需要反向计分，分为四个维度：焦虑成长型思维（4个项目）、智力成长型思维（4个项目）、情绪成长型思维（4个项目）、人格成长型思维（3个项目），得分越高越倾向于固定型思维，得分越低越倾向于成长型思维。

5.网络欺凌和受欺凌量表

本研究采用 Del Rey 等人（2015）编制的西班牙版本的欧洲网络欺凌干预项目调查表，共有22个项目，5点计分，其中测量网络欺凌和网络受欺凌各11个项目，得分越高，代表网络欺凌/受欺凌的情况越严重。

三、研究结果

（一）共同方法偏差检验

使用 Harman 的单一因子检验法测量共同方法偏差程度，设定公因子数为1。因子分析结果表明，T1未旋转时特征值大于1的因子共38个，且第1个因子能解释的变异量为13.0%；T2未旋转时特征值大于1的因子共40个，且第1个因子能解释的变异量为12.2%，均小于40%的临界标准。

（二）主要变量描述性统计与相关性分析

如表6-40所示，同期数据内，多方思考、父亲体罚、母亲体罚与网络欺凌在两时点上分别呈现两两之间的相关（P值均＜0.05）；在纵向相关上，T1、T2的多方思考、父亲体罚、母亲体罚与网络欺凌也存在相关（P值均＜0.05）。上述结果满足了交叉滞后分析的建模要求，初步表明各变量之间存在多项因果的影响模式。

表6-40　主要变量描述性统计

变量	T1网络欺凌	T2网络欺凌	T1多方思考	T2多方思考	T1父亲体罚	T2多方思考	T1母亲体罚
T2网络欺凌	0.992**	1	−0.103*	−0.114**	0.15**	0.151**	0.126**
T1多方思考	−0.09*	−0.103*	1	0.97**	−0.09**	−0.093*	−0.061
T2多方思考	−0.1*	−0.114**	0.97**	1	−0.102*	−0.104*	−0.069
T1父亲体罚	0.164**	0.15**	−0.09	−0.102*	1	0.987**	0.745**
T2父亲体罚	0.164**	0.151**	−0.093*	−0.104*	0.987**	1	0.728**
T1母亲体罚	0.14**	0.126**	−0.061	−0.069	0.745**	0.728**	1
T2母亲体罚	0.127**	−0.103*	−0.075	−0.084	0.73**	0.727**	0.984**

（三）交叉滞后分析

1.中庸思维－多方思考与网络欺凌的交叉滞后分析

采用Mplus8.0考察中庸思维－多方思考与网络欺凌之间可能存在的因果关系。结果如图6-31所示，前测T1多方思考能够显著预测后测T2网络欺凌（β=−0.013，P<0.05）。但是前测T1网络欺凌对后测T2多方思考（β=−0.01，P>0.05）没有显著预测作用。多方思考能够负向预测个体的网络欺凌行为，个体越能考虑多方观点，其实施网络欺凌的可能性越低。

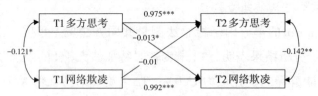

图6-31　多方思考和网络欺凌之间的因果关系

2.父亲体罚与网络欺凌之间的交叉滞后回归分析

采用同样的步骤考察父亲体罚与网络欺凌之间可能存在的因果关系。结果如图6-32所示,前测T1父亲体罚能够显著预测后测T2网络欺凌(β = -0.013,P<0.05)。但是前测T1网络欺凌对后测T2父亲体罚(β =0.001,P>0.05)没有显著预测作用。父亲体罚能够负向预测个体的网络欺凌行为,个体遭受的父亲体罚行为越多,其实施网络欺凌的可能性越高。

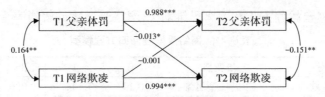

图6-32 父亲体罚和网络欺凌的因果关系

3.母亲体罚与网络欺凌之间的交叉滞后回归分析

采用同样的步骤考察母亲体罚与网络欺凌之间可能存在的因果关系。结果如图6-33所示,前测T1母亲体罚能够显著预测后测T2网络欺凌(β = -0.013,P<0.05)。但是前测T1网络欺凌对后测T2母亲体罚(β =-0.01,P>0.05)没有显著预测作用。母亲体罚能够负向预测个体的网络欺凌行为,个体遭受的母亲体罚行为越多,其实施网络欺凌的可能性越高。

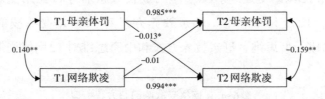

图6-33 母亲体罚和网络欺凌的因果关系

四、回归方程

(一)网络受欺凌的回归方程

在此基础上,进一步采用回归分析考察并比较成长型思维、中庸思维、基本移情、父/母教养方式对网络受欺凌的影响作用及其效应大小。分别以T1收集的成长型思维、中庸思维、基本移情、父/母教养方式为自变量,

T2收集的成长型思维、中庸思维、基本移情、父/母教养方式作为自变量，以及T1/T2前后两次收集的成长型思维、中庸思维、基本移情、父/母教养方式为自变量，T2网络受欺凌为因变量，采用逐步分析法进行回归分析。

从表6-41可以看出，T1成长型思维、母亲教养方式和中庸思维均能够显著预测T2网络受欺凌。其中，T1成长型思维对T2网络欺凌的解释率为8.6%，T1成长型思维、母亲教养方式对T2网络受欺凌的解释率为13.3%，T1成长型思维、母亲教养方式和中庸思维对T2网络受欺凌的解释率为13.8%。

表6-41　网络受欺凌回归方程模型

因变量	自变量	β	t	R^2	F
T2网络受欺凌	T1成长型思维	0.297	7.144***	0.086	51.038***
T2网络受欺凌	T1成长型思维	0.321	7.895***	0.133	41.629***
	T1母亲教养方式	0.221	5.429***		
T2网络受欺凌	T1成长型思维	0.305	7.379***	0.138	29.271***
	T1母亲教养方式	0.238	5.738***		
	T1中庸思维	−0.085	−2.017*		

从表6-42可以看出，T2成长型思维、母亲教养方式和中庸思维均能够显著预测T2网络受欺凌。其中，T2成长型思维对T2网络受欺凌的解释率为8.4%，T2成长型思维、母亲教养方式对T2网络受欺凌的解释率为12.7%，T2成长型思维、母亲教养方式和中庸思维对T2网络受欺凌的解释率为13.3%。

表6-42　网络受欺凌回归方程模型

因变量	自变量	β	t	R^2	F
T2网络受欺凌	T2成长型思维	0.293	7.051***	0.084	49.721***
T2网络受欺凌	T2成长型思维	0.307	7.544***	0.127	39.497***
	T2母亲教养方式	0.211	5.181***		
T2网络受欺凌	T2成长型思维	0.289	6.976***	0.133	28.103***
	T2母亲教养方式	0.255	5.471***		
	T2中庸思维	−0.091	−2.180*		

从表6-43可以看出,T1成长型思维、母亲教养方式和T2中庸思维均能够显著预测T2网络受欺凌。其中,T1成长型思维对T2网络受欺凌的解释率为8.6%,T1成长型思维、母亲教养方式对T2网络受欺凌的解释率为13.3%,T1成长型思维、母亲教养方式和T2中庸思维对T2网络受欺凌的解释率为14.1%。

表6-43 网络受欺凌回归方程模型

因变量	自变量	β	t	R^2	F
T2网络受欺凌	T1成长型思维	0.297	7.144***	0.086	51.038***
T2网络受欺凌	T1成长型思维	0.321	7.895***	0.133	41.629***
	T1母亲教养方式	0.221	5.429***		
T2网络受欺凌	T1成长型思维	0.302	7.324***	0.141	29.954***
	T1母亲教养方式	0.240	5.808***		
	T2中庸思维	−0.101	−2.416*		

对比这三个回归方程模型,T1成长型思维和母亲教养方式对于T2网络受欺凌有显著影响,这就意味着T1个体成长型思维和母亲教养方式的分数越高,T2网络受欺凌的情况就越严重。T1/T2的中庸思维对T2网络受欺凌有显著影响,这就意味着T1和T2的中庸思维分数越高,T2网络受欺凌可能性就越低。

(二)网络欺凌的回归方程

从表6-44可以看出,T1成长型思维、父亲教养方式和中庸思维均能够显著预测T2网络欺凌。其中,T1成长型思维对T2网络欺凌的解释率为6.2%,T1成长型思维、父亲教养方式对T2网络欺凌的解释率为9.8%,T1成长型思维、父亲教养方式和中庸思维对T2网络欺凌的解释率为11.0%。

表6-44　网络欺凌的回归方程模型

因变量	自变量	β	t	R^2	F
网络欺凌T2	T1成长型思维	0.252	5.993***	0.062	35.992***
网络欺凌T2	T1成长型思维	0.278	6.680***	0.098	29.739***
	T1父亲教养方式	0.196	4.703***		
网络欺凌T2	T1成长型思维	0.256	6.068***	0.110	22.709***
	T1父亲教养方式	0.217	5.156***		
	T1中庸思维	−0.120	−2.806**		

从表6-45可以看出，T2成长型思维、父亲教养方式和中庸思维均能够显著预测T2网络欺凌。其中，T2成长型思维对T2网络欺凌的解释率为6.1%，T2成长型思维、父亲教养方式对T2网络欺凌的解释率为9.6%，T2成长型思维、父亲教养方式和中庸思维对T2网络欺凌的解释率为10.8%，T2成长型思维、父亲教养方式、中庸思维和基本移情对T2网络欺凌的解释率为11.2%。

表6-45　网络欺凌的回归方程模型

因变量	自变量	β	t	R^2	F
T2网络欺凌	T2成长型思维	0.250	5.935***	0.061	35.228***
T2网络欺凌	T2成长型思维	0.267	6.436***	0.096	28.942***
	T2父亲教养方式	0.192	4.615***		
T2网络欺凌	T2成长型思维	0.243	5.783***	0.108	22.247***
	T2父亲教养方式	0.206	4.987***		
	T2中庸思维	−0.120	−2.842**		
T2网络欺凌	T2成长型思维	0.235	5.566***	0.112	17.752***
	T2父亲教养方式	0.208	5.026***		
	T2中庸思维	−0.095	−2.138*		
	T2基本移情	−0.086	−1.974*		

从表6-46可以看出，T1成长型思维、父亲教养方式和T2中庸思维均能够显著预测T2网络欺凌。其中，T1成长型思维对T2网络欺凌的解释率为

6.2%，T1成长型思维、母亲教养方式对T2网络欺凌的解释率为9.8%，T1成长型思维、父亲教养方式和T2中庸思维对T2网络欺凌的解释率为11.2%。

表6-46　网络欺凌的回归方程模型

因变量	自变量	β	t	R^2	F
T2网络欺凌	T1成长型思维	0.252	5.993***	0.062	35.992***
T2网络欺凌	T1成长型思维	0.278	6.680***	0.098	29.739***
	T1父亲教养方式	0.196	4.703***		
T2网络欺凌	T1成长型思维	0.254	6.040***	0.112	23.178***
	T1父亲教养方式	0.216	5.158***		
	T2中庸思维	−0.128	−3.023**		

对比这三个回归方程模型，T1成长型思维和父亲教养方式对于T2网络欺凌有显著影响，这就意味着T1个体成长型思维和父亲教养方式的分数越高，T2网络欺凌的情况就越严重。T1/T2中庸思维和T2基本移情对T2网络欺凌有显著影响，这就意味着T1/T2中庸思维和T2基本移情分数越高，T2网络欺凌可能性就越低。

这启示我们，改变个体的思维模式，培养个体的成长型思维、中庸思维和移情能力，注重父母的教养方式对于减少校园欺凌有积极意义。

五、中介效应检验

（一）描述统计

表6-47　描述统计

变量	M+SD	1	2	3	4	5	6	7
T1父亲监督	16.4+5.6	1						
T1认知移情	34.7+6.0	−0.19**	1					
T1情感移情	37.9+6.9	−0.17**	0.49**	1				
T2认知移情	34.2+5.5	−0.16**	0.97**	0.44**	1			
T2情感移情	37.5+6.5	−0.17**	0.47**	0.98**	0.43**	1		
T2网络欺凌	12.2+4.6	0.27**	−0.16**	−0.09**	−0.15**	−0.09**	1	
T2网络受欺凌	14.5+5.6	0.27**	−0.13**	−0.02	−0.14**	−0.04	0.68**	1

（二）中介效应检验

采用AMOS24.0数据分析软件，对基本移情在父亲监督不力与网络欺凌之间的中介效应进行检验。把父亲监督不力作为外生显变量，移情（T1/T2）作为中介变量，认知移情和情感移情作为外生显变量，T2网络欺凌作为结果变量，网络受欺凌和网络欺凌作为外生显变量，利用结构方程模型技术对数据进行处理分析。模型一的各拟合指数达到临界值（$x^2/df=2.58$，RMSEA=0.05，CFI=0.99，GFI=0.97）。模型二的各拟合指数达到临界值（$x^2/df=2.32$，RMSEA=0.05，CFI=0.99，GFI=0.97）。根据Bootstrap方法进一步检验中介效应的显著性，结果显示基本移情（T1/T2）的中介效应显著（见图6-34、图6-35）。

T1父亲监督不力对网络欺凌的总效应为0.33，模型引入T1移情之后，直接效应变为0.03；T1移情在网络欺凌对父亲监督不力的影响中间接效应为0.30，效果量（即中介效应占总效应的百分比）为91%，详见表6-48。

表6-48　T1基本移情的中介效应分析

效应类型	效应值	Boot标准误	p	Boot95%CI 下限	Boot95%CI 上限	相对中介效应
总效应	0.33	0.09	<0.001	0.18	0.04	
直接效应	0.03	0.02	<0.05	0.12	0.02	9%
间接效应	0.30	0.09	<0.001	0.09	0.04	91%

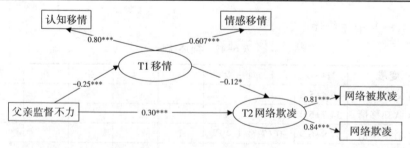

图6-34　中介效应检验结果

T1父亲监督不力对网络欺凌的总效应为0.32，模型引入T2移情之后，直接效应变为0.03；T1移情在网络欺凌对父亲监督不力的影响中间接效应为0.29，效果量（即中介效应占总效应的百分比）为91%，详见表6-49。

表6-49 T2移情的中介效应分析

效应类型	效应值	Boot标准误	p	Boot95%CI		相对中介效应
				下限	上限	
总效应	0.32	0.09	<0.001	0.15	0.48	
直接效应	0.03	0.02	<0.05	0.01	0.08	9%
间接效应	0.29	0.09	<0.001	0.08	0.46	91%

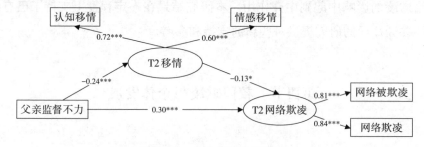

图6-35 中介效应检验结果

由上图可知，T1父亲监督不力会通过个体T1/T2移情对T2网络欺凌产生影响。由数据结果可知，T1/T2移情在T2网络欺凌对T1父亲监督不力的影响中起部分中介作用。

因此，对于青少年网络欺凌现象而言，父亲的监督是一个关键因素，积极有效的监督不仅能够减少网络受欺凌，也可以减少网络欺凌，在父亲监督的影响过程中，个体的认知移情和情感移情水平起着明显的中介效应，既要考虑父亲监督，也要注意个体移情水平的影响。

从社会学习理论分析，父亲对青少年的关怀和积极的教养方式，一方面增加了对青少年表达直接情感的机会，另一方面也促进了青少年对父亲移情能力的学习和模仿。父亲积极教养与移情呈正相关（Duong，& Bradshaw，2017；何丹，申曦，杨欢，范翠英，2017）；在父亲不良监督下，青少年表现出的移情能力较低（McGinley& Meredith，2018）。

移情对青少年欺凌行为有预测作用，高移情唤醒可以减少欺凌行为（Garandeau，Vartio，Poskiparta，& Salmivalli，2016）。网络欺凌是校园欺凌的一种类型，以往研究也确实发现了移情对网络欺凌的影响（Shin，2012；Lee& Shin，2017；Ang& Goh，2012；Topcu& Erdur-Baker，2012；Pfetsch& Jan，2017），移情对网络欺凌同样有预测作用。

有研究发现更具有功能性的情绪能力——移情在父母积极教养和青少年攻击行为与亲社会行为中起到更强的中介作用（Anna，Richaud，& Elisabeth，2017）；何丹（2017）指出认知移情在父母情感温暖和父母拒绝对网络欺凌的影响中起到中介作用。本研究结果在一定程度上支持了已有结论，并为往后的研究提供一些新的支持和参考。

第四节 校园欺凌与个体发展

一、问题提出

欺凌（Bullying）是指某个或者多个个体故意实施的，并且反复针对某一个无法轻易保护自己的人的一种攻击行为（Olweus，1993）。网络欺凌（Cyberbullying）作为欺凌的一种形式，指的是个体或者群体有意地以电子形式反复针对某一个无法轻易保护自己的人的攻击行为（Smith，2008）。传统的现实欺凌和网络欺凌既具有差异和不同之处，又存在重叠部分，尤其体现在其对青少年身心发展的不良影响上。

成长型思维（Growth Mindset）是近年来教育界研究的热点话题。Dweck教授根据个体认为能力是否可以发展改变的信念，将思维模式分为成长型和固定型（Fixed Mindset）两种。特定的思维模式会影响特定的判断和反应（Dweck，Chiu，& Hong，1995），研究表明持有更多成长型思维的个体有更少的敌意和归因偏差（Yeager，Miu，Powers，& Dweck，2013）。同时，研究表明初中生的思维风格和问题行为之间存在显著关系(李京花，2008)，辩证思维与攻击性呈负相关关系，个体的辩证思维被启动后，其攻击性可以显著降低，辩证思维可以降低攻击行为倾向（张晓燕，高定国，傅华，2011）。

坚毅（Grit）作为一种积极的人格特质，是指个体对长期目标的不懈努力和持久兴趣（Duckworth，2009），它既包含了个体对长远目标不懈的努力，又包含了个体持久的热情，蕴藏的巨大的积极能量，其推动个体不断克服困难向着目标砥砺前进。坚毅在青少年成长和发展中扮演着关键角色，能帮助青少年较好地应对学习和生活中的困难、失败和挑战，有利于促进学业和生活成功，并对情绪、行为和思维能力有积极影响（Duckworth，2007）。

根据弹性保护模型理论（Garmezy, Masten, & Tellegen, 1984），保护性因素可以有效缓解风险因素对个体的消极影响，促进个体弹性发展。在对校园欺凌预防研究中可以发展个体保护性因素，促进欺凌行为的减少和缓冲欺凌行为带来的伤害。因而本研究将探究坚毅和成长思维对中学生现实欺凌和网络欺凌的影响，并通过一系列纵向数据来探究坚毅、成长型思维和中学生欺凌的因果关系，期以为预防中学生校园欺凌现象提供理论依据。

二、研究方法

（一）研究对象

本研究对302名参与者进行了两次问卷调查，时间分别是2019年9月中旬（T1）和2020年1月上旬（T2）。其中，男性138名（45.7%），女性164名（54.3%）；初一75名（24.8%），初二119名（39.4%），初三108名（35.8%）。见表6-50。

表6-50 访谈对象基本情况

变量	年级			合计
	初一	初二	初三	
男	32	57	49	138
女	43	62	59	164
合计	75	119	108	302

（二）研究工具

1.成长型思维量表

本研究采用 Hans（2015）和 Yeager（2011）编制的成长型思维量表，共有20个项目，6点计分，其中2个项目需要反向计分，分为五个维度：焦虑成长型思维（4个项目）、智力成长型思维（4个项目）、人格成长型思维（3个项目）、情绪成长型思维（4个项目）、欺凌态度成长型思维（5个项目）。其中，焦虑、智力、人格、欺凌态度维度得分越高，越倾向于成长型思维；情绪维度得分越低，越倾向于成长型思维。

2.网络受欺凌量表

本研究采用青少年网络受欺凌量表（CSAC）（Veiga Simão A.M. et al.，2017），量表共6道题，采用5点评分，得分越高表示被欺凌程度越大。

3.坚毅量表

本研究采用 Duckworth（2009）编制的简式坚毅量表，量表共8道题，包括毅力和兴趣一致性两个维度，每个维度包含4个项目，其中兴趣一致性的4个项目需要反向计分。得分越高表示坚毅程度越高。

4.现实欺凌与受欺凌量表

本研究采用中学生欺负行为量表（杨卫敏，2011）。该量表共14个项目，包括传统欺凌和传统被欺凌两个方面各7道题。问卷采用5点评分，项目得分越高表示欺凌或被欺凌程度越高。

三、研究结果

（一）共同方法偏差检验

使用 Harman 的单一因子检验法测量共同方法偏差程度。设定公因子数为1，因子分析结果表明，T1中未旋转时特征值大于1的因子共38个，且第1个因子能解释的变异量为11.8%；T2中未旋转时特征值大于1的因子共42个，且第1个因子能解释的变异量为11.1%，均小于40%的临界标准。

（二）主要变量描述性统计与相关性分析

T1 欺凌态度与 T2 的欺凌态度（r=0.390**，p ＜ 0.01）呈显著正相关，与 T1 现实受欺凌（r=-0.306**，p ＜ 0.01）和 T2 现实受欺凌（r=-0.274**，p ＜ 0.01）均呈显著负相关；T1 现实受欺凌和 T2 欺凌态度（r=-0.311**，p ＜ 0.01）显著负相关和 T2 现实受欺凌（r=0.683**，p ＜ 0.01）呈显著正相关；T2 欺凌态度与 T2 现实受欺凌（r=-0.381**，p ＜ 0.01）呈显著负相关。见表 6-51。

表 6-51　T1 和 T2 欺凌态度和现实受欺凌相关分析结果（n=302）

研究变量	1	2	3	4
T1 欺凌态度	1			
T1 现实受欺凌	−0.306**	1		
T2 欺凌态度	0.390**	−0.311**	1	
T2 现实受欺凌	−0.274**	0.683**	−0.381**	1

注：*p ＜ 0.05；**p ＜ 0.01；***p ＜ 0.001。

T1 智力思维与 T2 智力思维（r=0.521**，p ＜ 0.01）呈显著正相关，与 T1 网络受欺凌（r=-0.020，p ＞0.05）和 T2 网络受欺凌（r=-0.001，p＞0.05）相关不显著；T1 网络受欺凌和 T2 智力思维（r=-0.212**，p ＜ 0.01）显著负相关，和 T2 网络受欺凌（r=0.481**，p ＜ 0.01）呈显著正相关；T2 智力思维与 T2 网络受欺凌（r=-0.103，p＞0.05）相关不显著。见表 6-52。

表 6-52　T1 和 T2 智力思维和网络受欺凌相关分析结果（n=302）

研究变量	1	2	3	4
T1 智力思维	1			
T1 网络受欺凌	−0.020	1		
T2 智力思维	0.521**	−0.212**	1	
T2 网络受欺凌	−0.001	0.481**	−0.103	1

注：*p ＜ 0.05；**p ＜ 0.01；***p ＜ 0.001。

T1欺凌态度与T2欺凌态度（r=0.394**，p < 0.01）呈显著正相关，与T1网络受欺凌（r=−0.159*，p < 0.05）和T2网络受欺凌（r=−0.233**，p < 0.01）显著负相关；T1网络受欺凌和T2欺凌态度（r=−0.273**，p < 0.01）显著负相关，和T2网络受欺凌（r=0.481，p < 0.01）呈显著正相关；T2欺凌态度与T2网络受欺凌（r=−0.251，p < 0.01）显著负相关。见表6-53。

表6-53　T1和T2欺凌态度和网络受欺凌相关分析结果（n=302）

研究变量	1	2	3	4
T1欺凌态度	1			
T1网络受欺凌	−0.159*	1		
T2欺凌态度	0.394**	−0.273**	1	
T2网络受欺凌	−0.233**	0.481**	−0.251**	1

注：*p < 0.05；**p < 0.01；***p < 0.001。

T1焦虑思维与T2焦虑思维（r=0.498**，p < 0.01）呈显著正相关，与T1网络受欺凌（r=−0.133*，p < 0.05）和T2网络受欺凌（r=−0.162**，p < 0.01）显著负相关；T1网络受欺凌和T2焦虑思维（r=−0.229**，p < 0.01）显著负相关，和T2网络受欺凌（r=0.481**，p < 0.01）呈显著正相关；T2焦虑思维与T2网络受欺凌（r=−0.193**，p < 0.01）显著负相关。见表6-54。

表6-54　T1和T2焦虑思维和网络受欺凌相关分析结果（n=302）

研究变量	1	2	3	4
T1焦虑思维	1			
T1网络受欺凌	−0.133*	1		
T2焦虑思维	0.498**	−0.229**	1	
T2网络受欺凌	−0.162**	0.481**	−0.193**	1

注：*p < 0.05；**p < 0.01；***p < 0.001。

T1坚毅与T2坚毅（r=0.538**，p<0.01）呈显著正相关，与T1网络受欺凌（r=−0.086，p>0.05）和T2网络受欺凌（r=−0.100，p>0.05）相关不显著；T1网络受欺凌和T2坚毅（r=−0.175**，p<0.01）显著负相关，T2网

络受欺凌（r=0.481**，p<0.01）呈显著正相关；T2坚毅与T2网络受欺凌
（r=-0.185**，p<0.01）显著负相关。见表6-55。

表6-55　T1和T2网络受欺凌和坚毅相关分析结果（n=302）

研究变量	1	2	3	4
T1坚毅	1			
T1网络受欺凌	−0.086	1		
T2坚毅	0.538**	−0.175**	1	
T2网络受欺凌	−0.100	0.481**	−0.185**	1

注：$^*p < 0.05$；$^{**}p < 0.01$；$^{***}p < 0.001$。

T1坚毅与T2坚毅（r=0.538**，p<0.01）、T1焦虑思维（r=0.315**，
p<0.01）和T2的焦虑思维（r=0.222**，p<0.01）均呈显著正相关；T1焦虑
思维和T2坚毅（r=0.296**，p<0.01）、T2焦虑思维（r=0.498**，p<0.01）
均呈显著正相关；T2坚毅与T2焦虑思维（r=0.376**，p<0.01）显著正相
关。见表6-56。

表6-56　T1和T2坚毅和焦虑思维相关分析结果（n=302）

研究变量	1	2	3	4
T1坚毅	1			
T1焦虑思维	0.315**	1		
T2坚毅	0.538**	0.296**	1	
T2焦虑思维	0.222**	0.498**	0.376**	1

注：$^*p < 0.05$；$^{**}p < 0.01$；$^{***}p < 0.001$。

（三）交叉滞后分析

1.欺凌态度与现实受欺凌的交叉滞后分析

利用Mplus软件，以变量欺凌态度和变量现实受欺凌两个时间点的测量
数据构建交叉滞后模型。结果显示，模型为饱和模型（RMSEA=0，SRME=
0，CFI=1，TLI=1）。T1欺凌态度可以显著正向预测T2欺凌态度（β=0.384，

p<0.001）；T1现实受欺凌可以显著正向预测T2现实受欺凌（β=0.635，p<0.001）；T1欺凌态度对T2现实受欺凌预测不显著（β=-0.057，p>0.05）；T1现实受欺凌对T2欺凌态度有显著负向预测（β=-0.310，p<0.01）。这表明，从总体上来说现实受欺凌是欺凌态度的预测变量。见图6-36。

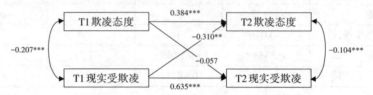

图6-36　变量欺凌态度和变量现实受欺凌的交叉滞后模型

从结果可以看出，现实受欺凌会影响个体后续的欺凌态度，现实受欺凌越严重，个体对于欺凌态度越持有固定型思维态度，倾向于认为欺凌行为不可改变。

2.智力思维与网络受欺凌的交叉滞后分析

利用Mplus软件，以变量智力思维和变量网络受欺凌两个时间点的测量数据构建交叉滞后模型。结果显示，模型为饱和模型（RMSEA=0，SRME=0，CFI=1，TLI=1）。T1智力思维可以显著正向预测T2智力思维（β= 0.706，p<0.001）；T1网络受欺凌可以显著正向预测T2网络受欺凌（β= 0.481，p<0.001）；T1智力思维对T2网络受欺凌预测不显著（β= 0.010，p>0.05）；T1网络受欺凌对T2智力思维有显著负向预测（β= -0.202，p<0.001）。这表明，从总体上来说网络受欺凌是智力思维的预测变量。见图6-37。

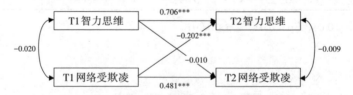

图6-37　变量智力思维和变量网络受欺凌的交叉滞后模型

3.欺凌态度与网络受欺凌的交叉滞后分析

利用Mplus软件，以变量欺凌态度和变量网络受欺凌两个时间点的测量数据构建交叉滞后模型。结果显示，模型为饱和模型（RMSEA=0，SRME=0，

CFI=1，TLI=1）。T1欺凌态度可以显著正向预测T2欺凌态度（β=0.360，p<0.001）；T1网络受欺凌可以显著正向预测T2网络受欺凌（β=0.455，p<0.001）；T1欺凌态度对T2网络受欺凌能显著负相预测（β=-0.161，p<0.01）；同样，T1网络受欺凌对T2欺凌态度有显著负向预测（β=-0.216，p<0.001）。这表明，欺凌态度和网络受欺凌互为预测变量。见图6-38。

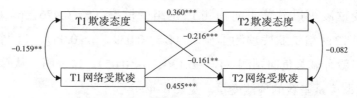

图6-38　变量欺凌态度和变量网络受欺凌的交叉滞后模型

4.焦虑思维与网络受欺凌的交叉滞后分析

利用Mplus软件，以变量焦虑思维和变量网络受欺凌两个时间点的测量数据构建交叉滞后模型。结果显示，模型为饱和模型（RMSEA=0，SRME=0，CFI=1，TLI=1）。T1焦虑思维可以显著正向预测T2焦虑思维（β=0.476，p<0.001）；T1网络受欺凌可以显著正向预测T2网络受欺凌（β=0.467，p<0.001）；T1焦虑思维对T2网络受欺凌预测不显著（β=-0.100，p>0.05）；T1网络受欺凌对T2焦虑思维有显著负向预测（β=-0.166，p<0.01）。这表明，从总体上来说网络受欺凌是焦虑思维的预测变量。见图6-39。

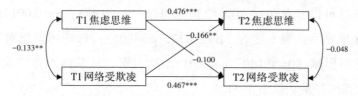

图6-39　变量焦虑思维和变量网络受欺凌的交叉滞后模型

从结果可以看出，网络受欺凌会影响个体后续的欺凌态度，对于智力和焦虑的看法，网络受欺凌越严重，个体对于欺凌态度、智力、焦虑等越持有固定型思维态度，倾向于认为欺凌行为不可改变，智力不可变化，焦虑不可控制。因此，在应对校园欺凌时，改变个体的思维模式，培养成长型思维，对于预防和控制校园欺凌会产生积极影响。课题组后期也专门进行了成长型思维课程训练。

5.网络受欺凌与坚毅的交叉滞后分析

利用Mplus软件，以变量坚毅和变量网络受欺凌两个时间点的测量数据构建交叉滞后模型。结果显示，模型为饱和模型（RMSEA=0，SRME=0，CFI=1，TLI=1）。T1坚毅可以显著正向预测T2坚毅（β= 0.526，p<0.001）；T1网络受欺凌可以显著正向预测T2网络受欺凌（β= 0.476，p<0.001）；T1坚毅对T2网络受欺凌预测不显著（β= −0.059，p>0.05）；T1网络受欺凌对T2坚毅有显著负向预测（β= −0.130，p<0.05）。这表明，从总体上来说网络受欺凌是坚毅的预测变量。见图6-40。

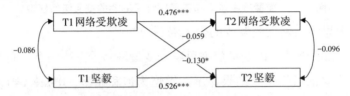

图6-40　变量坚毅和变量网络受欺凌的交叉滞后模型

6.坚毅与焦虑思维的交叉滞后分析

利用Mplus软件，以变量坚毅和变量焦虑思维两个时间点的测量数据构建交叉滞后模型。结果显示，模型为饱和模型（RMSEA=0，SRME=0，CFI=1，TLI=1）。T1坚毅可以显著正向预测T2坚毅（β= 0.493，p<0.001）；T1焦虑思维可以显著正向预测T2焦虑思维（β= 0.475，p<0.001）；T1坚毅对T2焦虑思维预测不显著（β= 0.072，p>0.05）；T1焦虑思维对T2坚毅有显著正向预测（β= 0.140，p<0.01）。这表明，从总体上来说焦虑思维是坚毅的预测变量。见图6-41。

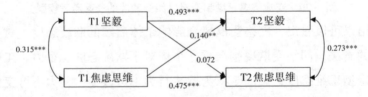

图6-41　变量坚毅和变量焦虑思维的交叉滞后模型

从结果可以看出，网络受欺凌、焦虑成长型思维会影响个体的坚毅水平，网络受欺凌越严重，个体的坚毅水平越低；个体越倾向于焦虑是可以变化的，可以控制的，其坚毅水平越高。

四、回归方程

（一）前测变量的回归方程

表6-57　前测网络欺凌的回归方程

变量	标准系数	t	p	R^2	F
前测坚毅	−0.141	−2.145	0.033	0.028	2.29*

表6-58　前测网络受欺凌的回归方程

变量	标准系数	t	p	R^2	F
前测欺凌态度	−0.209	−3.296	0.001	0.052	4.39

表6-59　前测现实受欺凌的回归方程

变量	标准系数	t	p	R^2	F
前测欺凌态度	−0.184	−2.818	0.005	0.102	6.78
前测坚毅	−0.140	−2.079	0.039		

表6-60　前测现实欺凌的回归方程

变量	标准系数	t	p	R^2	F
前测坚毅	−0.162	−2.486	0.014	0.033	3.80*

从结果可以看出，坚毅、欺凌态度能够有效预测校园欺凌，坚毅水平越高，网络欺凌和现实欺凌就会越少；欺凌态度分数越高，即越反对欺凌，认为欺凌是可以控制的，网络受欺凌和现实受欺凌行为就会越少。见表6-57、表6-58、表6-59、6-60。

（二）后测变量的回归方程

表6-61　后测网络受欺凌的回归方程

变量	标准系数	t	p	R^2	F
后测欺凌态度	−0.191	−2.910	0.004	0.093	7.09
后测焦虑成长型思维	−0.154	−2.288	0.023		

表6-62　后测网络欺凌的回归方程

变量	标准系数	t	p	R^2	F
后测坚毅	−0.175	−2.874	0.004	0.035	3.31[*]

表6-63　后测现实受欺凌的回归方程

变量	标准系数	t	p	R^2	F
后测欺凌态度	−0.296	−5.087	0.000	0.184	15.57
后测坚毅	−0.146	−2.428	0.016		

表6-64　后测现实欺凌的回归方程

变量	标准系数	t	p	R^2	F
后测坚毅	−0.231	−3.894	0.000	0.072	7.20[***]

从结果可以看出，坚毅、焦虑成长型思维、欺凌态度能够有效预测校园欺凌，坚毅水平越高，网络欺凌和现实欺凌就会越少，同时，现实受欺凌行为也会越少；个体越认为焦虑是可以控制的，欺凌行为是可以预防的，他们的网络受欺凌和现实受欺凌行为就会越少。见表6-61、表6-62、表6-63、表6-64。

（三）前后测变量的回归方程

表6-65　前后测变量对现实欺凌的回归方程

变量	标准系数	t	p	R^2	F
后测坚毅	−0.285	−4.324	0.000	0.095	7.99[***]

表6-66 后测现实受欺凌的回归方程

变量	标准系数	t	p	R²	F
后测欺凌态度	−0.286	−4.213	0.000	0.138	7.16
前测坚毅	−0.171	−2.584	0.010		
后测智力成长型思维	−0.141	−1.975	0.049		

表6-67 前后测变量对网络欺凌的回归方程

变量	标准系数	t	p	R²	F
后测坚毅	−0.194	−2.857	0.005	0.042	3.33*

表6-68 后测网络受欺凌的回归方程

变量	标准系数	t	p	R²	F
后测焦虑成长型思维	−0.239	−3.236	0.001	0.147	6.77
前测欺凌态度	−0.153	−2.279	0.024		
后测人格成长型思维	−0.229	−3.169	0.002		
后测欺凌态度	−0.155	−2.010	0.046		

从结果可以看出,坚毅的发展变化对网络欺凌和现实欺凌有积极预防作用。因此,个体的坚毅品质越强,越能够对网络欺凌和现实欺凌进行控制。

对于现实受欺凌而言,前测的坚毅水平、后测的欺凌态度、智力成长型思维这三者能够负向预测现实受欺凌。因此,培养个体的坚毅品质,发展个体对于智力和欺凌行为的成长型思维,是减少现实受欺凌的有效手段之一。见表6-65、表6-66、表6-67、表6-68。

对于网络受欺凌而言,欺凌态度是一个有效预测因子,个体越持有欺凌行为是可以改变的思维,其网络受欺凌行为就会越少。同时,个体的成长型思维水平越高,遭遇网络受欺凌行为的可能性也会显著下降。

五、中介效应检验

（一）前测网络受欺凌、后测焦虑成长型思维与后测欺凌态度

利用 Mplus 软件中介效应分析结果表明，T2 焦虑成长型思维在 T1 网络受欺凌和 T2 欺凌态度之间起部分中介作用。图 6-42 显示，模型为饱和模型（RMSEA=0，SRME=0，CFI=1，TLI=1）。T1 网络受欺凌到 T2 欺凌态度的直接路径显著（γ=-0.180，p<0.05），T1 网络受欺凌能负向预测 T2 焦虑成长型思维（γ=-0.229，p<0.001），而 T2 焦虑成长型思维能正向预测 T2 欺凌态度（γ=0.408，p<0.001）。

采用偏差矫正百分位 Bootstrap 法（重复抽取 5000 次）进行中介效应检验。结果发现，T2 焦虑成长型思维的中介效应 95% 的置信区间为（-0.152，-0.035），中介作用显著，中介效应为 -0.094，总效应为 -0.273，中介效应占据总效应的 34.43%。

图 6-42　中介效应检验结果

（二）前测欺凌态度、后测坚毅与后测网络受欺凌

图 6-43　中介效应检验结果

利用 Mplus 软件中介效应分析结果表明，T2 坚毅在 T1 欺凌态度和 T2 网络受欺凌之间起部分中介作用。图 6-43 显示，模型为饱和模型（RMSEA=0，SRME=0，CFI=1，TLI=1）。T1 欺凌态度到 T2 网络受欺凌的直接路径显著（γ=-0.201，p<0.05），T1 欺凌态度能正向预测 T2 坚毅（γ=0.226，p<0.001），而 T2 坚毅能负向预测 T2 网络受欺凌（γ=-0.140，p<0.05）。

采用偏差矫正百分位Bootstrap法（重复抽取5000次）进行中介效应检验。结果发现，T2坚毅的中介效应95%的置信区间为（−0.030，−0.002），中介作用显著，中介效应为−0.032，总效应为−0.233，中介效应占据总效应的13.73%。

六、讨论

交叉滞后分析结果显示，现实受欺凌能够负向预测欺凌态度思维，网络受欺凌能够负向预测智力成长型思维、焦虑成长型思维和坚毅，焦虑成长型思维能够正向预测坚毅。欺凌态度成长型思维和网络受欺凌能够相互负向预测。

研究结果表明，焦虑成长型思维能够正向预测坚毅，与本研究结果一致的是，有研究表明从成长型思维到坚毅的交叉滞后路径显著（Park et al.，2020）。成长型思维水平较高的个体关注的是自我不断发展和提升，因此他们会设定高的学习目标（Dweck，2006），不断努力提升自我，主动寻找新的挑战和机会提高自身竞争力；并且他们善于自我反省从而进行自我调整，从而在实现长期目标的过程中更容易坚持下去，表现出较高的坚毅性。

与本研究结果一致的是，也有研究表明网络欺凌能够负向预测坚毅，说明卷入在欺凌事件中的个体，更多的时间和空间被欺凌者占用，缺少与外界其他良好环境的接触，同时他们将更少的注意力关注在自我的发展和成长上，因此会表现出更低的坚毅（彭珍真，2020）。

本研究表明现实受欺凌能够负向预测欺凌态度思维，网络受欺凌能够负向预测智力成长型思维、焦虑成长型思维，即无论是现实受欺凌还是网络受欺凌都负向预测成长型思维。这与Yeager（2013）的研究结果相一致。在校园欺凌中，受欺凌者的自我意识较低，对自己的智力、能力与合群性等方面评价偏低。在长期遭受同伴的欺凌而又无法保护自己时，受欺凌者容易产生消极的归因，例如认为一切都是自己应得的、自己就应该低人一等等等。被欺凌的个体对人和事容易出现一些敏感、偏激的认识，这很容易导致其进入一种死循环，产生固定型思维。

欺凌态度、成长型思维和网络受欺凌能够相互负向预测，即持有成长型思维的个体其网络受欺凌的程度会降低。Yeager（2011）研究发现，成长型思维可以降低青少年受欺凌后的羞耻感，减少他们对欺凌者的憎恨，从而降低报复行为。因此在学校对受欺凌者进行成长型思维课程教育是很有必要的。

从中介效应的结果来看，欺凌态度、焦虑成长型思维、坚毅、网络受欺凌之间存在互相影响，因此，对于网络受欺凌而言，既要考虑个体欺凌态度、坚毅水平的影响，也要考虑网络受欺凌经历对个体思维方式和欺凌态度的影响。在网络受欺凌的预防上，要考虑成长型思维、坚毅的影响，可以设计相应的系列主题课程，对课程的干预效果进行检验，从而探讨多层次的校园欺凌预防体系。

第七章

校园欺凌干预课程的
准实验设计

自从挪威实施第一个反欺凌项目（Olweus，1995）以来，反欺凌干预已经实施了30多年。这些干预措施是异质性的，它们包括许多不同的组成部分，具体集中在学校、家庭、教师、人际关系和个人（Farrington & Ttofi，2009）。考虑到欺凌对个人和社会造成的有害后果，以及反欺凌干预措施的高成本，发现这些方案是否有效以及如何最有效地减少欺凌是至关重要的。

（1）挪威的零容忍方案。研究者Olweus于1995年在挪威构建了国家层面的反欺凌体系，凭借反欺凌宣言的引领，其提出了"零容忍方案"。研究显示，该项目可以减少欺凌，改善班级氛围，能够减少不同性别和年级学生的反社会行为（Heather Cecil & Stacie Molnar-Main，2015）。

（2）芬兰的KiVa项目。KiVa项目是针对所有学生的一个干预项目，其考虑了欺凌过程中旁观者的影响，并尝试把这些旁观者转变成为受欺凌者的保护人。KiVa项目认为欺凌事件是群体互动过程中的不良人际互动，欺凌是一个动态变化过程，在这一互动过程中个体扮演了不同的角色（陈光辉等，2018）。研究表明，KiVa项目干预已被证明可以提高教师对欺凌事件的意识和他们处理欺凌的能力（Ahtola, Haataja, Kärnä, Poskiparta, & Salmivalli，2012）。此外，当教师有效干预欺凌行为时，受欺凌者更有可能感受到学校的支持（Saarento, Boulton, & Salmivalli，2015）。但KiVa项目在改变学生对学校的态度上，没有产生显著性影响。

（3）美国的第二步计划。第二步计划（second step）已经在美国 32000 多所学校的 800 多万名学生中得到应用。该项目教授生活技能，如沟通、应对和决策技能，帮助年轻人应对来自同龄人的压力、物质滥用和网络欺凌。

（4）中国香港的"PATHS"项目。该项目旨在帮助初中生发展他们的生活技能，使他们在遇到校园欺凌时能够积极主动帮助他人。它包括对欺凌的普遍认识、自我反省的空间和演练新行为的机会。

研究表明，反欺凌项目显著减少了欺凌行为和受欺凌行为。反欺凌项目减少了大约 19%—20% 的校园欺凌行为和大约 15%—16% 的校园欺凌受害者。以学校为基础的反欺凌项目能够有效减少欺凌和被欺凌。平均而言，欺凌减少了 20%—23%，受欺凌者减少了 17%—20%（Farrington & Ttofi，2009）。近些年的追踪研究显示，这些干预项目能够在普通学生中减少 25% 的校园欺凌行为，对高危学生群体则减少了 33%（WHO，2016）。三年追踪结果显示，参加类似项目的学生暴力行为减少了 36%，欺凌行为减少了 41%。这些反欺凌项目大部分都是真实验设计或者准实验设计，设立了对照组，在研究结果上表现出的效果有很大的差异，在欺凌和受欺凌结果的研究之间存在显著的异质性。这就意味着当前的反欺凌项目需要进一步完善，一方面是反欺凌方案设计的完善，另一方面是对数据资料分析的进一步完善。另外也有研究指出，反欺凌项目在高收入国家得到了有效执行，但在中等收入及以下国家反欺凌方案的实施并不理想。

第一节　成长型思维减少校园欺凌的准实验研究

一、问题提出

有研究认为与攻击相关的思维（即被认为会影响攻击行为的思维）能够在一定程度上解释欺凌行为，思维方式对个人攻击行为的形成有重要影响。认知制约着行为，特定的思维模式在一定程度上会影响特定的判断和反应（Dweck et al., 1995），研究表明偏向于成长型思维的个体有更少的敌意和归因偏差（Yeager et al., 2013）。Yeager 等人（2011）的研究结果显示，持有固定型思维的青少年更渴望对侮辱或排斥他们的同龄人进行报复性行为。进一步实验研究证明，操纵成长型思维可以减少青少年对假设的欺凌场景的反应。在此基础上，Yeager 等人（2013）对九年级和十年级的学生进行成长型思维的干预研究，干预过程包含 6 次课程，干预时长为 50 分钟，对照组不进行任何处理。结果显示，干预后学生的攻击性报复行为明显减少，对同一事件的亲社会行为显著增加。研究表明，持有人格的固定型思维的青少年认为"恶霸"或"受欺凌者"是无法改变的。从这个角度来看，欺凌可能会被当作由无法改变的人所做的。另一方面，一些青少年持有更多的人格成长型思维，认为人有改变的能力。从这个角度来看，欺凌行为可以被认为是那些可以随着时间的推移而改变的人所做的。这种思维可能会让学生看到他们的未来更有希望，会导致复仇欲望的改变，并通过努力来理解或影响欺凌者，从而减少攻击性报复（Yeager et al., 2011）。同时，有研究者提出，在对青少年外化问题行为评定中，同伴评定的稳定性最高（陈光辉等，2013）。因此，课题组选取了湖北省宜昌市某县的两所中学，一所学校作为实验组，一所学校作为对照组，对成长型思维课程的干预效果进行检验。

二、研究方法

（一）研究对象

本研究以湖北省宜昌市某县两所学校初一至初二的学生作为对象，采用分层随机抽样法，实验学校选取 6 个教学班，其中初一学生有 3 个班，有效参与人数为 115 人，初二学生有 3 个班，有效参与人数 115 人；对照学校同样选取 6 个教学班，其中初一学生 3 个班，共有 96 人参与，初二学生也包含 3 个班，参与人数为 104 人。剔除无效和不合格的问卷，最终纳入研究的学生共 430 名。从性别分布上看，男生有 208 人，女生有 222 人，研究样本具体分布见表7-1。

表7-1　研究样本人口学变量基本情况

变量		学校		合计
		实验学校	对照学校	
年级	初一	115	96	211
	初二	115	104	219
性别	男	120	88	208
	女	110	112	222

（二）研究工具

同伴提名：通过班级施测，让学生选出经常欺凌别人的三名同伴，经常受到欺凌的三名同伴。研究的题目包括："班上经常欺凌别人的同学"和"班上经常被别人欺凌的同学"。

1.网络欺凌量表

采用Brighi等人（2012）开发的"网络欺凌干预项目问卷"（ECIPQ），选取其中的"网络欺凌维度量表"对学生的网络欺凌水平进行评价，共11个项目，样题为"我通过文字或在线信息对某人说恶劣的话或给别人起外号"。采用5点计分，1表示完全没有，5表示每周数次。得分越高，代表网络欺凌水平越高。

2.网络受欺凌量表

选用青少年网络受欺凌量表（CSAC）（Veiga Simão A.M. et al., 2017）测量学生的网络受欺凌情况，共6个项目，样题为"有人在网上散布我的谣言"，量表采用5点计分，其中1表示完全没有，5表示每周数次，得分越高，代表网络受欺凌水平越高。

3.现实欺凌和受欺凌量表

项目来源于中学生欺负行为量表（杨卫敏，2011）。该量表共包括14个项目，包括传统欺凌和传统被欺凌两个方面各7道题。问卷采用5点评分，其中1表示完全没有，5表示每周数次，项目得分越高，代表欺凌或受欺凌程度越高。

4.成长型思维系列量表

该量表共20个项目，6点评分，分为五个维度：智力（4个项目）、人格（4个项目）、焦虑（3个项目）、情绪（4个项目，2个项目需要反向计分）和欺凌态度（5个项目），参与者在这些量表得分越高，代表成长型思维水平越低，更倾向丁固定型思维，得分越低说明参与者成长型思维能力越强。考虑到分数解释上的便利性，本研究把18个项目反向计分，分数越高代表成长型思维越高。

5.旁观者干预量表

量表包含16个项目（Nickerson A B et al.，2014），分为5个步骤，分别是注意、解释、承担责任、技能和执行，4点计分，得分越高，代表个体干预的可能性越强。

三、干预方案

本研究采用实验组对照组前后测准实验设计。实验过程分为三个阶段，分别为前测阶段、实施干预阶段和后测阶段。在前后测阶段，实验组和对照组采用的调查问卷和施测过程相同。而在干预阶段，实施的干预内容不同，即实验组进行成长型思维课程干预，共计6周，每周一次，讲授成长型思维有关内容；对照组不做处理（见图7-1）。

与宜昌干预课程相比，本次干预课程有以下特点：一是增加了校园欺凌的内涵普及，利用反驳文本的技术确保学生能够正确识别校园欺凌，了解校园欺凌的危害；二是增加了研讨的环节；三是增加了班级数量。

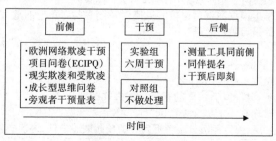

图7-1　实验过程

表7-2　成长型思维课程样例

主题	正确认识"校园欺凌"	主讲老师	××
课时	45分钟	教学班级	初一/初二学生
教学目标	1.正确认识欺凌的定义、特征 2.明确欺凌中旁观者的作用，减少沉默		
教学准备	所需材料：记号笔、讲义、黑板、粉笔		
教学重点	正确认识欺凌定义，减少欺凌行为，增加保护受欺凌者的旁观者行为		
教学活动安排：主要通过案例分析、自我领悟、交流讨论、老师引导的课堂形式			
教学过程	1.课前小测试 用PPT呈现四个判断题，让学生判断对错，引出"校园欺凌"的主题： (1)打架是一项常见的欺凌行为。 (2)给别人起侮辱性的绰号是欺凌行为。 (3)欺凌是成长的一部分，没什么大不了，也不会造成长久的伤害。 (4)如果有学生被欺凌，这是他(受欺凌者)的个人问题，他应该自己负责及面对。 2.案例分析 (1)用PPT呈现"云南省校园欺凌改判事件"。 (2)让学生讨论：昆明市中级人民法院为何进行改判？ (3)引出校园欺凌的定义。 3.介绍校园欺凌定义及特点 通过询问同学们心中对校园欺凌的定义，引出专家对欺凌的定义。说明同学们对欺凌定义存在的误区，并向同学们介绍校园欺凌的特点。 4.介绍校园欺凌常见的类型 (1)询问学生："你们知道或遇到的常见的校园欺凌有哪些?" (2)通过图片，呈现四种欺凌类型：身体欺凌、言语欺凌、关系欺凌、网络欺凌。 (3)介绍四种类型校园欺凌的具体特点，让学生学会区分。 5.介绍校园欺凌中的参与者角色的类型和特点 (1)用PPT呈现图片，询问学生图片中不同的人在干什么？ (2)向学生介绍图片中的人在欺凌场景中担任的角色和特点。 6.案例讨论 (1)用PPT向学生呈现案例："4.27榆林米脂砍学生事件"。 (2)让学生根据案例讨论校园欺凌对不同参与者角色的危害。 (3)老师最后进行总结。 7.分享 用PPT呈现三道题： (1)你想到了/看到了什么？ (2)看到那样的场景，你的感受是怎么样的？ (3)此时你有一个机会去帮助"他"，你会怎么做？ 让学生分享曾经经历过或者听到过的校园欺凌事件，讲述当时自己的想法。		

	8.总结 老师对课程进行回顾,对同学们的表现、提出的感受进行总结。
教师活动	1.引入课程主题,介绍欺凌定义、形式、特点等相关知识 2.利用PPT呈现案例,让同学们按小组讨论,要求学生进行判断并说出原因 3.对学生的回答进行回应以及纠正 4.对课程内容进行总结
学生活动	1.跟随老师的课程讲解,学习欺凌的相关知识 2.对PPT上的案例与小组成员进行讨论,积极回应老师的问题 3.积极分享自己的感受
本次活动反思	1.课程进行较为顺利,学生积极配合 2.在课程的案例分析环节,发现孩子的习得情况比预期的要更为理想 3.不能清楚把握学生原有认知、经验与习得情况,校园欺凌的角色分为欺凌者、受欺凌者以及旁观者,但在提问的时候,却发现大多数的孩子认为欺凌中只有欺凌者、受欺凌者两种角色,在课程设置中考虑不足

表7-3 成长型思维第二课

主题	思维的魔力	主讲老师	古丽那扎尔
课时	45分钟	教学班级	初一/初二学生
教学目标	1.解释成长型思维与固定型思维之间的区别 2.区分成长型与固定型思维之间的案例 3.了解每个人生来就能够学习,我们所有人都处在自己学习的不同阶段		
教学准备	所需材料:记号笔、讲义、黑板、粉笔		
教学重点	了解成长型思维和固定型思维的区别;初步认识成长型思维与个人发展的关系		
教学活动安排:主要通过视频观看、自我领悟、交流讨论、老师引导的课堂形式			
教学过程	1.思考 在观看视频之前,让学生们思考两个问题: (1)想想你学习新东西的时候,你会采取什么步骤展开学习? (2)想想你未能做好某事的时候。你的感觉如何? 失败后发生了什么? 2.视频与讨论 (1)向学生们播放视频"奥斯丁的蝴蝶"。 (2)视频播放结束之后,让学生们踊跃分享观看视频后的感受和之前思考的两个问题。 (3)反馈。根据学生们的分享情况,进行反馈和说明。		

续表

	3.自我评估 用PPT呈现思维模式测验,让学生对自己的思维模式进行评估。基于测验结果,询问学生是持有固定型思维、成长型思维,还是两者兼而有之。引出成长型思维和固定型思维的主题。 4.介绍成长型思维和固定型思维的定义和特点 直接呈现专家对成长型思维和固定型思维的定义并让学生回顾自己的评估结果。告诉学生,每个人都既有固定型思维,又有成长型思维。 5.案例讨论 通过案例呈现及讨论,向学生具体介绍成长型思维与固定型思维的区别。 6.总结 老师对课程进行回顾,对同学们的表现、提出的感受进行总结。
教师活动	1.向学生播放视频,让学生思考问题 2.引入课程主题,介绍成长型思维和固定型思维的定义、特点等相关知识 3.利用PPT呈现案例,要求学生回答问题并说出原因 4.对学生的回答进行回应以及纠正 5.对课程内容进行总结
学生活动	1.观看老师播放的视频,思考老师说的问题 2.跟随老师的课程讲解,学习思维的相关知识 3.对PPT上的案例进行讨论,积极回应老师的问题
本次活动反思	1.课程进行较为顺利,学生积极配合 2.在课程的案例分析环节,发现孩子的习得情况比预期的要更为理想

四、结果

（一）干预前后的独立样本t检验

（1）干预前：实验组与对照组的传统欺凌和受欺凌、网络欺凌、成长型思维的智力、人格、焦虑以及情绪等维度得分差异不显著；在网络受欺凌和欺凌态度的成长型思维得分差异显著。

在干预前,对实验组和对照组的传统欺凌与受欺凌、网络欺凌与受欺凌和成长型思维的得分进行独立样本t检验,结果如表7-4表示：两组被试在传统欺凌（$t=1.53$，$p=0.13$）、传统受欺凌（$t=0.17$，$p=0.86$）、网络欺凌（$t=1.83$，$p=0.07$）、智力成长型思维（$t=-1.23$，$p=0.22$）、人格成长型思维（$t=-1.14$，$p=0.26$）、焦虑成长型思维（$t=-0.96$，$p=0.34$）、情绪成长型思维

（t=0.44，p=0.66）上差异均不显著；在网络受欺凌（t=2.04，p=0.04）和欺凌态度成长型思维（t=-3.06，p<0.01）上差异显著。大致可认为实验组和对照组的学生是同质的。

表7-4　实验组和对照组干预前独立样本t检验（M±SD）

变量	实验组 （M±SD）	对照组 （M±SD）	t
传统欺凌	1.11±0.35	1.06±0.23	1.53
传统受欺凌	1.43±0.57	1.42±0.64	0.17
网络欺凌	1.10±0.25	1.06±0.13	1.83
网络受欺凌	1.30±0.50	1.21±0.35	2.04*
智力成长型思维	4.59±1.37	4.75±1.26	−1.23
人格成长型思维	4.07±1.28	4.21±1.20	−1.14
焦虑成长型思维	3.90±1.39	4.02±1.37	−0.96
情绪成长型思维	4.27±0.85	4.23±0.93	0.44
欺凌态度成长型思维	4.17±1.06	4.48±0.98	−3.06**

注：*表示 p<0.05，**表示 p < 0.01，***表示 p<0.001。

　　（2）干预后：实验组与对照组的成长型思维得分差异显著，传统欺凌和受欺凌以及网络欺凌和受欺凌得分差异不显著。

　　在干预后，对实验组和对照组的成长型思维、传统欺凌和受欺凌以及网络欺凌和受欺凌的得分进行独立样本t检验，结果如表7-5所示：两组被试在传统欺凌（t=-0.83，p=0.41）、传统受欺凌（t=-0.55，p=0.58）、网络欺凌（t=0.86，p=0.39）和网络受欺凌（t=-0.21，p=0.84）差异均不显著；在智力成长型思维（t=9.27，p<0.001）、人格成长型思维（t=10.67，p<0.001）、焦虑成长型思维（t=9.45，p<0.001）、情绪成长型思维（t=15.49，p<0.001）和欺凌态度成长型思维（t=12.95，p<0.001）上差异显著，具有统计学意义。实验组在成长型思维各维度上的得分显著高于对照组。

表7-5　实验组和对照组干预后独立样本t检验（M±SD）

变量	实验组 （M±SD）	对照组 （M±SD）	t
传统欺凌	1.06±0.25	1.08±0.28	−0.83
传统受欺凌	1.37±0.50	1.40±0.64	−0.55
网络欺凌	1.08±0.23	1.07±0.13	0.86
网络受欺凌	1.20±0.33	1.20±0.36	−0.21
智力成长型思维	5.65±0.61	4.63±1.44	9.27***
人格成长型思维	5.47±0.64	4.33±1.39	10.67***
焦虑成长型思维	5.17±0.84	4.06±1.46	9.45***
情绪成长型思维	5.34±0.60	4.21±0.87	15.49***
欺凌态度成长型思维	5.57±0.45	4.47±1.13	12.95***

注：*表示p<0.05，**表示p＜0.01，***表示p<0.001。

（二）干预前后的配对样本t检验

1.实验组配对样本t检验

对实验组干预前后数据进行配对样本t检验，结果如表7-6所示：实验组在干预前后，网络欺凌（t=1.30，p=0.20）无显著差异，后测成长型思维的智力（t=−12.69，p<0.001）、人格（t=−17.26，p<0.001）、焦虑（t=−16.39，p<0.001）、情绪（t=−17.26，p<0.001）和欺凌态度（t=−21.01，p<0.001）维度得分显著高于前测，后测的传统欺凌（t=2.89，p<0.01）、传统受欺凌（t=1.97，p=0.05）、网络受欺凌（t=4.37，p<0.001）得分显著低于前测。

表7-6　实验组干预前后配对样本t检验（M±SD）

变量	前测 （M±SD）	后测 （M±SD）	t
传统欺凌	1.11±0.35	1.06±0.25	2.89**
传统受欺凌	1.43±0.57	1.37±0.50	1.97*
网络欺凌	1.10±0.25	1.08±0.23	1.30
网络受欺凌	1.30±0.50	1.20±0.33	4.37***
智力成长型思维	4.59±1.37	5.65±0.61	−12.69***

续表

变量	前测 （M±SD）	后测 （M±SD）	t
人格成长型思维	4.07±1.28	5.47±0.64	−17.26***
焦虑成长型思维	3.90±1.39	5.17±0.84	−16.39***
情绪成长型思维	4.27±0.85	5.34±0.60	−17.26***
欺凌态度成长型思维	4.17±1.06	5.57±0.45	−21.01***
注：*表示 p<0.05，**表示 p < 0.01，***表示 p<0.001。			

2.对照组配对样本 t 检验

将对照组干预前后数据进行配对样本 t 检验，结果如表 7-7 所示：对照组在干预前后，传统欺凌（t=−1.25，p=0.21）、传统受欺凌（t=0.51，p=0.61）、网络欺凌（t=−0.80，p=0.43）、网络受欺凌（t=0.43，p=0.67）、成长型思维的智力（t=1.23，p=0.22）、人格（t=−1.20，p=0.23）、焦虑（t=−0.39，p=0.70）、情绪（t=0.34，p=0.74）和欺凌态度（t=0.14，p=0.89）维度得分均无显著差异。

表7-7 对照组干预前后配对样本 t 检验（M±SD）

变量	前测 （M±SD）	后测 （M±SD）	t
传统欺凌	1.06±0.23	1.08±0.28	−1.25
传统受欺凌	1.42±0.64	1.40±0.64	0.51
网络欺凌	1.06±0.13	1.07±0.13	−0.80
网络受欺凌	1.21±0.35	1.20±0.36	0.43
智力成长型思维	4.75±1.26	4.63±1.44	1.23
人格成长型思维	4.21±1.20	4.33±1.39	−1.20
焦虑成长型思维	4.02±1.37	4.06±1.46	−0.39
情绪成长型思维	4.23±0.93	4.21±0.87	0.34
欺凌态度成长型思维	4.48±0.98	4.47±1.13	0.14
注：*表示 p<0.05，**表示 p < 0.01，***表示 p<0.001。			

3.实验组和对照组干预效果对比

（1）对成长型思维的效果

根据图7-2可知，在成长型思维的智力、人格、焦虑、欺凌和欺凌态度维度，实验组的后测得分出现明显上升趋势，对照组前后测得分基本无变化。根据配对样本t检验结果可知：实验组后测的成长型思维的智力（t=-12.69，p<0.001）、人格（t=-17.26，p<0.001）、焦虑（t=-16.39，p<0.001）、情绪（t=-17.26，p<0.001）和欺凌态度（t=-21.01，p<0.001）维度得分显著高于前测。对照组成长型思维的智力（t=1.23，p=0.22）、人格（t=-1.20，p=0.23）、焦虑（t=-0.39，p=0.70）、情绪（t=0.34，p=0.74）和欺凌态度（t=0.14，p=0.89）维度前后测得分均无显著差异。由此可知，实验组的成长型思维干预课程能够有效提升学生的成长型思维。

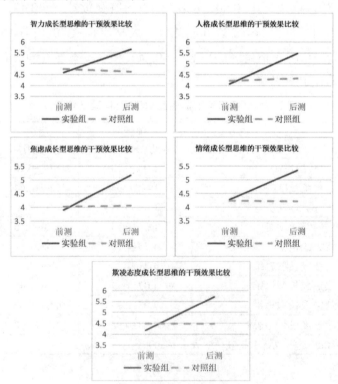

图7-2　成长型思维干预效果比较

（2）对传统欺凌和受欺凌的效果

根据图7-3可知，实验组的传统欺凌的后测得分明显降低，对照组略有升高。实验组和对照组后测的传统受欺凌得分均下降，实验组下降幅度更大。根据配对样本t检验结果可知：实验组后测的传统欺凌（t=2.89，p<0.01）、传统受欺凌（t-1.97，p-0.05）得分显著低于前测。对照组在干预前后，传统欺凌（t=-1.25，p=0.21）、传统受欺凌（t=0.51，p=0.61）得分均无显著差异。由此可见，成长型思维干预课程对学生传统欺凌和受欺凌起到了显著的影响。

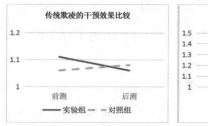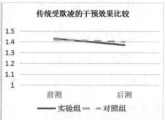

图7-3 传统欺凌和传统受欺凌干预效果比较

（3）对网络欺凌和受欺凌的效果

根据图7-4可知，实验组的网络欺凌的后测得分略有降低，对照组略有升高。实验组网络受欺凌得分明显下降，对照组变化不明显。根据配对样本t检验结果可知：实验组在干预前后，网络欺凌（t=1.30，p=0.20）得分无显著差异，后测的网络受欺凌（t=4.37，p<0.001）得分显著低于前测。对照组在干预前后，网络欺凌（t=-0.80，p=0.43）、网络受欺凌（t=0.43，p=0.67）得分均无显著差异。由此可见，成长型思维干预课程对学生网络受欺凌起到了显著的影响，但对于网络欺凌，成长型思维课程没有产生显著影响。

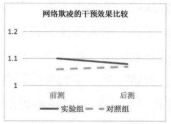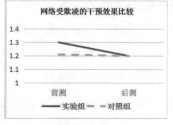

图7-4 网络欺凌和网络受欺凌干预效果比较

五、综合性分析

（一）干预效果分析

从结果上看，实验组学生的成长型思维水平都得到了显著性提升，而对照组未能出现显著性提升，甚至在智力成长性思维水平上出现下降趋势。因此，成长型思维系列课程能够有效提升学生不同主题的成长型思维水平。

在减少校园欺凌行为上，实验组学生整体上呈现下降趋势。同时，成长型思维系列课程的效果在初一和初二学生中产生了不一致的影响。其中，实验组初二学生的现实欺凌和现实受欺凌行为出现了显著性下降，实验组初一学生的校园欺凌变化并不显著。

成长型思维课程对减少初一学生的欺凌行为（包括网络上和现实中）未能达到预期效果，原因之一是初一学生刚刚进入中学，班级同学之间的关系还没有完全定型。之前的数据调查显示，欺凌更多发生在同一年级之中，尤其是同一个班级之中。熟悉程度的差异，会导致欺凌者、受欺凌者和旁观者群体未能定型，因此，在具体的欺凌行为上没有出现显著性变化。但从欺凌态度的改变上，可以预期成长型思维课程能够对初一学生后续的欺凌行为产生积极影响，这需要进一步对初一学生进行追踪研究。从初二学生的干预课程效果来看，成长型思维课程对他们的现实欺凌和现实受欺凌行为产生了显著性影响，显著减少了初二学生的现实欺凌和现实受欺凌行为，这也从一个侧面反映了欺凌是一个群体过程，这些欺凌者、受欺凌者和旁观者之间的互动过程影响欺凌行为的发生频率。

网络欺凌未能达到预期效果需要从两个方面来考虑。实验学校和对照学校都是乡镇中学，学生自己拥有电子设备的人数比例相对较少，网络欺凌发生的一个基本条件是学生有机会接触网络，接触网络频率越高，网络欺凌行为的发生率就会越高。因此，网络接触的便利性限制会使网络欺凌行为达不到预期效果。从对宜昌城市学校进行的成长型思维课程效果来看，成长型思维课程对减少城市儿童网络欺凌行为有显著影响，这也证实了乡镇中学为什么在网络欺凌行为改变上未能达到显著影响。

个体的思维模式会导致个体的行为选择，成长型思维课程的主要目的是塑造学生形成一种思维模式，即未来都是可变的。在面对欺凌时，其促使受欺凌者不要一味逃避，不反抗，也促使欺凌者反思自己对他人的理解是否出现错误。

（二）课程实施的注意点

从干预课程的上课效果感受来看，课程干预者的访谈表明，初一学生上课比较积极，愿意分享自己的感受，热身活动参与度也比较高；但是因为太热情课堂纪律不太好控制，当讲成长型思维时，有些学生理解起来有难度，所以可以结合课程多举一些他们在生活中遇到的事情，讲得通俗易懂一些比较好。

初二学生除非老师点名，或者让每个小组都发言，很少有学生主动回答问题，他们更偏向听老师讲。相比活动，他们对心理学实验更感兴趣。结课时需要学生写自己对六次课程的感受，初二学生的感受比较深刻，记住了很多上课时讲的内容。初二学生对热身活动参与度不是很高，但是最后从他们的反馈发现，很多同学对热身活动的印象还是比较深的，所以即便他们不太愿意参加，活动还是有必要的。

第二节　坚毅课程减少校园欺凌的准实验研究

一、问题提出

对于初中生而言，学校是主要的活动场所之一。当青少年的控制感受到威胁时，体验到校园秩序混乱的个体比体验到良好校园秩序的个体更倾向于偏爱攻击主题，进而引发攻击行为（郭昫澄等，2020）。因此，校园环境可影响欺凌事件的发生。而且，校园欺凌事件是一种同伴互动过程中的不良人际互动，涉及同伴群体中的每一位成员（陈光辉等，2018），因此对校园欺凌干预的研究可从班级干预入手。

初中生处于个体生长发育的青少年时期，对未来产生的迷茫感，可能是导致校园欺凌高发的原因之一。因此，培养个体内在积极品质，增强个体的适应能力，有助于减少校园欺凌的发生。

坚毅作为一种积极心理品质，是指个体为实现长期目标所具备的毅力和激情，包括坚持不懈地努力和兴趣一致性两个维度（Duckworth et al.，2007）。坚毅品质不仅可以有效降低风险性因素对个体身心造成的不良影响，促进个体健康发展（Bonanno et al.，2013；Goodman et al.，2017；Brateanu et al.，2020），还能预防低收入地区的青少年参与犯罪行为的发生（Guerrero et al.，2016）。坚毅除了能在良好环境中发生作用，还能在个体遭受打击或是处于消极状态时起到积极调节作用。面对困难时，坚毅水平高的个体往往会做出适应性的反应，比如坚持不懈地努力和制定更好的问题解决策略（Park et al.，2018）。Cui 和 Lan（2020）的研究也证实了这一点，对于低坚毅水平的青春期男孩来说，严厉的教养方式与其攻击性行为有显著正相关；而对于较高坚毅水平的青春期男孩而言，严厉的教养方式则不会影响其攻击性行为。另外，坚毅品质能显著正向预测个体的压力水平和心理健康水平（Meriac，Slifka，& Labat，2015；Salles，Cohen，& Mueller，2014）。坚毅性和积极情感、幸福感、生活满意度高度正相关，和负性情感显著负相关。因此，培养坚毅品质有益于个体的身心健康。

坚毅虽被认为是一种相对稳定的特质，但也是具有可塑性的（Ma，Ma，& Lan，2020）。通过课程干预能够培养和提升学生的坚毅品质，进而提高其学业成绩（Alan，Boneva，& Ertac，2016）。由此，我们受前人研究的启发，设计开发了坚毅系列训练课程，采取了整班干预的方式，把群体层面与个体层面有机结合，探讨初中生校园欺凌和坚毅之间的内在关联，揭示坚毅培养在校园欺凌预防及干预中的作用。

二、研究方法

（一）研究对象

对于校园欺凌而言，学校文化是一个有效变量，学校文化越严，校园欺凌行为越少。因此，本研究选取了同一所学校的学生进行实验干预，以有效控制学校文化这一变量的影响作用，深入揭示干预课程的效果。

随机选取两个学校的初一、初二共7个班作为实验组，选取甲学校的初一、初二各1个班作为实验组，乙学校的初一2个班、初二3个班为对照组。具体情况见表7-8。

表7-8　基本信息情况

分类		年级		性别		合计
		初一	初二	男	女	
组别	实验组	52	62	59	55	114
	对照组	61	101	66	96	162
合计		113	163	125	151	276

（二）研究工具

1.网络欺凌量表

项目来源于欧洲网络欺凌干预量表（ECIPQ）（Brighi et al., 2015），量表共11道题，采用5点评分，得分越高表示欺凌程度越高。

2.网络受欺凌量表

项目来源于青少年网络受欺凌量表（CSAC）（Veiga Simão A.M. et al., 2017），量表共6道题，采用5点评分，得分越高表示被欺凌程度越大。

3.现实欺凌和受欺凌量表

项目来源于中学生欺负行为量表（杨卫敏，2011）。该量表共14个项目，包括传统欺凌和传统被欺凌两个方面各7道题。问卷采用5点评分，项目得分越高表示欺凌或被欺凌程度越高。

4.坚毅量表

项目来源于简式坚毅量表（Duckworth，2009），量表共8道题，包括坚持不懈地努力和兴趣一致性两个维度，每个维度包含4个项目，其中兴趣一致性的4个项目需要反向计分。得分越高表示坚毅程度越高。

三、坚毅课程的实施过程

坚毅课程样例见表7-9和表7-10。

表7-9　坚毅课程样例一

课程主题	欺凌我知晓	主讲老师	彭珍真
课时安排	45分钟	教学班级	七年级、八年级
教学目标	1.明确课堂要求,进行自我介绍,并通过活动和同学们建立良好的关系,相互熟悉,促进课程的有效开展 2.正确认识欺凌的定义、分类、角色和特征		
重点难点	1.让学生们认识欺凌、了解欺凌的类型,并能识别身边的欺凌现象 2.在面对欺凌事件时做出积极的反应 3.让学生们在课堂中真正地开放自己,积极地融入课堂中		
教学准备	前期:准备好课程课件、教学所需材料、了解班级学生大概情况。 所需材料:讲义、黑板、粉笔等。		
教学过程	一、课前放松训练 通过放松指导语让学生进行放松训练,以一种轻松舒适的状态进入课堂。 二、自我介绍 教师先进行自己介绍,再让学生们制作名片卡,与学生们相互熟悉。 说明课堂纪律,明确课堂要求。 三、课前调查 通过ppt依次呈现五道与欺凌相关的判断题,让学生们进行回答,最后呈现答案和问题来源,通过调查大概了解学生们对欺凌的认识情况。 四、介绍校园欺凌定义、角色、类型及特点 通过调查结果进行总结说明,并引出校园欺凌课堂主题。正式进入课堂介绍欺凌的定义,向学生们解释其对欺凌定义存在的误区,并向同学们介绍校园欺凌中的角色、校园欺凌的类型,最后让同学们总结出校园欺凌的特点,并由老师做总结。		

	五、头脑风暴 让学生们回忆或想象一个欺凌场景(备用:老师准备两个欺凌故事)再进行提问。 ①你想到了什么? ②你的感受怎么样? ③你作为一名旁观者,如果此时你有一个机会可以去帮助他,你会怎么做? 老师记录学生们提供的帮助,之后进行总结和案例分享。 六、总结 老师对课程进行回顾,对同学们的表现、提出的感受进行总结。 七、课后拓展 根据课堂内容学习和案例故事分享,以小组为单位设计一张"零欺凌"的海报,体现在面对校园欺凌事件时,我们大家可以提供的帮助。
教师活动	1.引导放松训练 2.引入课程主题,介绍欺凌定义、角色、类型、特点等相关知识 3.描述旁观者故事 4.总结课程内容
学生活动	1.按照老师指令进行放松 2.跟随老师的课程讲解,学习欺凌的相关知识 3.对旁观者故事进行思考,积极回应老师的问题 4.积极参与案例分享 5.完成课后拓展,海报的绘画
教学反思	课程主题为"欺凌",在课堂中会涉及敏感问题,这时候让大家用书写的形式表达出来,可以缓解一定的情绪,在课堂中多呈现积极正面的引导。提前准备两个活动,根据班级反应情况选择活动。

表7-10　坚毅课程样例二

课程主题	探索自己的兴趣爱好	主讲老师	彭珍真
课时安排	45分钟	教学班级	七年级、八年级
教学目标	1.让学生们开始感受正念训练,学会关注自己 2.让学生们了解自己的兴趣爱好,发现自己擅长做的事 3.让学生们学会发现自己的兴趣爱好		
重点难点	1.让学生们跟随正念训练音频静下心来感知自己 2.让学生们在课堂中真正地关注于自己 3.让学生们在课堂中真正地开放自己,积极地融入课堂中		
教学准备	准备好课程课件、教学所需材料。 所需材料:讲义、黑板、粉笔等。		

教学过程	一、正念训练&课堂回顾 进入新课堂前,回顾上节课的内容。 让学生们跟随音频放松自己,将注意力关注到自己的身上,感受关注自己的感觉。 二、课前活动 通过自画像让学生们感受自己,思考内心的自己是什么样子的。 再回想曾经自己的兴趣爱好,和自己现在的兴趣好,写在自画像旁边。 开展相似圈的活动,增进同学之间的相互了解,有相同兴趣的同学可以进一步交流。 三、兴趣爱好的发现和发展 思考为什么兴趣爱好会有变化,或者又为什么会坚持这么久去喜欢它。 兴趣爱好是在不断探索中被发现的,自己最终喜欢做的事情不一定是最早出现的那个兴趣,会随着年龄的增长、阅历的增长,逐渐认清自己内心最真实的激情。 兴趣爱好从以前到现在,一直保持着一致,你喜欢的这个事情可能就是自己最真实的内在激情,持续去关注它,看看未来又会有怎样细微的变化。 从发现自己的兴趣爱好,到追随自己的内在激情,会经过一个过程。 四、怎样发现和探索自己的兴趣爱好 提出问题,引导学生们自我探索。独处几分钟,静静思考六个问题。 五、总结 老师对课程进行回顾,对同学们的表现给出反馈。 六、课后拓展 每天坚持10分钟的正念训练,每天空出十分钟的时间关心关注自己。并记录好时间和感受。
教师活动	1.播放正念训练音频,组织学生参与进课堂 2.开展自画像和相似圈的活动 3.带领学生进入兴趣爱好的探索中 4.总结课程内容
学生活动	1.跟随音频内容放松 2.参与进课堂活动中 3.在活动中探索自己 4.完成课后拓展,正念训练的练习和记录
教学反思	在课堂内容中,引导学生更多地深入思考对自己有意义的兴趣爱好;在课堂中,给予学生更多的思考时间,鼓励学生勇敢表达自己的想法。

四、坚毅课程的干预效果

（一）同伴提名的角色分类

为了更有效保障学生对于问卷内容的理解，在发放问卷之前，研究者讲授了现实欺凌/受欺凌、网络欺凌/受欺凌的内涵及事例，并通过反驳文本的方式，提供样例让学生判断是否为欺凌行为，进而提供正确答案，从而加深学生对于欺凌的理解。

在前测实施问卷调查时，让学生填写了两个提名项目："你认为班上经常欺凌别人的人是哪三个同学""你认为班上经常被别人欺凌的人是哪三个同学"，研究者利用这两个同伴提名项目，了解班级内部的欺凌状况。

课题组根据两个项目的提名情况，整理出初一、初二学生欺凌和受欺凌学生的提名，见表7-11和表7-12。

表7-11　初一实验组的提名情况

欺凌提名	频率	受欺凌提名	频率
**亮	1	**亮	1
**涛	1	**涛	4
*畅	1	*畅	1
**宇	1	**宇	1
**谋	21	**佑	3
**源	1	**乐	2
**彬	1	**平	2
**越	1	**杰	5
		**奇	1

表7-12　初二实验组的提名情况

欺凌提名	频率	受欺凌提名	频率
**豪	8	**豪	1
**雨	1	**雨	1
**锐	3	**锐	1

续表

欺凌提名	频率	受欺凌提名	频率
**黎	1	**黎	19
**杰	13	**伟	3
**杰	9	**意	6
**龙	6	**杰	6
**涛	2	**扬	4
**龙	1	**浩	3
**宇	1	**怡	1
**习	1	**峰	1
**龙	1	**东	1
**欢	1		
**珠	1		

从同伴提名可以明显看出，初二学生的提名更集中，提名人数也更多，这说明欺凌是一个群体过程，随着熟悉性的增加，欺凌角色更容易出现定型。因此，越早干预越有效果。

对提名结果的数据进一步整理分析，统计个体提名分数标准分。如果欺凌提名和受欺凌提名均为正数，则为双重角色（既是欺凌者又是受欺凌者）；如果欺凌提名为正数，受欺凌提名为负数，则为欺凌者角色；如果受欺凌提名为正数，欺凌提名为负数，则是受欺凌者角色；如果欺凌提名和受欺凌提名均为负数，则为双非角色（既不是欺凌者也不是受欺凌者）。

同时，依据两个题目"别人在学校内欺负我"和"我在学校里欺负别人"，把学生填写的选项做二分处理。选1（从来没有），则赋值为0，选2—5（半年内1—2次到每周数次），则赋值为1，这样"别人在学校内欺负我"和"我在学校里欺负别人"的个体得分就只有两个"0或者1"。把两个项目得分相减，生成一个新变量，命名为欺凌角色：如果得分为-1，则为受欺凌者，得分为1，则为欺凌者，得分为0则是混合角色（双重角色和双非角色）。然后把两个项目相加，生成另一个新变量：混合角色，得分为0

是双非角色，得分为2是双重角色。这里得分为0和2的人数正好和两个项目相减得分为0的重合，在欺凌角色和混合角色上得分都为0，则为双非角色，欺凌得分为0，混合角色得分为2，则为双重角色。这样和同伴提名的结果一样生成了四类角色：欺凌者、受欺凌者、双重角色（既欺凌过他人，又被他人欺凌过）、双非角色（既没有欺凌过他人，又没有被他人欺凌过）。

对同伴提名的角色分类与依据个体填写的两个项目生成的四个角色进行卡方检验，结果如表7-13所示。

表7-13 角色分类交叉表

类别			项目分类角色				合计	χ^2
			受欺凌者	双非	欺凌者	双重		
提名角色	欺凌者	计数	2	5	3	1	11	20.69*
		列百分比	9.5%	7.8%	60.0%	25.0%	11.7%	
	受欺凌者	计数	6	7	0	0	13	
		列百分比	28.6%	10.9%	0.0%	0.0%	13.8%	
	双重	计数	2	4	0	1	7	
		列百分比	9.5%	6.3%	0.0%	25.0%	7.4%	
	双非	计数	11	48	2	2	63	
		列百分比	52.4%	75.0%	40.0%	50.0%	67.0%	
合计		计数	21	64	5	4	94	
		列百分比	100.0%	100.0%	100.0%	100.0%	100.0%	

卡方值为20.69，p<0.05，这就意味着同伴提名的结果和通过项目进行分类的结果是有关联的，并且在同一角色上，提名结果和项目分类结果的重合率都是最高的，因此，可以认为通过项目进行分类的结果是可信的。

（二）干预前的组间差异比较

在干预前，对实验组、对照组的兴趣一致性、努力持续性、网络欺凌以及现实欺凌进行独立样本t检验。结果显示，课程干预前，实验组的兴趣一致性得分要显著高于对照组（t=10.22，p<0.001）。其中，兴趣一致性

采用反向计分，得分越高，代表兴趣一致性水平越低，所以在课程干预前，实验组的兴趣一致性要显著低于对照组。结果显示，在干预前，实验组的努力持续性水平要略低于对照组，但未达到显著性水平（t=-0.47，p=0.639）。与此同时，在课程干预前，实验组的网络欺凌水平要略高于对照组（t=0.33，p=0.745），现实受欺凌水平略低于对照组（t=-1.27，p=0.206），网络受欺凌水平显著高于对照组（t=-3.46，p<0.01），而在现实欺凌水平上两组间不存在显著差异（t=-0.57，p=0.568），如表7-14所示。

表7-14　干预前组间差异比较

变量	实验组 （M±SD）	对照组 （M±SD）	t
兴趣一致性	3.39±0.83	2.42±0.73	10.22***
努力持续性	3.40±0.76	3.44±0.60	-0.47
网络欺凌	1.06±0.93	1.05±0.93	0.33
网络受欺凌	1.10±0.18	1.20±0.31	-3.46**
现实欺凌	1.04±0.09	1.04±0.11	-0.57
现实受欺凌	1.30±0.34	1.36±0.45	-1.27

注：*表示 p < 0.05，**表示 p < 0.01，***表示 p < 0.001。

（三）干预后的组间差异比较

经过课程干预后，采用独立样本t检验结果显示，实验组的兴趣一致性得分仍显著高于对照组（t=6.76，p<0.001），即实验组的兴趣一致性水平仍显著低于对照组，但努力持续性水平要略高于对照组（t=0.70，p=0.485）。同时干预结束后，实验组的网络受欺凌（t=-3.13，p<0.01）仍显著低于对照组，并且现实受欺凌情况（t=-2.26，p<0.05）出现明显减少并显著低于对照组（见表7-15），这说明坚毅课程干预能够有效将学生的兴趣一致性保持在较高的水平，能提升学生的努力持续性，从而减少学生的欺凌现象，尤其减少现实受欺凌的发生。

表7-15 实验组、对照组的干预后差异比较

变量	实验组 （M±SD）	对照组 （M±SD）	t
兴趣一致性	3.31±1.07	2.53±0.85	6.76***
努力持续性	3.31±0.94	3.23±0.82	0.70
网络欺凌	1.05±0.85	1.06±0.11	0.74
网络受欺凌	1.08±0.17	1.18±0.28	−3.13**
现实欺凌	1.03±0.07	1.05±0.12	−1.60
现实受欺凌	1.21±0.25	1.31±0.44	−2.26*

注：*表示 $p < 0.05$，**表示 $p < 0.01$，***表示 $p < 0.001$。

（四）干预前后实验组、对照组的组内前后差异比较

1.实验组干预前后的差异比较

采用配对样本 t 检验结果显示，在干预前后，实验组学生的兴趣一致性和努力持续性均未出现显著变化，而网络受欺凌水平有所下降（t=1.08，p=0.28），现实受欺凌出现明显减少（t=2.86，p<0.05）。见表7-16。

表7-16 实验组的干预前后差异比较

变量	前测 （M±SD）	后测 （M±SD）	t
兴趣一致性	3.39±0.83	3.31±1.07	0.95
努力持续性	3.40±0.76	3.31±0.94	1.17
网络欺凌	1.05±0.09	1.05±0.09	0.47
网络受欺凌	1.10±0.18	1.08±0.17	1.08
现实欺凌	1.04±0.09	1.03±0.07	1.33
现实受欺凌	1.30±0.34	1.21±0.25	2.86*

注：*表示 $p < 0.05$，**表示 $p < 0.01$，***表示 $p < 0.001$。

2.对照组干预前后的差异比较

采用配对样本 t 检验结果显示，在干预前后，对照组的努力持续性出现了显著下降（t=3.67，p<0.001），并且网络欺凌水平和现实欺凌水平略有

上升（t=-1.05，p=0.296；t=-0.39，p=0.698）（见表7-17）。

表7-17　对照组的干预前后差异比较

变量	前测 （M±SD）	后测 （M±SD）	t
兴趣一致性	2.42±0.73	2.53±0.85	-1.76
努力持续性	3.44±0.60	3.23±0.82	3.67***
网络欺凌	1.05±0.93	1.06±0.11	-1.05
网络受欺凌	1.21±0.31	1.18±0.28	1.57
现实欺凌	1.04±0.11	1.05±0.12	-0.39
现实受欺凌	1.36±0.45	1.31±0.44	1.41

注：*表示 $p < 0.05$，**表示 $p < 0.01$，***表示 $p < 0.001$。

（五）实验组、对照组前后测差值差异比较

采用独立样本 t 检验结果对实验组、对照组的前后测差值进行差异比较。其中，兴趣一致性为反向计分，所以差值越大，代表兴趣一致性水平的提升程度越大。同时，由于其他变量采用的是正向计分，所以前后测差值越大，代表变量水平的下降程度越大。表7-18显示，在干预前后，实验组的兴趣一致性差值要大于对照组，这表明在课程干预后，实验组的兴趣一致性相较于对照组有所提升；同时，在干预结束后，实验组的现实欺凌差值大于对照组的差值，这代表实验组的现实欺凌水平相较于对照组有所减少。

表7-18　实验组、对照组前后测差值差异比较

变量差值 （前测-后测）	实验组 （M±SD）	对照组 （M±SD）	t
兴趣一致性差值	0.08±0.85	-0.11±0.80	0.21
努力持续性差值	0.09±0.81	0.20±0.70	0.13
网络欺凌差值	0.003±0.08	1.06±0.11	1.04
网络受欺凌差值	1.08±0.17	1.18±0.28	-0.77
现实欺凌差值	0.10±0.08	-0.004±0.13	1.02
现实受欺凌差值	0.09±0.34	0.05±0.45	0.81

（六）不同年级干预前后的差异比较

1.网络欺凌结果

对实验组的网络欺凌采用2（年级）×2（前后测）双因素重复测量方差分析。结果显示，实验组网络欺凌的前后测主效应不显著（F=0.903，p=0.344），但年级与前后测的交互效应显著（F=8.692，p=0.004）。

简单效应分析结果显示，在课程干预前，初二年级的网络欺凌水平略高于初一年级（F=1.835，p=0.178）；课程干预后，初二年级的网络欺凌水平显著低于初一年级（F=8.331，p=0.005），如图7-5所示。

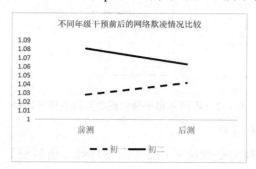

图7-5　不同年级干预前后的网络欺凌情况比较

2.网络受欺凌结果

对实验组的网络受欺凌采用2（年级）×2（前后测）双因素重复测量方差分析，结果显示，实验组网络受欺凌的前后测主效应显著（F=6.278，p=0.014），但年级与前后测的交互效应不显著（F=0.153，p=0.697），如图7-6所示。

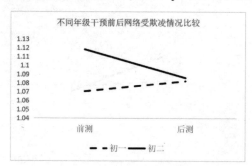

图7-6　不同年级干预前后网络受欺凌情况比较

3.现实欺凌结果

对实验组的现实欺凌采用2（年级）×2（前后测）双因素重复测量方差分析。结果显示，实验组网络受欺凌的前后测主效应显著（F=108.756，p<0.001），并且年级与前后测的交互效应不显著（F=0.026，p=0.872），如图7-7所示。

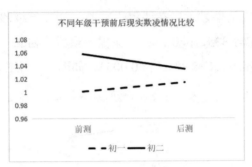

图7-7 不同年级干预前后现实欺凌情况比较

4.现实受欺凌结果

对实验组的现实受欺凌采用2（年级）×2（前后测）双因素重复测量方差分析。结果显示，实验组现实受欺凌的前后测主效应显著（F=7.239，p=0.008），并且年级与前后测的交互效应显著（F=4.481，p=0.036）。

简单效应分析结果显示，课程干预前，初二年级的现实受欺凌水平略高于初一年级（F=0.318，p=0.574）；课程干预后，初二年级的现实受欺凌水平显著低于初一年级（F=11.602，p=0.001），如图7-8所示。

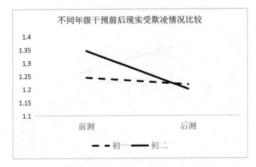

图7-8 不同年级干预前后现实受欺凌情况比较

（七）不同欺凌角色上的变化

依据同伴提名法，对提名为欺凌者和受欺凌者的学生，依据提名次数求标准分，依据"标准分大于0"确定实验组班级中的欺凌者和受欺凌者角色。结果如表7-19所示。

表7-19　实验组欺凌者和受欺凌者提名情况

类别	欺凌者提名	受欺凌者提名
高提名	26	18
低提名	88	96
总	114	114

为检验坚毅课程对这些个体是否产生了积极效果，本研究专门对实验组中不同提名水平的欺凌者在现实欺凌和网络欺凌中的变化，以及不同提名水平的受欺凌者网络受欺凌和现实受欺凌的变化进行了整理与分析，结果如下。

1. 欺凌者角色的现实欺凌情况变化

对实验组的现实欺凌采用2（高低提名）×2（前后测）双因素重复测量方差分析。结果显示，实验组现实欺凌的前后测主效应显著（$F=0.460$，$p=0.499$），并且高低提名与前后测的交互效应显著（$F=4.862$，$p=0.030$）。

简单效应分析结果显示，课程干预前，高提名欺凌者的现实欺凌水平显著高于低提名欺凌者（$F=5.667$，$p=0.019$）；课程干预后，高低提名欺凌者的现实欺凌均有减少，且低提名欺凌者的现实欺凌水平较于干预前更加显著低于高提名欺凌者（$F=9.495$，$p=0.003$），如图7-9所示。这说明坚毅课程干预能够减少不同提名类型欺凌者的现实欺凌现象，并且对于低提名的欺凌者更加有效。

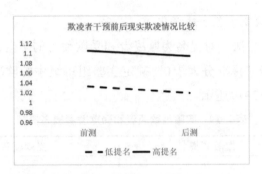

图7-9　欺凌者干预前后现实欺凌情况比较

2.欺凌者角色的网络欺凌情况变化

对实验组的网络欺凌采用2（高低提名）×2（前后测）双因素重复测量方差分析。结果显示，实验组网络欺凌的前后测主效应显著（F=7.239，p=0.048），高低提名与前后测的交互效应不显著（F=0.854，p=0.357），如图7-10所示。

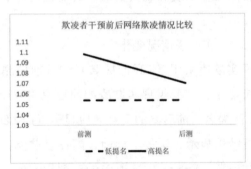

图7-10　欺凌者前后网络欺凌情况比较

3.受欺凌者角色的现实受欺凌情况变化

对实验组的现实受欺凌采用2（高低提名）×2（前后测）双因素重复测量方差分析。结果显示，实验组现实受欺凌的前后测主效应显著（F=26.327，p<0.001），高低提名与前后测的交互效应不显著（F=0.583，p=0.447），这说明对于不同提名类型的受欺凌者，坚毅课程干预能显著减少其现实受欺凌情况，如图7-11所示。

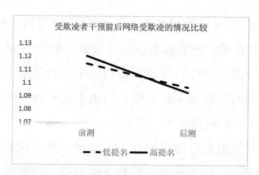

图7-11　受欺凌者干预前后网络受欺凌情况比较

4.受欺凌者角色的网络受欺凌情况变化

对实验组的网络受欺凌采用2（高低提名）×2（前后测）双因素重复测量方差分析。结果显示，实验组网络受欺凌的前后测主效应显著（F=14.193，p<0.001），高低提名与前后测的交互效应不显著（F=3.857，p=0.052），这说明对于高提名和低提名的受欺凌者，坚毅课程干预均能显著减少其网络受欺凌情况，如图7-12所示。

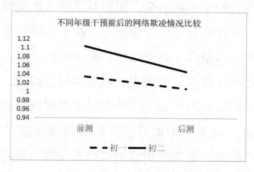

图7-12　不同年级干预前后的网络欺凌情况比较

五、综合性分析

1.干预课程效果分析

从干预前后的效果比较来看，坚毅课程显著降低了初二学生的现实受欺凌行为，实验组学生的现实欺凌、网络欺凌、网络受欺凌行为都出现明显的下降趋势，对照组初二学生的现实欺凌、现实受欺凌、网络欺凌和网络受欺凌行为都出现明显的增长趋势；同时，网络欺凌行为出现显著增加。这些结果充分证明，坚毅课程的实施对减少欺凌/受欺凌产生了积极效果，可以在中学校园中推广。该课程对初一学生的效果不明显，原因可能在于初一学生之间的熟悉程度还不够，因为不太熟悉导致他们欺凌角色未能定型，初二学生的欺凌角色则更明显。

从实验组和对照组的总体情况看，实验组学生的现实欺凌、现实受欺凌、网络欺凌和网络受欺凌行为呈明显下降趋势，对照组学生的四种欺凌类型呈明显增长趋势，可以认为，坚毅课程能够阻止欺凌行为的恶化，是减少校园欺凌的保护因子。从同伴提名的欺凌者的现实欺凌和网络欺凌行为来看，实验组的欺凌者的两种行为明显下降，对照组欺凌者的两种行为在增加；受欺凌者的网络受欺凌和现实受欺凌的变化趋势也一样，实验组受欺凌行为下降，对照组受欺凌行为呈现增长趋势。

2.课程实施的注意点

结合在干预课程教学中的感受，我们对坚毅干预课程有一些思考，即在未来教学中，一定要充分考虑年级特点。在干预课程实施中，实验学校初一的学生课堂积极性很高，也很活跃，配合度比较高，能够抢着回答问题；初二的学生比较安静，一般很少有人主动回答问题，但是都在很认真的听讲，这种认真听讲的态度提升了他们对于课程内容的理解和接纳。这启示我们，年级之间具有不同的特点，同时班级氛围也会影响欺凌发生（王磊等，2018）。因此，要考虑班级同学熟悉程度的不同阶段（初一的初步熟悉、初二的完全熟悉），以及同伴之间的互相影响，充分结合这些年级、班级特点，对课程内容和教学方式进行相应调整。

第三节　敬畏课程减少校园欺凌的准实验研究

一、问题提出

敬畏常常是被不可思议或异乎寻常的事件或优秀的他人激发出来的。敬畏扩大了人们的注意力，提高了人们对他人的认识（Prade & Saroglou，2016）。敬畏的体验引发了一种自我意识，将个体的注意力从自我转移到他人和更大的群体（Piff et al.，2015）。我们假设，由敬畏而产生的自我感觉会减少积极主动的侵略行为，因为当个人对自我利益不那么重视时，对权力或社会地位的需要会应该减少。

研究证明，当唤起敬畏时，个体更愿意承担成本和牺牲，从事亲社会行为（Joye & Bolderdijk，2014）。一般来说，我们认为敬畏的体验不仅可以增加亲社会性，而且可以减少攻击性。敬畏能增加个体与他人的联系感，并能为其带来对生活更大的满足感（Krause & Hayward，2015）。体验到敬畏情绪会使人们觉得自己属于大群体，处于敬畏体验中的个体更多关注周围的环境，更少关注自我。

敬畏削弱了个人的自我意识，使得个人能够找到其他人并融入社会集体（Yang Bai，& Laura A. et al.，2017）。敬畏通过触发一种小自我意识，促使人们不再强调个人利益，表现出亲社会的行为，并减少攻击性。本研究采用长期或定期发生的敬畏体验，而不是简短的短期体验，这就需要对敬畏感进行培养，因此，我们设计了敬畏主题的系列课程。同时，对敬畏感的测评不能是一个瞬时的，应该是一个特质，因而使用问卷法更合适。

二、研究方法

（一）研究对象

本研究共对302名参与者进行了资料收集。其中，实验组参与者138人，男生66人，女生72人；对照组为164人，男生81人，女生83人。见表7-20。

表7-20　参与者基本情况

类别		年级		性别		合计
		初一	初二	男	女	
组别	实验组	66	72	66	72	138
	对照组	81	83	81	83	164
合计		147	155	147	155	302

（二）研究工具

1.网络欺凌量表

本项目来源于欧洲网络欺凌干预量表（ECIPQ）（Brighi et al.，2015），量表共11道题，采用5点评分，得分越高表示欺凌程度越高。

2.网络受欺凌量表

本项目来源于青少年网络受欺凌量表（CSAC）（Veiga Simão A.M. et al.，2017），量表共6道题，采用5点评分，得分越高表示被欺凌程度越大。

3.现实欺凌和受欺凌量表

本项目来源于中学生欺负行为量表（杨卫敏，2011）。该量表共14个项目，包括传统欺凌和传统被欺凌两个方面各7道题。问卷采用5点评分，项目得分越高表示欺凌或被欺凌程度越高。

4.敬畏量表

本量表共30个项目，分为时间减缓感、自我渺小感、连接性、浩瀚感、身体感觉、顺应感等维度。5点计分，分数越高敬畏感越强。

三、敬畏课程的实施过程

敬畏课程样例见表7-21。

表7-21　敬畏课程样例

主题	心存敬畏	主讲老师	江美霖
课时	40分钟	教学年级	初一、初二
教学目标	1.通过敬畏生命、规则、自然三个板块认识到敬畏的重要性 2.学会心存敬畏去对待生活中的人事物,以积极乐观的心态面对人生所有常态		
教学准备	通过与班主任、心理老师的沟通交流,了解学生的问题所在,针对班级的情况制定课程方案。根据学生的课堂情况安排相应的课堂形式。 所需材料:ppt、讲义、黑板、粉笔		
教学重点	让学生感受到生命、规则、自然的伟大,用敬畏的心去对待人事物。		
教学难点	学生切身感受到敬畏的重要性,并在今后生活中得以运用。积极面对人生所有挑战。		
教学活动安排	学生经历分享、个人经历回顾、相关电影导入、交流讨论、案例对比分析等。		
学生活动	1.保持课堂纪律,营造安静良好的听课氛围 2.跟随老师的课程讲解,学习敬畏的相关知识 3.对PPT上的案例与题目进行讨论思考,积极回应老师的问题 4.观看老师播放的视频,思考老师所说的问题		
教学过程	1.课前导入 与同学们问好,简单闲聊,引入讨论分享自己有惊无险的经历,老师讲述自己相关经历,引起话题共鸣。 2.电影深入主题 引入近期真实事件改编的有惊无险热门电影《中国机长》,提高学生兴趣度,播放《中国机长》预告片。引发学生思考。 3.案例对比分析讨论 对比不同航空机长在执飞过程中的真实态度行为,播放视频短片,让学生对机长行为进行判断并分析对错,引入主题——心存敬畏。 4.敬畏生命、规则 从机长的身份切换到学生身份,请同学们上台写出该怎么做。老师提问如果没有做到敬畏生命、规则会带来哪些后果?		

5.蝴蝶效应 引入心理学效应，小刺激会带来大危害。联系到第一节课的校园欺凌也是如此。 6.敬畏自然 通过蝴蝶效应的出处龙卷风过渡到自然灾害中的台风，老师分享自身经历，播放台风视频，让学生感受到人类在大自然前是多么渺小。通过《流浪地球》引入相关自然灾害图片等，让学生更加深刻体会到要爱惜保护自然环境，与大自然和谐共处。 7.课堂总结 让学生了解到要敬畏生命、规则、自然的重要性，并且告知学生我们要积极面对每一次经历，向阳而生，切勿气馁，只有当心理韧性强大了，才会变得越来越成熟。今后，当我们面对风雨时要积极乐观，迎难而上，战胜自我。

四、敬畏干预课程的效果

（一）干预前的组间差异比较

在干预前，对实验组、对照组的敬畏水平、网络欺凌/受欺凌，以及现实欺凌/受欺凌情况进行独立样本 t 检验。结果显示，课程干预前，实验组的敬畏水平要显著低于对照组（$t=-4.32$，$p<0.001$），尤其是在时间减缓感（$t=-3.30$，$p<0.001$）、连接感（$t=0.95$，$p<0.001$）、浩瀚感（$t=0.06$，$p<0.001$），以及身体感觉（$t=0.15$，$p=0.02$）和顺应感（$t=0.11$，$p=0.01$）上。同时，在干预前实验组与对照组的网络欺凌、网络受欺凌、现实欺凌以及现实受欺凌均不存在显著差异，如表7-22所示。

表7-22 干预前组间差异比较

变量	实验组 （M±SD）	对照组 （M±SD）	t
敬畏	2.91±0.72	3.27±0.71	−4.31***
时间减缓感	3.10±0.91	3.44±0.85	−3.30***
自我渺小感	2.30±1.03	2.53±1.16	0.41
连接感	2.69±1.06	3.23±1.07	0.95***
浩瀚感	2.93±0.95	3.37±1.04	0.06***
身体感觉	3.28±1.13	3.58±1.01	0.15*

变量	实验组 （M±SD）	对照组 （M±SD）	t
顺应感	3.19±1.02	3.47±0.86	0.11**
网络欺凌	1.07±0.16	1.05±0.13	0.03
网络受欺凌	1.17±0.33	1.14±0.27	0.12
现实欺凌	1.06±0.15	1.03±0.14	0.01
现实受欺凌	1.11±0.28	1.17±0.31	0.04

注：*表示 $p < 0.05$，**表示 $p < 0.01$，***表示 $p < 0.001$。

（二）干预后的组间差异比较

经过课程干预后，采用独立样本 t 检验结果显示，实验组的敬畏水平显著高于对照组（t=12.13，p<0.001），并且在各个维度上实验组均显著高于对照组。同时，在干预结束后，结果显示，实验组的网络欺凌（t=−1.82，p=0.07）、网络受欺凌（t=−1.72，p=0.09）、现实欺凌（t=−1.79，p=0.07）、现实受欺凌（t=−1.86，p=0.06）水平均低于对照组，但未达到显著性水平，详细结果如表7-23所示。

表7-23　实验组、对照组的干预后差异比较

变量	实验组 （M±SD）	对照组 （M±SD）	t
敬畏	4.06±0.42	3.25±0.68	12.13***
时间减缓感	4.30±0.58	3.41±0.84	10.49***
自我渺小感	3.87±0.73	2.53±1.14	11.96***
连接感	4.07±0.70	3.21±1.04	8.29***
浩瀚感	4.28±0.60	3.36±1.03	9.27***
身体感觉	3.79±0.81	3.55±0.98	2.24*
顺应感	4.03±0.69	3.45±0.82	6.56***
网络欺凌	1.03±0.11	1.05±0.14	−1.82
网络受欺凌	1.11±0.29	1.17±0.30	−1.72
现实欺凌	1.01±0.06	1.04±0.17	−1.79
现实受欺凌	1.10±0.28	1.17±0.31	−1.86

注：*表示 $p < 0.05$，**表示 $p < 0.01$，***表示 $p < 0.001$。

（三）干预前后实验组、对照组的组内前后差异比较

1.实验组干预前后的差异比较

采用配对样本t检验结果显示，经过课程干预后，实验组的敬畏水平显著提升（t=-16.52，p<0.001），敬畏特质的各维度水平均显著提高。同时，实验组的网络欺凌（t=3.60，p<0.001）、网络受欺凌（t=3.24，p<0.01）、现实欺凌（t=4.34，p<0.001）、现实受欺凌（t=4.94，p<0.001）情况均显著减少，如表7-24所示。

表7-24　实验组的干预前后差异比较

变量	前测 （M±SD）	后测 （M±SD）	t
敬畏	2.91±0.72	4.06±0.42	−16.52***
时间减缓感	3.10±0.91	4.30±0.58	−12.69***
自我渺小感	2.30±1.03	3.87±0.73	−15.69***
连接感	1.69±1.06	4.07±0.70	−13.27***
浩瀚感	2.93±0.95	4.28±0.60	−14.88***
身体感觉	3.28±1.13	3.79±0.81	−4.44***
顺应感	3.19±1.02	4.03±0.69	−8.96***
网络欺凌	1.07±0.16	1.03±0.11	3.60***
网络受欺凌	1.17±0.33	1.10±0.29	3.24**
现实欺凌	1.06±0.15	1.01±0.06	4.34***
现实受欺凌	1.22±0.38	1.11±0.28	4.94***

注：*表示 $p < 0.05$，**表示 $p < 0.01$，***表示 $p < 0.001$。

2.对照组干预前后的差异比较

采用配对样本t检验结果显示，对照组在干预前后，敬畏水平明显下降（t=3.13，p<0.001），尤其是时间减缓感（t=2.36，p<0.05）、身体感觉（t=2.23，p<0.05）、顺应感（t=1.98，p<0.05）上出现了明显下降。同时，网络受欺凌水平出现明显上升（t=-3.24，p<0.001）（见表7-25）。

表7-25 对照组的干预前后差异比较

变量	前测 （M±SD）	后测 （M±SD）	t
敬畏	3.27±0.71	3.25±0.68	3.13***
时间减缓感	3.44±0.85	3.41±0.84	2.36*
自我渺小感	2.53±1.16	2.53±1.14	0.63
连接感	3.23±1.07	3.21±1.04	2.12
浩瀚感	3.37±1.04	3.35±1.03	1.09
身体感觉	3.58±1.01	3.55±0.98	2.23*
顺应感	3.47±0.86	3.45±0.82	1.98*
网络欺凌	1.05±0.13	1.05±0.13	−1.01
网络受欺凌	1.14±0.27	1.17±0.30	−3.24***
现实欺凌	1.03±0.14	1.04±0.17	−1.38
现实受欺凌	1.17±0.30	1.17±0.31	−1.22

注：*表示 $p < 0.05$，**表示 $p < 0.01$，***表示 $p < 0.001$。

（四）实验组、对照组前后测差值差异比较

采用独立样本t检验结果对实验组、对照组的前后测差值进行差异比较，由于各变量采用的均是正向计分，所以前后测差值越大，代表变量水平的下降程度越大。结果显示，在干预前后，实验组的敬畏及相关维度的差值均显著大于对照组，这表明在课程干预后，实验组的敬畏水平相较于对照组有明显提升，代表本研究的敬畏课程干预效果良好。同时，结果显示，实验组的网络欺凌、网络受欺凌、现实欺凌及现实受欺凌的差值均显著大于对照组，这代表在课程干预后，实验组的网络欺凌与现实欺凌情况得到了明显改善，结果详见表7-26。

表7-26 实验组、对照组前后测差值差异比较

变量差值 （前测–后测）	实验组 （M±SD）	对照组 （M±SD）	t
敬畏	−1.1408	0.0169	−18.202***
时间减缓感	−1.1942	1.10551	−14.001***

续表

变量差值 （前测–后测）	实验组 （M±SD）	对照组 （M±SD）	t
自我渺小感	−1.5696	0.0049	−17.095***
连接感	−1.3841	0.0195	−14.594***
浩瀚感	−1.3522	0.0061	−16.256***
身体感觉	−0.5043	0.0256	−5.050***
顺应感	−0.8406	0.0207	−9.924***
网络欺凌	0.0433	0.0041	3.991***
网络受欺凌	0.0642	−0.0247	4.448***
现实欺凌	0.0467	0.0091	4.564***
现实受欺凌	0.1088	0.0062	5.490***

注：*表示 $p < 0.05$，**表示 $p < 0.01$，***表示 $p < 0.001$。

（五）不同年级干预前后的差异比较

1.网络欺凌结果

对实验组的网络欺凌采用2（年级）×2（前后测）双因素重复测量方差分析。结果显示，实验组网络欺凌的前后测主效应显著（$F=16.759$，$p<0.001$），但年级与前后测的交互效应显著（$F=0.838$，$p=0.362$），如图7-13所示。

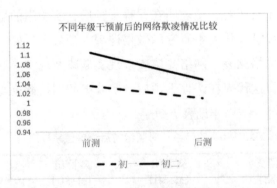

图7-13　不同年级干预前后的网络欺凌情况比较

2.网络受欺凌结果

对实验组的网络受欺凌采用2（年级）×2（前后测）双因素重复测量方差分析。结果显示，实验组网络受欺凌的前后测主效应显著（F=17.990，p<0.001），但年级与前后测的交互效应不显著（F=2.642，p=0.106），如图7-14所示。

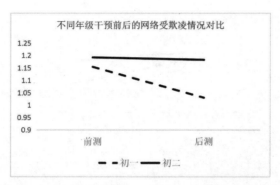

图7-14　不同年级干预前后的网络受欺凌情况对比

3.现实欺凌结果

对实验组的现实欺凌采用2（年级）×2（前后测）双因素重复测量方差分析。结果显示，实验组网络受欺凌的前后测主效应显著（F=25.760，p<0.001），并且年级与前后测的交互效应不显著（F=2.764，p=0.099），如图7-15所示。

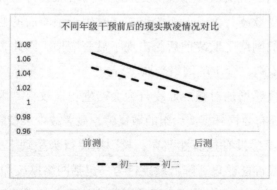

图7-15　不同年级干预前后的现实欺凌情况对比

4.现实受欺凌结果

对实验组的现实受欺凌采用2（年级）×2（前后测）双因素重复测量方差分析。结果显示，实验组现实受欺凌的前后测主效应显著（F=33.026，p<0.001），并且年级与前后测的交互效应显著（F=3.347，p=0.070），如图7-16所示。

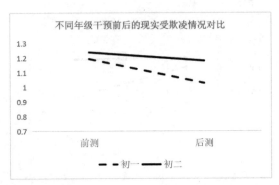

图7-16　不同年级干预前后的现实受欺凌情况对比

五、综合性分析

（一）干预课程效果分析

从结果上看，敬畏主题课程的干预效果是很理想的，无论是初一还是初二学生，他们的现实欺凌、现实受欺凌、网络欺凌行为都出现了显著性下降。在网络受欺凌行为上，实验组初二学生干预前后的变化不显著，对照组初二学生的网络受欺凌前后测出现了显著增长。因此，我们认为，敬畏课程能够减少初二学生的网络受欺凌行为。

考虑到敬畏感增加对减少欺凌行为会产生积极效果，因此从干预效果上看，干预课程有效提升了实验组的敬畏感，显著减少了校园欺凌行为，对照组学生的敬畏感没有显著性差异，校园欺凌行为呈现上升趋势。因此，敬畏系列课程或许能够显著降低欺凌行为（包括网络欺凌和现实欺凌）。

Lagerspetz等人（1982）指出了校园欺凌的两个重要特征：一是它的群体特征，二是它是基于群体中的社会关系。他们认为，欺凌行为可以被研究为不同角色的人之间的关系，或者被分配给不同角色的人之间的关系。敬畏感的增加对于欺凌者而言，能够提升他们的关注范围，意识到欺凌行为的后果。因此，这在一定程度培养了个体的自我控制能力，对情绪管理也产生了积极影响。同时，对于校园欺凌行为中的旁观者群体而言，这种敬畏感的培养也会限制他们参与欺凌行为的频率，间接增加了欺凌行为中的保护者数量；对于受欺凌者而言，敬畏感培养能够改善他们与班集体的关系，增强他们融入班级的可能。因此，实验组参与者的校园欺凌行为在前后测之间呈现显著性的下降趋势。

这启示了我们，校园欺凌是一个动态的群体过程，在这个过程中，需要考虑情绪变量的作用，特别是在前期的问卷调查中，羞耻感、愤怒等情绪在校园欺凌中起着重要作用。因此，开设敬畏等主题的情绪课程，可以减少校园欺凌的发生率。

（二）课程实施的注意点

湖北省武汉市某初中是一所重点中学，教师在讲授敬畏主题课程时发现，初一学生的发散性思维强，回答问题很灵活，不是中规中矩的答案。初二学生的认知领悟能力强，回答问题比较接近标准答案。而其他两个主题的干预课程，从结果上看，对初一学生的干预效果并不理想。我们认为，这可能有以下原因。

一是其他学校要么是乡镇中学，要么是城市普通学校，学生本身的差异可能会影响其对课程内容的吸收与实践。二是要考虑父母的监督作用。武汉的这所重点中学，父母在子女教育上的参与度是很高的，这种高质量的陪伴很容易完成一些敬畏课程的家庭作业，增加了对于课程内容的理解程度；而乡镇中学的学生父母外出打工的数量更多，子女缺乏父母的监督，这样同伴的影响就更明显，一些课下的任务安排学生完成的效果并不好；宜昌某普通学校的学生父母在子女陪伴上花费的时间和精力也相对有限。因此，校园欺凌预防是一个综合性工程，需要家庭、学生和学校的全面合作。

因此，在干预课程过程中，需要增加一些实践环节，如通过家庭作业的形式，增加父母的监督力度，促进学生对于课程内容的内化，切实发挥干预课程的效果。

第八章

校园欺凌预防和干预的对策建议与未来发展

第一节 校园欺凌预防和干预的对策建议

课题组关注了网络欺凌和现实欺凌两种现象，对湖北省某县学校的调查结果表明，网络欺凌与现实欺凌存在显著关联，在现实遭遇过欺凌，在网络上也会遭遇欺凌。这种现实+网络的多重欺凌需要研究者进一步关注。

欺凌是一种班级现象，调查校园欺凌，从学生调查入手会更为有效。同班同学之间发生欺凌是最为常见的，同年级之间次之。从结果上看，遭受欺凌行为后，个体更倾向于选择不告诉教师和父母，最主要的告知对象是朋友。因此，采用学生自评方式了解校园欺凌是一个更为合适的途径。

结合课题组的调查结果，我们认为，减少校园群体暴力即校园欺凌，需要从以下几个方面入手。

一、普及校园欺凌的内涵和表现形式

在校园欺凌的发生率上，不同的研究结果差异较大，其中一个重要原因是学生或者参与者对于校园欺凌的认识并不一致，导致其在测评工具调查上选择的频率不尽相同。课题组发现，中学生会把打架斗殴这一行为看

作欺凌行为，而且比率达到了55.19%，这代表超过一半的中学生对于校园欺凌的内涵认识错误，同时也忽略了校园欺凌的危害，打架斗殴是一个势均力敌的行为，而个体遭受过校园欺凌，其对校园欺凌的界定和危害会更深刻。调查数据显示，受欺凌者看到欺凌现象后，选择应该帮助和设法帮助的比例为80%，欺凌者选择什么都不做的比例是34.3%，面对欺凌现象，受欺凌者更愿意提供帮助。这就意味着学生对校园欺凌有了正确认知之后，才能更清楚校园欺凌的危害，这也为学校有效减少校园欺凌现象奠定基础。

因此，可以在线下的中学生心理健康教育课程、德育课程、班会课、社团活动，以及线上的在线课程、主题学习等环节，采取各种形式，普及校园欺凌的内涵，列举校园欺凌的各种危害。这样，我们才能更清楚地认识校园欺凌，了解校园欺凌中各种角色的比例，从而更有针对性地应对校园欺凌，提出更有效的应对策略，设计更好的管理政策。

二、加强对旁观者群体的引导

无论是现实欺凌，还是网络欺凌，旁观者群体对于整个欺凌事件的发展具有重要影响。从与受欺凌者的访谈中可以发现，个体遭受欺凌后，选择求助的主要对象是同伴，一旦同伴对其提供帮助，受欺凌者的消极体验会显著降低，欺凌者的行为也会受到抑制。因此，我们需要关注旁观者这一群体，使其在校园欺凌中发挥积极作用，也就是增加校园欺凌中公开保护者和相关保护者的人数比例。

课题组使用了参与者角色量表，将欺凌过程中的旁观者分为12个角色，分别是公开的欺凌者、公开的协助者、公开的强化者、公开的局外人、公开的保护者、公开的受欺凌者、相关的欺凌者、相关的协助者、相关的强化者、相关的局外人、相关的保护者和相关的受欺凌者。协助者、强化者和局外人对于制止欺凌行为起反作用，保护者对校园欺凌的抑制有积极的作用。因此，我们需要对这些群体的特点和预测因子进行分析。

　　为了简化旁观者群体，我们使用了简化版的参与者角色量表，把欺凌行为中的旁观者群体分成了保护行为、局外行为和参与欺凌行为。同时，利用旁观者干预步骤量表，了解不同群体在这些步骤上有哪些特点。

　　课题组发现，注意这一个阶段的得分越高，个体采取局外行为和参与欺凌行为的可能性越高，而保护行为会越低，这可能与后面的几个步骤有关。旁观者干预不能仅仅是注意，而且过于注意欺凌现象，可能是个体对于欺凌现象感兴趣。对于促进旁观者的积极行为即保护行为而言，需要个体具备更多的责任意识，促进个体正确解释校园欺凌现象，培养他们的干预技能和执行力。同时，对旁观者角色群体的 logistic 回归分析表明，旁观者干预–承担责任可以负向预测相关欺凌者、相关协助者、公开/相关局外人角色。

　　促进旁观者的积极干预是一个系统工程，既要告知其校园欺凌的表现方式，还需要对其进行校园欺凌的危害和干预技能培训。

三、重视学校文化和班级环境的作用

　　课题组在对湖北省某县、云南省某州和广东省佛山市三个地方的调查中，都涉及了学校文化和班级环境的测评，结果显示学校文化和班级环境对于校园欺凌的发生发展具有重要影响。

　　1.学校文化是校园欺凌的有效预测因子

　　课题组调查结果表明，学校文化与网络欺凌/受欺凌、现实欺凌/受欺凌呈显著负相关。中介效应结果表明，学校文化可以通过个体坚毅品质影响现实欺凌，可以通过道德推脱的中介作用影响现实欺凌和网络欺凌，可以通过个体的冲动性水平影响现实欺凌。同时，学校文化可以通过集体道德推脱影响现实受欺凌和网络受欺凌。

　　2.班级环境感知：校园欺凌发生的主要因子

　　课题组调查结果表明，集体道德推脱与网络欺凌/受欺凌、现实欺凌/受欺凌均呈显著正相关，集体自尊与网络欺凌/受欺凌、现实欺凌/受欺凌均呈显著负相关，集体效能感与网络受欺凌、现实欺凌/受欺凌均呈显著正相关（这是因为分数越高，其集体效能感越低）。在一定程度上，班级环境对于网络欺凌/受欺凌、现实欺凌/受欺凌的发生有显著影响，提升班级凝聚力（集体自尊高，集体效能感强），能够减少个体的校园欺凌行为。

回归方程表明，对现实受欺凌最有预测力的变量为集体道德推脱和集体自尊。可以看出，班级环境对于现实受欺凌有很大的预测力。集体道德推脱越高，网络受欺凌的概率也越大。集体道德推脱越高，主观评价的学校地位越高，实施网络欺凌的概率也越大。集体自尊越高，越不可能实施现实欺凌；集体道德推脱越高，实施现实欺凌的概率也越大。

中介效应检验表明，集体道德推脱、集体自尊以及集体效能感是重要的中介变量。对于学校文化和校园欺凌的关系而言，集体道德推脱在学校文化和现实受欺凌之间起完全中介作用。集体效能感在学校文化和现实欺凌之间起完全中介作用。集体道德推脱在学校文化和现实欺凌之间起部分中介作用。集体效能感在学校文化和现实欺凌之间起完全中介作用。学校文化对于校园欺凌的影响是通过班级氛围发生作用的。

集体道德推脱相当于全班同学道德推脱的总体表征，班级环境越趋于对欺凌行为做合理解释，责任推卸，那么欺凌/受欺凌行为的发生就会越多。追踪数据的结果显示，网络欺凌、主动性攻击会影响集体道德推脱。前测的集体道德推脱水平对后续的主动性攻击有显著预测力。集体效能感会影响个体后续的网络受欺凌和现实受欺凌。集体自尊会影响个体后续的网络受欺凌和现实受欺凌。

因此，对于网络欺凌/受欺凌、现实欺凌/受欺凌而言，集体自尊和集体效能感是保护因子，集体道德推脱是风险因子，学生感知的集体效能越高，学校文化越严格，社区效能感越强，则个体的现实欺凌和受欺凌行为会越少；而集体道德推脱越高，则现实欺凌/受欺凌行为越多。因此，班级环境的营造非常重要。

3.感知的班级环境能够有效预测欺凌参与者角色

对于不同参与者角色而言，公开保护者和相关保护者具有较强的集体自尊，而其他角色在这两个维度上具有明显不同的发展趋势。集体效能感能够负向预测相关局外人角色；集体道德推脱能够正向预测相关欺凌者、公开/相关协助者、公开/相关强化者、相关局外人和公开/相关受欺凌者等角色；学校文化可以正向预测公开保护者角色；社区效能感能够负向预测公开/相关受欺凌者角色。

总而言之，集体道德推脱以及攻击主题偏好是较为重要的风险因素，会增强个体成为消极参与者的行为倾向。集体自尊、集体效能感是对抗欺凌的保护因素。在校园欺凌预防中，班级环境的影响不可忽略，积极推动个体的未来发展，有助于减少校园欺凌。

四、重视家庭教养方式的影响

调查结果显示，家庭影响力可以正向预测个体现实受欺凌，个体的家庭地位越高，实施欺凌的可能性也越高。为什么家庭地位会影响校园欺凌的发生？究其缘由，应该是家庭中的父母监督是否发挥了作用决定的。

进一步分析数据发现，母亲外出打工的个体，受欺凌行为显著高于母亲未外出打工的个体，但在父亲是否外出打工上，个体受欺凌行为并不存在显著性差异，这意味着在个体受欺凌行为上，母亲的监督作用比父亲更重要。父母亲的情绪是否稳定与欺凌角色的相关也是非常显著的。父母情绪越稳定，个体受欺凌的频率越低，越不稳定，受欺凌的频率越高。

父亲投入越多，越关注子女的成长和表达需要，则个体的欺凌/受欺凌行为会越少。父母之间冲突越多，则个体的欺凌/受欺凌行为越多。在家庭地位上，个体家庭地位越高，现实受欺凌行为就会越少。

在校园欺凌中，父亲和母亲分别发挥着不同的作用；而在子女教育上，父母都是第一责任人，他们之间的关系质量和在教育理念上的差异性都会潜移默化地影响个体的校园欺凌行为。这就需要我们进一步关注父母教养方式对个体校园欺凌影响的内在机制。

1.父亲的作用要引起重视

认知移情在父亲投入和现实受欺凌之间起部分中介作用，父亲投入通过个体的情感移情和认知移情影响欺凌的发生。追踪数据的结果也表明，父亲的体罚行为能够负向预测个体的欺凌行为，由此说明父亲在欺凌的产生中扮演着重要的角色。

在中国家庭中，承担主要子女教育任务的是母亲，父亲缺位现象需要引起关注，特别是中学阶段，父亲在位对子女具有更重要的影响。因此，预防校园欺凌，必须关注父亲角色发挥的重要作用。

2.重视过度养育的危害

过度养育是指父母对孩子的替代过多，导致个体责任感缺失。相关检验表明，这种相关是非常显著的。过度养育越多，个体欺凌/受欺凌行为越多。

在过度养育与受欺凌的关系中，愤怒反刍起部分中介作用。同时，在过度养育与欺凌的关系中，愤怒反刍起部分中介作用。

过度养育可以在一定程度上解释为家庭地位越高，个体实施欺凌行为和遭受欺凌行为的可能性越高。应该说，父母在子女发展过程中，过度养育行为应该是一个重要的预测源。

五、暴力视频的影响不可忽视

调查结果显示，暴力视频与欺凌/受欺凌均呈显著正相关。不同内容的攻击主题偏好与欺凌/受欺凌均呈显著正相关。这就意味着暴力视频是校园欺凌的风险因子，需要加以引导和控制。

攻击主题偏好直接影响校园欺凌/受欺凌，也会通过集体道德推脱间接影响校园欺凌/受欺凌。在对参与者角色的预测上，攻击主题偏好可以正向预测公开的局外人角色，负向预测公开的保护者角色。追踪数据的结果显示，攻击主题的视频经验会导致个体欺凌行为的增加。因此，对于中学生而言，暴力视频的消极影响不容忽视。

六、重视对个体积极品质的培养

从发展趋势上看，男生初二时欺凌行为最少，女生初二时欺凌行为最多。男生的受欺凌行为随年级呈现下降趋势，女生的受欺凌行为在初二时最多，这就意味着在校园欺凌中，个体特质也扮演着重要作用。

1.要关注情绪的作用

羞耻感与个体的受欺凌行为关联较强。羞耻感可以正向预测网络欺凌，结合羞耻感和现实受欺凌的关系，可能是现实受欺凌的负面情绪会促使个体在网络上实施欺凌行为。

个体的认知移情对欺凌行为没有影响，情感移情起主要作用，这也直接解释了受欺凌者愤怒等情绪与欺凌行为的正向关联。情感移情和愤怒反刍在校园欺凌中有重要影响，这提醒我们在预防校园欺凌时，需要关注情绪因素的重要影响。

2.坚毅：减少受欺凌行为的着眼点

调查结果表明，坚毅直接影响现实欺凌和网络欺凌，也可以通过道德推脱、冲动性水平的中介影响现实欺凌和网络欺凌；坚毅直接影响个体现实受欺凌和网络受欺凌，也通过道德推脱和羞耻感的中介作用影响个体的现实受欺凌和网络受欺凌。坚毅水平越高，网络欺凌和现实欺凌就会越少；越反对欺凌，认为欺凌是可以控制的，其网络受欺凌和现实受欺凌行为就会越少。

减少校园欺凌，不能仅仅关注校园欺凌本身，培养个体的积极品质，也能有效抑制校园欺凌（苏扬，2020）。因此，培养个体的坚毅品质，发展个体对于智力和欺凌行为的成长型思维，是减少现实受欺凌的有效手段。

3.未来取向：预防校园欺凌的缓冲器

调查结果显示，未来取向和网络欺凌、网络受欺凌呈显著负相关，未来取向水平高的个体能够抵御现实中的某些诱惑，网络欺凌的发生和个体自我控制（抵制诱惑）有关。个体未来取向水平越高，遭受网络受欺凌的可能性越低。

未来取向指向个体今后的发展，越关注自己的未来发展，越不可能实施网络欺凌和遭受网络受欺凌。中学生的主要任务之一就是自我关注，找到未来发展的方向，这也能够对网络欺凌和受欺凌行为产生正向影响。因此，对于校园欺凌而言，未来取向是个体重要的保护因子之一。

4.感觉寻求与欺凌：双向影响

对于校园欺凌而言，需要重视感觉寻求的作用，个体感觉寻求越高，实施现实欺凌的可能性越大。

感觉寻求能够区分不同的欺凌者角色。一方面可以把感觉寻求作为一个有效的诊断指标，一种需要重视的风险因子。另一方面，校园欺凌的经历也会对个体的感觉寻求产生影响。这就意味着，感觉寻求与校园欺凌的关系比较复杂，感觉寻求会导致个体在校园欺凌中扮演某些角色，而欺凌经验又进一步加强了个体的感觉寻求。因此，感觉寻求既是一个前因变量，也是一个结果变量。从课题组纵向追踪数据结果可以看出，感觉寻求和校园欺凌的关系应进一步被关注。有学者发现，感觉寻求直接影响网络欺凌，也通过无聊感和反社会媒介接触的链式中介影响网络欺凌（张雪晨等，2022）。

5.成长型思维：校园欺凌的保护因子

在校园欺凌中，不同欺凌角色的认知加工模式会对欺凌行为产生不同的影响。对受欺凌者而言，其越持有无法改变现状的观念，反抗的可能性就越低，遭受校园欺凌的可能性就会增加；对于欺凌者而言，其敌意归因模式也是造成欺凌行为发生的重要原因；对于不同旁观者角色而言，他们的思维模式在校园欺凌中发挥了重要影响。

课题组调查结果显示，成长型思维对于不同欺凌者角色具有显著预测性。情绪成长型思维可以负向预测公开协助者角色，人格成长型思维可以负向预测公开欺凌者角色。同时，成长型思维能预测后续的网络受欺凌，个体的成长型思维水平越高，遭遇网络受欺凌行为的可能性会越低。现实受欺凌/网络受欺凌越严重，个体越倾向于欺凌行为不可改变，这进一步强化了个体的固定型思维。

因此，提升或者培养个体形成成长型思维，能够有效减少校园欺凌的发生。如何提升个体的成长型思维，课题组的研究结果提示，课程干预是一个有效的途径。

七、课程干预：预防校园欺凌的有效途径

课题组在不同学校进行了四次的校园欺凌干预课程训练，分别是成长型思维主题的课程训练、坚毅主题的课程训练，以及敬畏主题的课程训练，尝试对欺凌者、受欺凌者和旁观者进行干预训练。在实验对象上，既兼顾了城市与农村的学校，也兼顾了重点学校和普通学校，这三个主题的系列干预课程取得了较为明显的效果。

1.成长型思维课程：一切都可以变化

结果显示，成长型思维课程能够有效提升个体的成长型思维水平。同时，对于不同年级而言，干预课程的效果具有不同特点。课程干预能够有效减少初二学生的现实/网络欺凌和现实/网络受欺凌行为，有效增加个体反对欺凌的可能性；课程干预能够有效减少初一学生的关系攻击，提升个体的毅力水平，使其保持对同一兴趣的专注力。

成长型思维的一个主要特征是变化，其主要目的是调整个体心态。在校园欺凌中，受欺凌者不敢反抗的一个很大原因，是他们会认为反抗不会产生任何效果。这个思维偏向于固定型思维，这种固定型思维会导致个体不愿改变，对未来持有悲观态度，而这种思维模型又进一步强化了受欺凌者的认知；而欺凌者、局外人和参与欺凌的角色群体，其实施欺凌行为也是在思维模式上陷入了恶性循环。因此，减少校园欺凌，需要改变不同欺凌参与者角色的思维模式，成长型思维可以促使个体获得可发展、可变化、可控制的感受，这对于校园欺凌的预防具有积极意义。

2.坚毅课程：找到你的兴趣点

坚毅课程显著降低了初二学生的现实受欺凌行为，实验组学生的现实欺凌、网络欺凌、网络受欺凌行为都出现明显的下降趋势，对照组学生的现实欺凌、现实受欺凌、网络欺凌和网络受欺凌行为都出现明显的增长趋势。对初一学生而言，坚毅干预课程能够有效提升旁观者的干预行为，特别是能够显著提升初一学生的欺凌关注意识和识别能力。

坚毅主题课程主要是针对受欺凌者设计的。坚毅包括两个方面：一是找到自己的兴趣点，二是坚持自己的喜好。未来取向在校园欺凌中具有重要影响，坚毅课程能够提升个体的未来取向意识；同时，坚毅课程能够提高个体的自我控制能力，以及对某一目标的坚持程度，这种心态的改变对于受欺凌者而言特别重要。以往研究显示，坚毅品质能够有效预测个体的学业成就，当受欺凌者获得某种成功体验后，其情绪体验会发生变化，进而改变受欺凌者的认知观念。

3.敬畏课程：明确规则，有所不为

无论是初一学生还是初二学生，敬畏课程实施后，他们的现实欺凌、现实受欺凌、网络欺凌行为都出现了显著性下降；在网络受欺凌行为上，实验组初二学生干预前后的变化不显著，对照组初二学生的网络受欺凌前后测出现了显著增长。因此，我们认为，敬畏课程能够减少初二学生的网络受欺凌行为。

敬畏课程主要是针对欺凌者群体设计的，有所敬畏，欺凌者在实施欺凌行为时才会有所顾忌。班级环境之所以能够抑制欺凌行为，是因为班级管理制度对欺凌者产生了威慑作用。因而，提升欺凌者的敬畏感，能够有效监控他们的欺凌行为。

因此，未来的校园欺凌预防课程，需要设计校园欺凌的有效预测因子，设计相关主题的干预课程，并以多种形式展开这种课程，比如心理健康文化节、心理健康教育课程、主题班会、板报展等，这种多形式的主题课程宣传，能够对个体起到潜移默化的作用，最终减少校园欺凌的发生率。

在中学阶段，培养个体的积极品质对其未来发展影响深远，能够抑制校园欺凌的发生，未来中学生心理健康教育课程，可以尝试设计不同积极心理品质的主题课程，一方面提升个体的积极品质，另一方面可以关注这些课程在减少青少年问题行为中的作用，最终确定校园欺凌预防的有效主题。

第二节 校园欺凌研究的未来展望

一、应用虚拟仿真技术于校园欺凌研究

在研究工具上，可以尝试把虚拟仿真技术应用在校园欺凌研究中。一是虚拟仿真技术通过创设情境，增强参与者的情境体验，收集更为真实有效的数据。现有校园欺凌的研究基本都是让参与者回忆有无欺凌/受欺凌经历，然后关注不同参与者角色的特点，这种回忆的真实性或者偏差性会导致欺凌现象规律的偏差。二是虚拟仿真技术是一个创设的情境，从研究伦理上讲，我们不可能让参与者处于一个真实的欺凌情境中，这种模拟的欺凌情境可以减少对参与者的消极影响，控制创伤发生的可能性。三是虚拟仿真技术也为进行实验设计提供了可操作性，能够更真实地揭示研究变量之间的因果关系。

1.理论上的可行性

风险感知和行为改变之间有很强的相关性，风险感知水平越高，个体做出行为改变的可能性越大（Brewer et al., 2007）。研究表明，操纵个体在心理上如何表现与问题行为相关的风险是有帮助的（Ahn, 2015；Chandran, & Menon, 2004；Park & Morton, 2015；Weber, 2006）。

解释水平理论认为，个体根据感知到的心理距离来创造对物体或事件的心理表征（Liberman & Trope, 1998）。心理距离由四个维度组成

（Trope, Liberman, & Wakslak, 2007），包括时间距离（现在与未来）、社会距离（我或亲近/相似的人与陌生/不同的人）、空间距离（同一地点与距离较远）和不确定性（即将发生与可能发生）。我们可以操纵个体在这四个维度上的变化，发现个体行为变化的规律。

虚拟现实提供了一个高度沉浸式的体验，允许个体在所有四个维度上模拟心理距离的缩短。换位思考是同理心的核心组成部分，使用虚拟现实来模拟在一个感觉真实的环境中扮演另一个人的角色，这种体验能够激活参与者的同理心。

对于大多数学生来说，作为欺凌者、被欺凌者或旁观者参与欺凌行为不是现在发生的（时间距离），也不是在房间里发生的（空间距离），当然也不是即将发生或一定会发生的。这种过于抽象性导致学生没有改变对欺凌行为的态度或干预行为的动机或意愿。

2.相关研究结果提供了支撑

有研究者使用虚拟现实环境来评估欺凌行为（Carmona, Espinola, Diaz, &Iribarne, 2010），研究显示，电子游戏已经在高年级青少年中表现出了一些预防欺凌的积极信号，这可以归因为他们在干预中使用了积极的情感状态、参与和自我实现的经验，以及社会联系（Nocentini et al., 2015）。

让学生置身于专业设计的虚拟现实场景中，如同在现实生活中亲眼目睹一样（在学校走廊里观看争吵）。这种设计减少了传统反欺凌课程不能提供的真实体验性：当下发生、作为角色直接参与其中、欺凌事件正在发生、这个人与我的关系在模拟情境中已然确定。同时，还可以通过活动设计增强个体的同理心，比如角色识别训练、换位思考和讨论问题，以及创作旨在唤起共鸣的短片（Bearman, Palermo, Allen, & Williams, 2015）。

有研究者选取了美国中西部两所中学的7年级和8年级的学生，共有118名学生参加了这项研究（72名在对照条件学校，46名在实验条件学校），并在两个时间点完成了评估。两个时间点分别为干预前一周（T1）和干预后一周（T2）对所有参与者进行评估。选取一所中学的一个班级，在测试期间接受虚拟现实强化欺凌预防项目，另一所中学的一个班级作为对照组。

结果表明，实验组参与者在干预前后产生了更多的同理心，进行干预的意愿发生了积极改变，但在网络欺凌或关系型攻击行为中则没有表现出这种变化。这就意味着虚拟现实课程在干预后会促进移情的增加，虚拟现实课程会增加移情，而移情又会增加学生干预欺凌的意愿，进而导致传统欺凌行为的减少。

虚拟仿真技术开始应用于校园欺凌研究，但目前进行的实证研究相对较少，特别是在日益增多的网络欺凌中，需要进一步利用虚拟仿真技术，探讨减少网络欺凌的有效措施。未来的研究应该更仔细地研究虚拟现实的独特贡献，把虚拟仿真技术作为加强学校攻击干预措施的一种可能有用的工具。

二、干预课程的实施方式

1.授课模式的多样化

单纯的授课模式对培养学生的坚毅品质、成长型思维效果没有完全达到预期，因为学生的体验较少，增强学生的体验环节是后续课程教学中需要重视的。学生的反馈显示，他们更喜欢热身活动、辩论赛、情景剧和制定目标等环节。因此，老师在以后的课程中应该多尝试这几种上课模式。

增加心理学实验的比重。心理学实验比较吸引学生的注意力，比如做一些关于成长型思维的实验，有助于他们更好地理解概念。对于主动表达意愿不强的学生而言，辩论赛的形式能够激发他们的参与积极性，教师在以后的课程中可以用辩论赛的形式让学生参与到课堂讨论中。

"我们是小编剧"和"我们是小演员"两个活动也取得了较好的成效，学生们还准备了小道具，课堂氛围非常好。在表演中，学生们生动地呈现了他们从固定型思维到成长型思维的转换过程。因此，教师可以尝试在课程中加入情景剧。

制定的"成长型学习目标"活动受到学生的欢迎，每个人都制定了属于自己的详细的寒假成长型思维学习目标，并且在小组内和班级内踊跃分享了自己的目标。

因此，在未来的课程干预方案设计上，干预课程主要内容可以一样，但是形式应该有区别。比如，热身活动的选择、播放视频的选择和让学生分享的内容的选择都应该符合学生的年级差异。

2.充分考虑学生特点，提升授课效果

研究者需要结合年级、班级特点以及班级规模等，设计不同的授课形式。

例如，湖北省武汉市某学校的课堂教学时间为40分钟，班级有近60人。人多时间紧，做游戏容易纪律乱，影响课堂进度和隔壁班级上课。为了保证干预内容充分和有效，授课教师设计了其他相关内容，充分引起学生的兴趣关注度，学生课上配合情况和反馈效果很好，课程内容衔接与授课表现也得到了心理老师的好评。

3.校园欺凌测量工具要增加欺凌态度的内容

因为是自评量表，所以大部分学生在选择欺凌、受欺凌的时候倾向选择1，导致前后测数据之间的差异较小，尽管差异显著，但变化幅度小。因此，在测量干预课程对于校园欺凌的改变时，需要加入欺凌态度，包括旁观者态度的比较。

三、重视培养学生网络素养

网络素养包括媒体素养教育（MLE）或媒体和资讯素养，为年轻人提供技能，批判性地阅读在线内容，分级信息和识别令人不安的内容和错误信息。

MLE提倡培养教育青年积极价值观，对其进行公民和道德教育以及培养其反对偏见的技能。挑战之一是教育青年不要以同样的方式支持仇恨者或强化仇恨。预防的手段之一是教导青年评估仇恨言论的内容，并决定处理这种言论的最佳策略。Jeong、Cho和Hwang（2012）完成了一项关于网络社区影响的元分析审查，得出的结论为网络社区能够有效抵制危险和有害的网络行为。

另一项研究（Fingar & Jolls，2013）评估了"无可指责，挑战媒体中的暴力行为"在校园干预中的影响。证据表明，媒体的暴力干预行为在提高人们对媒体暴力及其影响用户的方式的认识和预防暴力行为方面是有效的。

电子参与反对暴力项目（www.engagementproject.eu）是一个为期两年的欧洲项目，涉及500名来自意大利、英国、奥地利、保加利亚、比利时、法国和斯洛文尼亚的年轻人。2012—2014年期间，佛罗伦萨大学实施了这项计划，其目标是试验用于医学扫盲教育、线上公民身份和线上挑起仇恨的资源和工具。干预的重点是新闻媒体发布的内容。Ranieri 和 Fabbro（2016）分析了该方案的四项活动，并强调指出，由于获得信息和通信技术的机会有限、缺乏对新闻媒体网站的了解，以及时间短缺，学生认为任务过于复杂。

四、家校关系需要得到重视

家庭因素、学校因素对于减少校园欺凌有着重要影响，家庭与学校的相互配合会产生最大合力，其对减少欺凌行为不可或缺。跨文化研究发现，家校合作不仅对学校（学校项目和校园风气的提高）和家庭（父母效能感和积极的养育行为）有重要作用，还对学生（学校适应）有重要作用（Phillipson & Phillipson，2007；Lau & Power，2018）。当前的主要问题是学生与家庭之间脱节，中学生与父母的冲突开始增多，面临校园欺凌行为时，他们不会主动告知父母，也不会主动告知老师，这就造成了成人对于青少年欺凌行为信息获取的延迟性。而家校合作能够促进两方的信息获取，从而产生更积极的后果。

五、教师包括心理咨询中心教师的作用需要关注

研究显示，学校医务室和心理咨询中心是最可能发现校园欺凌迹象的

部门。学生身体上反复出现伤害，则意味着其有可能遭受校园欺凌；学生如果遭受校园欺凌或者目睹校园欺凌，心理会受到影响，前往心理咨询中心求助的可能性更高，此外，学校的心理健康教育课程经常是由心理咨询中心的教师来负责的。因此，学校医务室、心理咨询中心、班主任等教师定期碰面交流，能够获取更多校园欺凌的信息，这对于校园欺凌预防工作尤为重要。

六、运动在欺凌中的干预效果值得关注

校园欺凌是一种发展性创伤，而创伤会损害想象力（范德考克，2016），想象力是生活质量的关键，因此，在某种程度上，认知和情绪类干预课程未能达成效果的原因是忽略了个体想象力的参与。大脑和身体之间存在紧密关联，因此，有必要考虑建构身体-脑-想象力的新模式。

具身认知理论认为：身体动作塑造思维方式，身体感知影响自我概念。因此，身体训练会影响个体心理感受，身体动作会影响个体的情绪体验，也会影响个体的认知模式。身体会记得一切（范德考克，2016）。那么通过对身体的动作干预，能否对个体的情绪和认知产生影响，进而提高预防校园欺凌方案的效果？

达马西奥（Antonio Damasio）提出，自我意识的核心在于我们对于躯体内在状态的感觉（范德考克，2016），感知内在状态，能够影响自我意识，身体机能出现问题，本身也是压力事件的直接反馈，康复的核心是自我觉知（范德考克，2016），让个体的内心关注内在感觉，即开始关注身体，观察和容忍身体反应，了解思想与身体感觉之间的交互作用，这可以释放内在感觉和冲动（范德考克，2016）。

身体感受影响心理体验。对于欺凌者而言，其本身的身体动作影响了信息加工过程，特别是对他人动作意图的误解，导致其欺凌行为的增多。对于被欺凌者而言，受欺凌之后的身体动作（过于蜷缩）进一步增强了其消极情绪的体验，导致他进一步感觉到无力感，进而提升了欺凌行为消极

感受的延迟性。研究发现，当被试回答问卷时握紧拳头，则显著提升了男性在果断性和社会自尊方面的积极评价（Schubert & Koole，2009）。这意味着人类的自我概念受到身体动作的反馈，这种身体欺凌是否增强了欺凌者的自我概念，从而使其对自己的评价更为积极？对于被欺凌者而言，这种动作出现频率过少，是不是也会对其自我评价产生负面影响，进而减少了对其干预的效果？这些问题都有待于从实证角度进行验证。

身体体验造成了认知的差异，形成了不同的思维方式，改变被试用手的习惯，比如让右利手被试使用左手，左利手使用右手，可以改变个体对左右侧的态度评价，进而改变思维方式（Casadanto，2011）。具身认知的实验干预显示，具身教学干预能够有效提升幼儿的合作行为（叶浩生，2017），那么增强学生的身体参与，多一些身体体验、身体觉知的训练，是否能够减少欺凌者的认知，影响受欺凌者的内在感受？这应该是一条可行途径，也能够产生积极效果。

以往研究对欺凌者和受欺凌者的干预更多集中在认知改变上，或者提升情绪管理能力上，但效果让人不太满意，体育锻炼应该是一条能够有效改善欺凌者和受欺凌者的干预途径。研究表明，运动更能促进人际理解（范德考克，2016），呼吸、气功、打鼓等运动方式能使个体间产生动作共鸣，增强人际关系。受欺凌事件会导致个体经历更多的负面情绪，而这种负面情绪会进一步聚焦甚至扩大欺凌经历的影响，形成恶性循环"压力-不运动-负面情绪"。对受欺凌者而言，需要打破这一循环，从负面情绪中走出来，体育锻炼是一个最佳选择。体育锻炼能够提升个体的认知灵活性和情绪调节能力，让受欺凌者能够走出欺凌经历的负面影响，最终阻断校园欺凌的负向影响。

保证足够的运动强度和频率，是体育锻炼减少校园欺凌的前提。促使体育锻炼成为青少年的一种生活方式，能够有效减少校园欺凌。任何体育项目发挥功能的前提是运动的持续性，而非仅仅是运动时间和强度。体育锻炼会有溢出效应，在体育锻炼中获得的收益会在青少年实际生活中产生迁移，而这种溢出效应的关键在于体育锻炼的坚持性。

发挥体育锻炼减少校园欺凌的作用，需要提供互动性、集体类的运动项目。可以尝试发挥体育俱乐部的功能，选取不同类型的运动项目，以互动性体育项目为主，增强同伴互动，提高同伴质量，提升执行功能。在中小学心理健康课程中，要增加身体体验的环节，形成身体觉知-认知训练-理论讲授的新模式。

参考文献

Accomazzo, S. (2012a) 'Anthropology of violence: Historical and current theories, concepts, and debates in physical and socio-cultural anthropology', Journal of Human Behavior in the Social Environment, 22:535-552.

Accomazzo, S. (2012b) 'Theoretical perspectives on the political economy of violence', Journal of Human Behavior in the Social Environment, 22:591-606.

Agnew, R.A. (1992) 'Foundation for a General Strain Theory of crime and delinquency', Criminology, 30:47-88.

Ahtola, A., Haataja, A., Krn, A., Poskiparta, E., & Salmivalli, C. . (2012). For children only? effects of the kiva antibullying program on teachers. Teaching & Teacher Education, 28(6), 851-859.

Akers, R.L. (2011) Social Learning and Social Structure: A General Theory of Crime and Deviance, New Brunswick, NJ & London: Transaction Publishers.

Alan, S., Boneva, T., & Ertac, S. . (2016). Ever failed, try again, succeed better: results from a randomized educational intervention on grit. Working Papers, 78(1), 109-112.

Anna, L., Richaud María Cristina, & Elisabeth, M. . (2017). Parenting styles, prosocial, and aggressive behavior: the role of emotions in offender and non-offender adolescents. Frontiers in Psychology, 8, 1246.

Annalaura Nocentini, Valentina Zambuto & Ersilia Menesini. (2015). Anti-bullying programs and Information and Communication Technologies (ICTs): A systematic review. Aggression and Violent Behavior.

Antonella Brighi, Annalisa Guarini, Giannino Melotti, Silvia Galli & Maria Luisa Genta (2012) Predictors of victimisation across direct bullying, indirect bullying and cyberbullying, Emotional and Behavioural Difficulties, 17: 3-4, 375-388

Archer, J. and Benson, D. (2008) 'Physical aggression as a function of perceived fighting ability and provocation: An experimental investigation', Aggressive Behavior,34:9-24.

Arghavan Salles,Geoffrey L. Cohen & Claudia M. Mueller.(2014).The relationship between grit and resident well-being. The American Journal of Surgery (2).

Arseneault,L. (2018). Annual research review:the persistent and pervasive impact of being bullied in childhood and adolescence:implications for policy and practice. Journal of Child Psychology and Psychiatry,4,405-421.

Bacchini, D., Esposito, G., & Affuso, G. (2009). Social experience and school bullying. Journal of community & applied social psychology,19(1),17-32.

Bandura A,Barbaranelli C,Caprara G V,et al. (1996). Multifaceted Impact of Self-Efficacy Beliefs on Academic Functioning. Child Development,67(3):1206-1222.

Bandura, A. (1977) 'Self-efficacy:Toward a unifying theory of behavioral change',Psychological Review,84:191-215.

Bandura,A. (1999). Social cognitive theory of personality. Handbook of personality,2,154-96.

Bandura,A. (2002). Social cognitive theory in cultural context. Applied psychology,51(2),269-290.

Barchia, K. and Bussey, K. (2010) 'The psychological impact of peer victimization:Exploring social-cognitive mediators of depression',Journal of Adolescence,33:615-623.

Barone,C.A. (2004) Radical political economy:A concise introduction,Armonk,NY:M.E.

Barone, D. (2004). A longitudinal look at the literacy development of children prenatally exposed to crack/cocaine. Educational resiliency:student,teacher,and school perspectives,87.

Bearman Margaret, Palermo Claire, Allen Louise M & Williams Brett.

（2015）.Learning Empathy Through Simulation：A Systematic Literature Review.. Simulation in healthcare ：journal of the Society for Simulation in Healthcare(5).

Bem，D. J. . (1972). Self-perception theory 1. Advances in Experimental Social Psychology，6，1-62.

Benedict，R. (1946) The Chrysanthemum and the Sword；Patterns of Japanese Culture，Boston：Houghton Mifflin.

Berkowitz，L. (1990). On the formation and regulation of anger and aggression：A cognitive-neoassociationistic analysis. American psychologist，45(4)，494.

Berkowitz，L. (1993). Pain and aggression：Some findings and implications. Motivation and emotion，17，277-293.

Betts，L. R.，Houston，J. E.，& Steer，O. L. (2015). Development of the multidimensional peer victimization scale-revised (MPVS-R) and the multidimensional peer bullying scale (MPVS-RB). The Journal of Genetic Psychology，176 (2)，93-109.

Bjrkqvist，K. ，Ekman，K. ，& Lagerspetz，K. . (1982). Bullies and victims：their ego picture，ideal ego picture and normative ego picture. Scandinavian Journal of Psychology，23(1).

Bonanno，G. A.，& Burton，C. L. (2013). Regulatory Flexibility：An Individual Differences Perspective on Coping and Emotion Regulation. Perspectives on Psychological Science，8(6)，591-612.

Bonanno，R.A. and Hymel，S. (2010) 'Beyond hurt feelings：Investigating why some victims of bullying are at greater risk for suicidal ideation'，Merrill-Palmer Quarterly，56：420-440.

Book，A.S.，Volk，A. A. and Hosker，A. (2012) 'Adolescent bullying and personality：An adaptive approach'，Personality and Individual Differences，52：218-223.

Bowes，L.，Maughan，B.，Caspi，A.，Moffitt，T.E. and Arseneault，L. (2010)

'Families promote emotional and behavioural resilience to bullying: Evidence of an environmental effect', Journal of Child Psychology and Psychiatry, 51: 809-817.

Bowlby, J. (1958) 'The nature of the child's tie to his mother', International Journal of Psychoanalysis, 99: 265-272.

Bowlby, J. (1988) A secure base: Parent-child attachment and healthy human development, London: Basic Books.

Bradley-Geist, J. C., & Olson-Buchanan, J. B. (2014). Helicopter parents: An examination of the correlates of over-parenting of college students. Education+ Training, 56(4), 314-328.

Brateanu, AndreiSwitzer, BenjaminScott, Susan C.Ramsey, JenniferThomascik, JamesNowacki, Amy S.Colbert, Colleen Y. (2020). Higher grit scores associated with less burnout in a cohort of internal medicine residents. The American Journal of the Medical Sciences, 360(4).

Brauneis, R. , & Goodman, E. P. . (2017). Algorithmic Transparency for the Smart City.

Brewer Noel T, Cuite Cara L, Herrington James E & Weinstein Neil D. (2007).Risk compensation and vaccination: can getting vaccinated cause people to engage in risky behaviors?. Annals of behavioral medicine : a publication of the Society of Behavioral Medicine.

Byck, G. R., Swann, G., Schalet, B., Bolland, J., & Mustanski, B. (2015). Sensation seeking predicting growth in adolescent problem behaviors. Child Psychiatry & Human Development, 46, 466-473.

Caporaso, J.A. and Levine, D.P. (1992) Theories of political economy, Cambridge, UK: Cambridge University Press.

Carlson, K.T. (2006) 'Poverty and youth violence exposure: Experiences in rural communities', Children and Schools, 28: 87-96.

Casasanto, D. (2011). Different bodies, different minds: The body specificity of Language and thought. Psychological Science, 20(6), 378-383.

Casper, D. M. (2013). Participant roles in aggression: Analysis of the overt and relational aggression participant role scales with confirmatory factor analysis. The University of Arizona.

Casper, D. M., Card, N. A., Bauman, S., & Toomey, R. B. (2017). Overt and relational aggression participant role behavior: Measurement and relations with sociometric status and depression. Journal of Research on Adolescence, 27(3), 661-673.

Catterson, J., & Hunter, S. C. (2010). Cognitive mediators of the effect of peer victimization on loneliness. British Journal of Educational Psychology, 80 (3), 403-416.

Chan, H. C. O., & Wong, D. S. (2015). Traditional school bullying and cyberbullying in Chinese societies: Prevalence and a review of the whole-school intervention approach. Aggression and Violent Behavior, 23, 98-108.

Chaux, E., Molano, A. and Podlesky, P. (2009) 'Socio-economic, socio-political and socioemotional variables explaining school bullying: A country-wide multilevel analysis', Aggressive Behavior, 35:520-529.

Ciucci, E. , & Baroncelli, A. . (2014). The emotional core of bullying: further evidences of the role of callous-unemotional traits and empathy. Personality & Individual Differences, 67, 69-74.

Claire Prade & Vassilis Saroglou. (2016). Awe's effects on generosity and helping. The Journal of Positive Psychology(5).

Connolly, J., Pepler, D., Craig, W. and Taradash, A. (2000) 'Dating experiences of bullies in early adolescence', Child Maltreatment, 5:299-310.

Crespo, C., Jose, P. E., Kielpikowski, M., & Pryor, J. (2013). "On solid ground": Family and school connectedness promotes adolescents' future orientation. Journal of Adolescence, 36(5), 993-1002.

Crick, N. R., & Dodge, K. A. (1994). A review and reformulation of social information-processing mechanisms in children's social adjustment. Psychological bulletin, 115(1), 74.

Crocker, J. , & Luhtanen, R. . (1990). Collective self-esteem and ingroup bias. Journal of Personality & Social Psychology, 58(1), 60-67.

Crossley, C. D. (2009). Emotional and behavioral reactions to social undermining: A closer look at perceived offender motives. Organizational Behavior and Human Decision Processes, 108(1), 14-24.

Cui Guanyu & Lan Xiaoyu.(2020).The Associations of Parental Harsh Discipline, Adolescents' Gender, and Grit Profiles With Aggressive Behavior Among Chinese Early Adolescents.. Frontiers in psychology.

Cullen, F. T., Unnever, J. D., Hartman, J. L., Turner, M. G. and Agnew, R. (2008) 'Gender, bullying victimization, and juvenile delinquency: A test of General Strain Theory' Victims and Offenders, 3: 346-364.

Darling, N. , & Steinberg, L. . (1993). Parenting style as context: an integrative model. Psychological Bulletin, 113(3), 487-496.

Davis, L. (2005) 'Theoretical approaches and perspectives in victimology', in L. Davis and R. Snyman (Eds.) Victimology in South Africa, Pretoria: Van Schaik.

Del Rey, R. , Casas, J. A. , Ortega-Ruiz, R. , Schultze-Krumbholz, A. , Scheithauer, H. , & Smith, P. , et al. (2015). Structural validation and cross-cultural robustness of the european cyberbullying intervention project questionnaire. Computers in Human Behavior, 50, 141-147.

Dempsey, A. G., Sulkowski, M. L., Nichols, R., & Storch, E. A. (2009). Differences between peer victimization in cyber and physical settings and associated psychosocial adjustment in early adolescence. Psychology in the Schools, 46

（10），962-972.

Disabato, D. J., Goodman, F. R., Kashdan, T. B., Short, J. L., & Jarden, A. (2016). Different types of well-being? A cross-cultural examination of hedonic and eudaimonic well-being. Psychological assessment, 28(5), 471.

Dollard, J., Doob, L., & Miller, E. (1937). Frustration and Aggression/ Текст.

Duckworth, A. L. (2009). Self-Discipline is Empowering. Phi Delta Kappan, 90(7), 536-536.

Duckworth, A. L., Peterson, C., Matthews, M. D., & Kelly, D. R. (2007). Grit: Perseverance and passion for long-term goals. Journal of Personality and Social Psychology, 92(6), 1087-1101.

Duong, J. , & Bradshaw, C. P. . (2017). Links between contexts and middle to late childhood social-emotional development. American Journal of Community Psychology, 60(42).

Dweck, C. S. , Chiu, C. Y. , & Hong, Y. Y. . (1995). Implicit theories and their role in judgments and reactions: a word from two perspectives. Psychological Inquiry, 6(4), 267-285.

Dweck, C. S. . (2006). Mindset: the new psychology of success. Inventors Digest.

Egan, V. , & Campbell, V. . (2009). Sensational interests, sustaining fantasies and personality predict physical aggression. Personality and Individual Differences, 47(5), 464-469.

Egan, V., Auty, J., Miller, R., Ahmadi, S., Richardson, C., & Gargan, I. (1999). Sensational interests and general personality traits. The Journal of Forensic Psychiatry, 10(3), 567-582.

Eliot, M. and Cornell, D.G. (2009) 'Bullying in middle school as a function of insecure attachment and aggressive attitudes', School Psychology International,30:201-214.

Endresen, I. M., & Olweus, D. (2001). Self-reported empathy in Norwegian adolescents: Sex differences, age trends, and relationship to bullying.

Espelage, D. L., Hong, J. S., Rinehart, S., & Doshi, N. (2016). Understanding types, locations, & perpetrators of peer-to-peer sexual harassment in US middle schools: A focus on sex, racial, and grade differences. Children and youth services review, 71, 174-183.

Espelage, D. L., Polanin, J. R., & Low, S. K. (2014). Teacher and staff perceptions of school environment as predictors of student aggression, victimization, and willingness to intervene in bullying situations. School psychology quarterly, 29(3), 287.

Espelage, D.L., Basile, K.C. and Hamburger, M.E. (2012) 'Bullying perpetration and subsequent sexual violence perpetration among middle school students', Journal of Adolescent Health, 50:60-65.

Espelage, D.L., Holt, M.K. and Henkel, R.R. (2003) 'Examination of peer-group contextual effects on aggression during early adolescence', Child Development 74:205-220.

Espelage, D.L., Hong, J.S., Merrin, G.J., Davis, J.P., Rose, C. and Little, T. D. (2018). A longitudinal examination of homophobic name-calling in middle school: Bullying, traditional masculinity, and sexual harassment as predictors. Psychology of Violence.

Espelage, D.L., Low, S., Rao, M.A., Hong, J.S. and Little, T.D. (2013) 'Family violence, bullying, fighting, and substance use among adolescents: A longitudinal mediational model', Journal of Research on Adolescence, 24:337-349.

Eva Yi Hung Lau & Thomas G. Power. (2018). Parental involvement during the transition to primary school: Examining bidirectional relations with school adjustment. Children and Youth Services Review.

Fajnzylber, P., Lederman, D. and Loayza, N. (2002) 'Inequality and violent crime', Journal of Law Economics, 45: 1-40.

Felson, M. and Boba, R. (2010) Crime and Everyday Life (4th ed.). Los Angeles: SAGE Publications.

Fingar Kathryn R & Jolls Tessa. (2014). Evaluation of a school-based violence prevention media literacy curriculum.. Injury prevention : journal of the International Society for Child and Adolescent Injury Prevention(3).

Finley, G. E., & Schwartz, S. J. (2016). The Father Involvement and Nurturant Fathering Scales: Retrospective Measures for Adolescent and Adult Children. Educational and Psychological Measurement, 64(1), 143-164.

Flood, M. and Pease, B. (2009) 'Factors influencing attitudes to violence against women', Trauma, Violence and Abuse, 10: 125-142.

Frijda, N. H. (1993). Moods, emotion episodes, and emotions.

Garandeau, C. F. , Vartio, A. , Poskiparta, E. , & Salmivalli, C. . (2016). School bullies' intention to change behavior following teacher interventions: effects of empathy arousal, condemning of bullying, and blaming of the perpetrator. Prevention Science, 17(8), 1034-1043.

Garmezy, N., Masten, A. S., & Tellegen, A. (1984). The study of stress and competence in children: a building block for developmental psychopathology. Child development, 55(1), 97-111.

Gelfand, M. J. (2011). Differences between tight and loose cultures: A 33-nation study (vol 332, pg 1100, 2011). Science, 333(6045), 937-937.

George, J. , Alias, J. , Khader, N. A. , Jabbar, S. , & Ranjith, N. . (2017). Cyber bullying among adolescents. The International Journal of Indian Psychology, 4(4).

Gini, G., Pozzoli, T., & Hauser, M. (2011). Bullies have enhanced moral competence to judge relative to victims, but lack moral compassion. Personality and Individual differences, 50(5),603-608.

Goddard, R. (2002). A theoretical and empirical analysis of the measurement of collective efficacy: The development of a short form. Educational and Psychological measurement,62(1),97-110.

Goodwin, M.H. (2002) 'Exclusion in girls' peer group: Ethnographic analysis of language practices on the playground', Human Development,45:392-415.

Graham, S., Bellmore, A.D. and Mize, J. (2006) 'Peer victimization, aggression, and their cooccurrence in Middle school: Pathways to adjustment problems', Journal of Abnormal Child Psychology,34:363-378.

Groff, E.R. (2007) 'Simulation for theory testing and experimentation: An example using routine activity theory and street robbery' Journal of Quantitative Criminology,23:75-103.

Guerrero, L. R., Dudovitz, R., Chung, P. J., Dosanjh, K. K., & Wong, M. D. (2016). Grit: A Potential Protective Factor Against Substance Use and Other Risk Behaviors Among Latino Adolescents. Academic pediatrics, 16(3), 275-281.

Gutzwiller-Helfenfinger, E. (2015). Moral disengagement and aggression: Comments on the special issue. Merrill-Palmer Quarterly,61(1),192-211.

Hans, S., Schroder, Sindes, Dawood, & Matthew, et al. (2015). The role of implicit theories in mental health symptoms, emotion regulation, and hypothetical treatment choices in college students. Cognitive Therapy & Research. 39, 120-139.

Hawker, D. S.,& Boulton, M. J. (2000). Twenty years' research on peer victimization and psychosocial maladjustment: A meta-analytic review of cross-sectional studies. The Journal of Child Psychology and Psychiatry and Allied Disciplines,41(4),441-455.

Hay, C.,& Meldrum, R. (2010). Bullying victimization and adolescent self-harm: Testing hypotheses from general strain theory. Journal of youth and adolescence, 39, 446-459.

Hay, C., Meldrum, R., & Mann, K. (2010). Traditional bullying, cyber bullying, and deviance: A general strain theory approach. Journal of Contemporary Criminal Justice, 26(2), 130-147.

Heather Cecil & Stacie Molnar-Main (2015) Olweus Bullying Prevention Program: Components Implemented by Elementary Classroom and Specialist Teachers, Journal of School Violence, 14:4, 335-362

Herrenkohl, T. I., McMorris, B. J., Catalano, R. F., Abbott, R. D., Hemphill, S. A., & Toumbourou, J. W. (2007). Risk Factors for Violence and Relational Aggression in Adolescence. Journal of Interpersonal Violence, 22(4), 386-405.

Hinduja, S. and Patchin, J.W. (2007) 'Offline consequences of online victimisation: School violence and delinquency', Journal of School Violence, 9: 89-112.

Hirschi, T. (1969) Causes of delinquency. Berkeley and Los Angeles, CA: University of California Press.

Hobfoll, S. E., Johnson, R. J., Ennis, N., & Jackson, A. P. (2003). Resource loss, resource gain, and emotional outcomes among inner city women. Journal of personality and social psychology, 84(3), 632.

Holt, M.K., Green, J.G., Tsay-Vogel, M., Davidson, J. and Brown, C. (2016) 'Multidisciplinary approaches to research on bullying in adolescence', Adolescent Research Review.

Holt, T. J., Fitzgerald, S., Bossler, A. M., Chee, G., & Ng, E. (2016). Assessing the risk factors of cyber and mobile phone bullying victimization in a nationally representative sample of Singapore youth. International journal of offender therapy and comparative criminology, 60(5), 598-615.

Hong, J. S., Kim, D. H., deLara, E. W., Wei, H.-S., Prisner, A., & Alexander, N. B. (2020). Parenting Style and Bullying and Victimization: Comparing

Foreign-Born Asian, U.S.-Born Asian, and White American Adolescents. Journal of Family Violence, 36(7), 799-811.

Horton, S. (2012). Disposal of hydrofracking waste fluid by injection into subsurface aquifers triggers earthquake swarm in central Arkansas with potential for damaging earthquake. Seismological Research Letters, 83(2), 250-260.

Hunter, S.C., Boyle, J.M.E. and Warden, D. (2006) 'Emotion and coping in young victims of peer-aggression', in P. Buchwald (ed.) Stress and anxiety - Application to health, community, work place and education, Newcastle, UK: Cambridge Scholar Press.

Hunter, S.C., Durkin, K., Heim, D., Howe, C. and Bergin, D. (2010) 'Psychosocial mediators and moderators of the effect of peer-victimization upon depressive symptomatology', Journal of Child Psychology and Psychiatry, 51: 1141-1149.

Hunter, S.C., Mora-Merchán, J.A. and Ortega, R. (2004) 'The long-term effects of coping strategy use in the victims of bullying', The Spanish Journal of Psychology, 7: 3-12.

Jang, H. Song, J. and Kim, R. (2014) 'Does the offline bully-victimisation influence cyberbullying behavior among youths? Application of General Strain Theory' Computers in Human Behavior, 31: 85-93.

Jankauskiene, R., Kardelis, K., Sukys, S. and Kardeliene, L. (2008) 'Associations between school bullying and psychosocial factors', Social Behavior and Personality, 36: 145-162.

Jeong Se-Hoon, Cho Hyunyi & Hwang Yoori. (2012). Media Literacy Interventions: A Meta-Analytic Review.. The Journal of communication(3).

Jeralds, L.M. (2011) 'Bullying victimisation, target suitability, and guardianship: A routine activities approach', unpublished master's thesis. University of North Carolina, Wilmington.

Jolliffe, D. , & Farrington, D. P. . (2006). Development and validation of the basic empathy scale. Journal of Adolescence, 29(4), 589-611.

Jolliffe, D. , & Farrington, D.P. (2006), Examining the relationship between low empathy and bullying. Aggressive Behavior.

Jolliffe, D., & Farrington, D. P. (2011). Is low empathy related to bullying after controlling for individual and social background variables?. Journal of adolescence, 34(1), 59-71.

Joye, Y. , & Bolderdijk, J. W. . (2015). An exploratory study into the effects of extraordinary nature on emotions, mood, and prosociality. Frontiers in Psychology.

Juvonen, J., Graham, S. and Schuster, M.A. (2003) 'Bullying among young adolescents: The strong, the weak, and the troubled', Pediatrics, 112: 1231-1237.

Juvonen, J., Nishina, A., & Graham, S. (2001). Self-views versus peer perceptions of victim status among early adolescents. Peer harassment in school: The plight of the vulnerable and victimized, 105-124.

Kasen, S., Berenson, K., Cohen, P., & Johnson, J. G. (2004). The effects of school climate on changes in aggressive and other behaviors related to bullying. In Bullying in American schools (pp. 209-232). Routledge.

Kennedy, J.H. and Kennedy, C.E. (2004) 'Attachment theory: Implications for school psychology', Psychology in the Schools, 41: 247-259.

King, D. W., King, L. A., Foy, D. W., Keane, T. M., & Fairbank, J. A. (1999). Posttraumatic stress disorder in a national sample of female and male Vietnam veterans: risk factors, war-zone stressors, and resilience-recovery variables. Journal of abnormal psychology, 108(1), 164.

King, N. . (2012). Cyberbully: a deeper look into the online world of bullying and betrayal. Cuore E Circolazione (6), 321-340. Kumpulainen, K. (2008). 'Psychiatric conditions associated with bullying', International Journal of Adolescent Medicine and Health, 20 : 121-132.

Klein, J. (2006). 'Sexuality and school shootings: What role does teasing play in school massacres?' Journal of Homosexuality, 51 : 39-62.

Knous - Westfall, H. M., Ehrensaft, M. K., MacDonell, K. W. and Cohen, P. (2012) 'Parental intimate partner violence, parenting practices, and adolescent peer bullying: A prospective study', Journal of Child and Family Studies, 21 : 754-766.

Koh, J.B. and Wong, J.S. (2015) 'Survival of the fittest and the sexiest: Evolutionary origins of adolescent bullying', Journal of Interpersonal Violence.

Kokkinos, C.M. (2007) 'Elementary school children's involvement in bullying and victimization: The role of attachment style and internalizing and externalizing symptomatology', Scientia Paedagogica Experimentalis, XLIV : 49-70.

Konner, M. (2010) The evolution of childhood: Relationships, emotion, mind, Cambridge, MA : Harvard University Press.

Kowalski, R. M. (2000). "I was only kidding!": Victims' and perpetrators' perceptions of teasing. Personality and Social Psychology Bulletin, 26(2), 231-241.

Krause, Neal & Hayward, R. David. (2015). Assessing Whether Practical Wisdom and Awe of God Are Associated With Life Satisfaction. Psychology of religion and spirituality(1).

Larkin, J. (1994) 'Walking through walls: The sexual harassment of high school girls', Gender and Education, 6 : 263-280.

Lawson, J. (2012) 'Sociological theories of intimate partner violence', Journal of Human Behavior in the Social Environment, 22 : 572-590.

Lawson, J. and King, B. (2012) 'Theories of violence: A review of textbooks on human behavior and the social environment', Journal of Human Behavior in the Social Environment, 22 : 517-534.

Lazarus, R. S. (1999). Hope: An emotion and a vital coping resource against despair. Social research, 653-678.

Lee, C. , & Shin, N. . (2017). Prevalence of cyberbullying and predictors of cyberbullying perpetration among korean adolescents. Computers in Human Behavior, 68(MAR.), 352-358.

Lereya, S.T., Samara, M. and Wolke, D. (2013) 'Parenting behavior and the risk of becoming a victim and a bully/victim: A meta-analysis study', Child Abuse and Neglect, 37: 10911108.

Li, D., Zhang, W., Li, X., Zhen, S., & Wang, Y. (2010). Stressful life events and problematic Internet use by adolescent females and males: A mediated moderation model. Computers in Human Behavior, 26(5), 1199-1207.

Liang Chen, Shirley S Ho, May O Lwin. A meta-analysis of factors predicting cyberbullying perpetration and victimization: From the social cognitive and media effects approach[J]. New Media & Society, 2017, 19(8).

Liberman, Nira & Trope, Yaacov. (1998). The role of feasibility and desirability considerations in near and distant future decisions: A test of temporal construal theory.. Journal of Personality and Social Psychology(1).

Luhtanen, R., & Crocker, J. (1992). A collective self-esteem scale: Self-evaluation of one's social identity. Personality and social psychology bulletin, 18 (3), 302-318.

Ma Chunhua, Ma Yongfeng & Lan Xiaoyu. (2020). The Moderating Role of Social Identity and Grit in the Association Between Parental Control and School Adjustment in Chinese Middle School Students.. Frontiers in psychology.

MacDonald, H. and Swart, E. (2004) 'The culture of bullying at a primary school', Education as Change, 8: 33-55.

McGinley, M. (2018). Can hovering hinder helping? Examining the joint effects of helicopter parenting and attachment on prosocial behaviors and empathy in emerging adults. The Journal of genetic psychology, 179(2), 102-115.

McHale, S. M., Crouter, A. C., & Tucker, C. J. (1999). Family context and gender role socialization in middle childhood: Comparing girls to boys and sisters to brothers. Child development, 70(4), 990-1004.

Meriac, J. P. , Slifka, J. S. , & Labat, L. R. . (2015). Work ethic and grit: an examination of empirical redundancy. Personality & Individual Differences, 86, 401-405.

Merrell, Gueldner, K. W. , Ross, B. A. , Isava, S. W. , & Duane, M. . (2008). How effective are school bullying intervention programs? a meta-analysis of intervention research. School Psychology Quarterly.

Merton, D. E. (1994) 'The cultural context of aggression: The transition to junior high school', Anthropology and Education Quarterly, 25:29-43.

Mitsopoulou, E., & Giovazolias, T. (2015). Personality traits, empathy and bullying behavior: A meta-analytic approach. Aggression and violent behavior, 21, 61-72.

Monks, C. P., Smith, P. K. and Swettenham, J. (2005) 'The psychological correlates of peer victimisation in preschool: Social cognitive skills, executive function and attachment profiles', Aggressive Behavior, 31:571-588.

Moon, B., & Jang, S. J. (2014). A general strain approach to psychological and physical bullying: A study of interpersonal aggression at school. Journal of Interpersonal Violence, 29(12), 2147-2171.

Moon, B., Hwang, H. W., & McCluskey, J. D. (2011). Causes of school bullying: Empirical test of a general theory of crime, differential association theory, and general strain theory. Crime & Delinquency, 57(6), 849-877.

Moon, B., Morash, M., McCluskey, C. P., & Hwang, H. W. (2009). A comprehensive test of general strain theory: Key strains, situational- and trait-based negative emotions, conditioning factors, and delinquency. Journal of research in Crime and Delinquency, 46(2), 182-212.

Moore, J. (2008) Visions of culture: An introduction to anthropological theories and theorists (3rd ed.), Lanham, MD: Altamira Press.

Morenoff, J. D., Sampson, R. J., & Raudenbush, S. W. (2001). Neighborhood inequality, collective efficacy, and the spatial dynamics of urban violence. Criminology, 39(3), 517-558.

Murkowski, A. (2001). Heat stress and spermidine: effect on chlorophyll fluorescence in tomato plants. Biologia plantarum, 44, 53-57.

Navarro, J.N. and Jasinski, J.L. (2012) 'Going cyber: Using Routine Activities Theory to predict cyberbullying experiences', Sociological Spectrum: Mid-South Sociological Association, 32: 81-94.

Nickerson, A. B., Aloe, A. M., Livingston, J. A., & Feeley, T. H. (2014). Measurement of the bystander intervention model for bullying and sexual harassment. Journal of adolescence, 37(4), 391-400.

Nickerson, A. B., Cornell, D. G., Smith, J. D., & Furlong, M. J. (2013). School antibullying efforts: Advice for education policymakers. Journal of school violence, 12(3), 268-282.

Nickerson, Amanda, B., Mele-Taylor, & Danielle. (2014). Empathetic responsiveness, group norms, and prosocial affiliations in bullying roles. School Psychology Quarterly.

Nira Liberman, Yaacov Trope & Cheryl Wakslak. (2007). Construal Level Theory and Consumer Behavior. Journal of Consumer Psychology(2).

Nurmi, J. E. (2004). Socialization and self-development: Channeling, selection, adjustment, and reflection. Handbook of adolescent psychology, 85-124.

OECD. (2013). PISA 2012 assessment and analytical framework: Mathematics, reading, science, problem solving and financial literacy. Paris: OECD Publishing. doi: 10.1787/9789264190511-en.

Okuda, M., Martins, S. S., Wall, M. M., Chen, C., Santaella-Tenorio, J., Ramos-Olazagasti, M., ... & Duarte, C. S. (2019). Do parenting behaviors modify the way sensation seeking influences antisocial behaviors?. Journal of child psychology and psychiatry, 60(2), 169-177.

Olweus, D. (1978). Aggression in the schools: Bullies and whipping boys. Hemisphere.

Olweus, D. (1995). Bullying or Peer Abuse at School: Facts and Intervention. Current Directions in Psychological Science, 4(6), 196-200.

Olweus, D. . (1993). Annotation: Bullying at school: Basic facts and effects of a school based.

Oransky, M. and Fisher, C. (2009) 'The development and validation of the meanings of adolescent masculinity scale', Psychology of Men and Masculinity, 10:57-72.

Özdemir, E. Z., & Bektaş, M. (2021). The effects of self-efficacy and locus of control on cyberbully/victim status in adolescents. Journal of Pediatric Nursing, 61, 15-21.

P A, Miller, & Eisenberg. (1988). The relation of empathy to aggressive and externalizing/antisocial behavior. Psychological bulletin.

Pace, C. S. , Martini, P. S. , & Zavattini, G. C. . (2011). The factor structure of the inventory of parent and peer attachment (ippa): a survey of italian adolescents. Personality and Individual Differences, 51(2), 83-88.

Padilla-Walker, L. M., & Nelson, L. J. (2012). Black hawk down?: Establishing helicopter parenting as a distinct construct from other forms of parental control during emerging adulthood. Journal of adolescence, 35(5), 1177-1190.

Park Kyoung Shil.(2018).Depending on the performance of youth golf players Implications for Grit level differences. Korean Journal of Youth Studies(11).

Pascoe, C. J. (2013) 'Notes on a sociology of bullying: Young men's homophobia as gender socialization', QED: A Journal in GLBTQ Worldmaking, Inaugural Issue（1）:87-104.

Patchin,J.W. and Hinduja,S.（2011）'Traditional and nontraditional bullying among youth:A test of General Strain Theory',Youth and Society,43:727-751.

Peguero, A.A., Popp, A.M., Latimore, T.L., Shekarkhar, Z. and Koo, D.J. （2011）'Social control theory and school misbehavior:Examining the role of race and ethnicity',Youth Violence and Juvenile Justice,9:259-275.

Pellegrini, A. D., & Bartini, M. （2001）. Dominance in early adolescent boys:Affiliative and aggressive dimensions and possible functions. Merrill-Palmer Quarterly（1982-）,142-163.

Pfetsch Jan S.（2017）.Empathic Skills and Cyberbullying:Relationship of Different Measures of Empathy to Cyberbullying in Comparison to Offline Bullying Among Young Adults.. The Journal of genetic psychology（1）.

Piff Paul K,Dietze Pia,Feinberg Matthew... & Keltner Dacher.（2015）.Awe, the small self,and prosocial behavior.. Journal of personality and social psychology（6）.

Pittaro,M.L.（2007）'School violence and social control theory:An evaluation of the Columbine massacre',International Journal of Criminal Justice Sciences,2:1-12.

Popp,A.M. and Peguero,A.A.（2011）'Routine activities and victimization at school:The significance of gender',Journal of Interpersonal Violence,26:2413-2436.

Raine,A.,Dodge,K.,Loeber,R.,Gatzke-Kopp,L.,Lynam,D.,Reynolds,C., Liu, J.（2006）. The Reactive-Proactive Aggression Questionnaire:Differential Correlates of Reactive and Proactive Aggression in Adolescent Boys. Aggressive Behavior,32（2）,159-171.

Ramirez,J. M.（2011）. Aggression and Crime. An Introduction to a Hot-Topic. Open Criminology Journal,4,2-M1.

Raskauskas, J. and Huynh, A. (2015) 'The process of coping with cyberbullying: A systematic review', Aggression and Violent Behavior, 23:118-125.

Rey, R. D. , Casas, J. A. , Ortega-Ruiz, R. , Schultze-Krumbholz, A. , Scheithauer, H. , & Smith, P. , et al. (2015). Structural validation and cross-cultural robustness of the european cyberbullying intervention project questionnaire. Computers in Human Behavior, 50(SEP.), 141-147.

Rigby, K. (1997). Attitudes and beliefs about bullying among Australian school children. The Irish Journal of Psychology, 18(2), 202-220.

Riggs, M. L., Warka, J., Babasa, B., Betancourt, R., & Hooker, S. (1994). Development and Validation of Self-Efficacy and Outcome Expectancy Scales for Job-Related Applications. Educational and Psychological Measurement, 54(3), 793-802.

Rosenberg, M. (1965). Rosenberg self-esteem scale (RSE). Acceptance and commitment therapy. Measures package, 61(52), 18.

Rothbart, M. K., & Putnam, S. P. (2002). Temperament and socialization. Paths to successful development: Personality in the life course, 19-45.

Saarento, S. , Boulton, A. J. , & Salmivalli, C. . (2015). Reducing bullying and victimization: student- and classroom-level mechanisms of change. Journal of Abnormal Child Psychology.

Salmivalli, C. (2001). Feeling good about oneself, being bad to others? Remarks on self-esteem, hostility, and aggressive behavior. Aggression and violent behavior, 6(4), 375-393.

Salmivalli, C., Huttunen, A., & Lagerspetz, K. M. (1997). Peer networks and bullying in schools. Scandinavian journal of psychology, 38(4), 305-312.

Salmivalli, C., Lagerspetz, K., Björkqvist, K., Österman, K., & Kaukiainen, A. (1996). Bullying as a group process: Participant roles and their relations to social status within the group. Aggressive Behavior: Official Journal of the International Society for Research on Aggression, 22(1), 1-15.

Schreck, C.J., Wright, R.A. and Miller, J.M. (2002) 'A study of individual and situational antecedents of violent victimization', Justice Quarterly, 19: 159-180.

Schroder, H. S., Dawood, S., Yalch, M. M., Donnellan, M. B., & Moser, J. S. (2015). The role of implicit theories in mental health symptoms, emotion regulation, and hypothetical treatment choices in college students. Cognitive therapy and research, 39(2), 120-139.

Seginer, R. . (2009). Future orientation developmental and ecological perspectives. springer.

Shapiro, J. P., Baumeister, R. F., & Kessler, J. W. (1991). A three-component model of children's teasing: Aggression, humor, and ambiguity. Journal of Social and Clinical Psychology, 10(4), 459-472.

Sivanes Phillipson & Shane N. Phillipson. (2007). Academic Expectations, Belief of Ability, and Involvement by Parents as Predictors of Child Achievement: A cross-cultural comparison. Educational Psychology(3).

Smith Peter K, Mahdavi Jess, Carvalho Manuel... & Tippett Neil. (2008). Cyberbullying: its nature and impact in secondary school pupils.. Journal of child psychology and psychiatry, and allied disciplines(4).

Souza, S. B. , Veiga Simão, A. M., Ferreira, A. I. , & Ferreira, P. C. . (2017). University students' perceptions of campus climate, cyberbullying and cultural issues: implications for theory and practice. Studies in Higher Education, 1-16.

Spector, P. E., & Fox, S. (2002). An emotion-centered model of voluntary work behavior: Some parallels between counterproductive work behavior and organizational citizenship behavior. Human resource management review, 12(2), 269-292.

Strauss, A. L. (1987). Qualitative analysis for social scientists. Cambridge university press.

Sucharita Chandran & Geeta Menon.(2004).When a Day Means More than a Year:Effects of Temporal Framing on Judgments of Health Risk. Journal of Consumer Research(2).

Sukhodolsky, D. G., Golub, A., & Cromwell, E. N. (2001). Development and validation of the anger rumination scale. Personality and individual differences,31(5),689-700.

Sukhodolsky, D. G., Kassinove, H., & Gorman, B. S. (2004). Cognitive-behavioral therapy for anger in children and adolescents: A meta-analysis. Aggression and violent behavior, 9(3),247-269.

Summers, K., & Demaray, M. K. (2008). Bullying participant behaviors questionnaire. DeKalb,IL:Northern Illinois University.

Sumter, S. R., Valkenburg, P. M., Baumgartner, S. E., Peter, J., & Van der Hof, S. (2015). Development and validation of the multidimensional offline and online peer victimization scale. Computers in Human Behavior,46,114-122.

Sung, GyhyePark, YoobinChoi, Tai KiuPark, Sun W. (2020). Implicit theories and depression in clinical and non-clinical samples: the mediating role of experiential avoidance. Current Psychology,39(1).

Sun-Young Park & Cynthia R. Morton.(2015).The Role of Regulatory Focus,Social Distance,and Involvement in Anti-High-Risk Drinking Advertising:A Construal-Level Theory Perspective. Journal of Advertising(4).

Teräsahjo, T., & Salmivalli, C. (2003). "She is not actually bullied." The discourse of harassment in student groups. Aggressive Behavior:Official Journal of the International Society for Research on Aggression,29(2),134-154.

Terranova, A. M. (2009) 'Factors that influence children's responses to peer victimization',Child Youth Care Forum,38:253-281.

Teubert, D., & Pinquart, M. (2011). The coparenting inventory for parents and adolescents (CI-PA). European Journal of Psychological Assessment.

Thomas W. Schubert & Sander L. Koole.(2009).The embodied self: Making a fist enhances men's power-related self-conceptions. Journal of Experimental Social Psychology(4).

Thomas, D. A. (2012) Violence. Oxford Bibliographies Online. Online. Available HTTP: http://www. oxfordbibliographies. com / view / document / obo - 9780199766567/obo9780199766567-0027.xml (accessed 22 November 2016).

Thompson, R.A. (2000) 'The legacy of early attachments', Child Development, 71: 145-152.

Thornberg, R. (2011) 'She's weird! The social construction of bullying in school: A review of qualitative research', Children and Society, 4: 258-267.

Thornberg, R., & Jungert, T. (2013). Bystander behavior in bullying situations: Basic moral sensitivity, moral disengagement and defender self - efficacy. Journal of adolescence, 36(3), 475-483.

Thornberg, R., & Jungert, T. (2014). School bullying and the mechanisms of moral disengagement. Aggressive behavior, 40(2), 99-108.

Tilo, H. , & Peter, V. . It's okay to shoot a character: moral disengagement in violent video games. Journal of Communication(1), 1.

Topcu, C. , & Erdur-Baker, O. . (2012). Affective and cognitive empathy as mediators of gender differences in cyber and traditional bullying. School Psychology International, 33(5), 550-561.

Ttofi, M. , & Farrington, D. . (2009). What works in preventing bullying: effective elements of anti - bullying programmes. Journal of Aggression Conflict & Peace Research, 1(1), 13-24.

Uggen, C. and Blackstone, A. (2004) 'Sexual harassment as a gendered expression of power', American Sociological Review, 69: 64-92.

UNESCO(2012), Shaping the Education of Tomorrow: Full - length Report on the UN Decade of Education for Sustainable Development. Paris, France.

UNESCO (2017), School Violence and Bullying: Global Status Report. UNESCO. Paris, France.

van Reemst, L., Fischer, T. F., & Zwirs, B. W. (2016). Social information processing mechanisms and victimization: A literature review. Trauma, Violence, & Abuse, 17(1), 3-25.

versus different cyberbullying roles. Aggression and Violent Behavior, 45, 83-97.

Volk, A.A., Camilleri, J.A., Dane, A.V. and Marini, Z.A. (2012) 'Is adolescent bullying an evolutionary adaptation?' Aggressive Behavior, 38: 222-238.

Walby, S. (2012) 'Violence and society: Introduction to an emerging field of sociology', Current Sociology, 61: 95-111.

Walden, L.M. and Beran, T.N. (2010) 'Attachment quality and bullying behavior in school-age youth', Canadian Journal of School Psychology, 25: 5-18.

Wallace, L.H., Patchin, J.W. and May, J.D. (2005) 'Reactions of victimized youth: Strain as an explanation of school delinquency', Western Criminology Review, 6: 104-116.

Wang, M. T. , Dishion, T. J. , Stormshak, E. A. , & Willett, J. B. . (2011). Trajectories of family management practices and early adolescent behavioral outcomes. Developmental Psychology, 47(5), 1324-1341.

Wei, H.S. and Chen, J.K. (2012) 'The moderating effect of Machiavellianism on the relationships between bullying, peer acceptance, and school adjustment in adolescents', School Psychology International, 33: 345-363.

Weingast, B.R. and Wittman, D. (2008, Eds.) The Oxford Handbook of Political Economy Oxford: Oxford University Press.

Weiss, A., Egan, V., & Figueredo, A. J. (2004). Sensational interests as a form of intrasexual competition. Personality and Individual Differences, 36(3),

563-573.

Whitehead, A. (2004). Trauma fiction. Edinburgh University Press.

Wu, C. H., & Lin, Y. C. (2005). Development of a Zhong-Yong thinking style scale. Indigenous Psychological Research in Chinese Societies, 24, 247-300.

Wulfert, E., Block, J. A., Ana, E. S., Rodriguez, M. L., & Colsman, M.. (2010). Delay of gratification: impulsive choices and problem behaviors in early and late adolescence. Journal of Personality, 70(4), 533-552.

Xiaoyu Lan & Rendy Radin. (2020). Direct and Interactive Effects of Peer Attachment and Grit on Mitigating Problem Behaviors Among Urban Left-Behind Adolescents. Journal of Child and Family Studies(6).

Yang, Bai, Laura, A., Maruskin, Serena, & Chen, et al. (2017). Awe, the diminished self, and collective engagement: universals and cultural variations in the small self. Journal of personality and social psychology.

Yang, C., Sharkey, J. D., Reed, L. A., Chen, C., & Dowdy, E. (2018). Bullying victimization and student engagement in elementary, middle, and high schools: Moderating role of school climate. School psychology quarterly, 33(1), 54.

Yar, M. (2005) 'The novelty of cybercrime: An assessment in light of routine activity theory', European Journal of Criminology, 4: 407-427.

Yeager, D. S., Miu, A. S., Powers, J., & Dweck, C. S.. (2013). Implicit theories of personality and attributions of hostile intent: a meta-analysis, an experiment, and a longitudinal intervention. Child Development, 84(5), 1651-1667.

Yeager, D. S., Trzesniewski, K. H., Tirri, K., Nokelainen, P., & Dweck, C. S. (2011). Adolescents' implicit theories predict desire for vengeance after peer conflicts: correlational and experimental evidence. Developmental psychology, 47(4), 1090.

Zhou, Q., Main, A., & Wang, Y. (2010). The relations of temperamental effortful control and anger/frustration to Chinese children's academic achievement and social adjustment：A longitudinal study. Journal of educational psychology，102(1)，180.

Zurcher, J. D., Holmgren, H. G., Coyne, S. M., Barlett, C. P., & Yang, C. (2018). Parenting and cyberbullying across adolescence. Cyberpsychology, Behavior, and Social Networking, 21(5), 294-303.

Zych, I., Baldry, A. C., Farrington, D. P., & Llorent, V. J. (2018). Are children involved in cyberbullying low on empathy? A systematic review and meta-analysis of research on empathy

巴塞尔·范德考克. 身体从未忘记：心理创伤疗愈中的大脑、心智和身体. 北京：机械工业出版社.

陈光辉，张文新.（2013）.人类攻击的跨学科研究趋势. 山东师范大学学报（人文社会科学版）（3），64-75.

陈光辉，杨晓霞，张文新.（2018）.芬兰反校园欺凌项目kiva及其实践启示. 中国特殊教育（9），6.

陈丽竹，叶浩生.（2017）."重"即"重要"？重量隐喻的具身视角. 心理研究（4），3-8.

陈小荟.（2014）.父母教养方式与彝族中学生共情的关系研究（硕士学位论文，扬州大学）.

傅纳，朱春月，解晓晨，周玉莹，杨柳.（2022）.中学生校园欺凌旁观者角色及其同伴地位现状. 中国学校卫生（1），87-91.

郭昫澄，马红宇，EGAN Vincent，郭永玉，周宗奎.（2014）.青少年攻击主题偏好问卷编制及其信效度检验. 中国心理卫生杂志，2，139-144.

郭昫澄，袁明，谢卓丹，王酉琪.（2020）.控制感与校园秩序感对青少年攻击主题偏好的影响. 中国心理卫生杂志（9），772-777.

何丹，申曦，杨欢，范翠英.（2017）.父母教养方式与青少年网络欺负：移情的作用. 中国健康心理学杂志，25（3），5.

何丹.（2017）.父母教养方式与青少年网络欺负：自尊的中介作用. 中

小学心理健康教育（26），4.

何华敏，胡春梅，谢应宽，王婷.（2019）.青少年感觉寻求人格特质的培养策略探析.中国教育学刊（5），92-96.

衡书鹏，周宗奎，孙丽君，李俊一.（2018）.游戏暴力合理性对攻击性的影响：一个有中介的调节模型.心理发展与教育，34（1），9

胡春梅，何玲玲，葛宁.（2021）.青少年感觉寻求对攻击行为影响：一个有调节的中介模型.教育科学研究（12），20-26、46.

胡娜，陈旭，刘欣怡.（2018）.父亲敏感性和参与性行为对个体安全依恋形成的影响.心理学进展，2，220、226.

寇彧，马艳.（2004）.儿童社会适应的社会信息加工模型及其特殊应用.心理与行为研究，2（1），388-393.

李董平，张卫，李丹黎，王艳辉，甄霜菊.（2012）.教养方式，气质对青少年攻击的影响：独特，差别与中介效应检验.心理学报，44（2），211-225.

李宏葵.（2018-4-18）.治理校园欺凌，为孩子撑起一片清朗的天空.中华人民共和国教育部.http：//www.moe.gov.cn/jyb_xwfb/moe_2082/zl_2017n/2017_zl76/201804/t20180418_333535.html

李京花.（2008）.初中生思维风格与问题行为、学校适应关系的研究（硕士学位论文，贵州师范大学）.

李献云，费立鹏，徐东，张亚利，杨少杰，童永胜等.（2011）.Barratt冲动性量表中文修订版在社区和大学人群中应用的信效度.中国心理卫生杂志，25（8），6.

林盛.（2018）.基于自我同一性理论的校园欺凌预防与干预研究.江苏教育（48），4.

刘畅，伍新春，邹盛奇.（2017）.父母协同教养问卷青少年评定版的修订及其信效度检验.中国临床心理学杂志，25（5），845-849、881.

刘霞，黄希庭，毕翠华.（2011）.青少年未来取向问卷的编制.西南大学学报（社会科学版），37（6），7-12、201.

刘小群，杨孟思，彭畅，谢群辉，刘倩雯，吴芳．（2021）.校园欺凌中不同角色中学生的焦虑抑郁情绪.中国心理卫生杂志，35（6），475-481.

罗兴华．（2015）.初中生班级集体效能与青少年问题行为、学习投入的关系（硕士学位论文，山东师范大学）.

彭珍真．（2020）.坚毅课程训练对初中生校园欺凌干预的效果研究（硕士学位论文，中南民族大学）.

蒲少华，李晓华，卢宁．（2016）.父亲在位与大学生自尊关系的实证研究.教育学术月刊，6，84-88.

齐春辉，张振．（2019）.中专生羞耻感与攻击行为的关系：链式中介效应分析.中小学心理健康教育（1），4.

钱铭怡，BerniceAndrews，朱荣春，王爱民．（2000）.大学生羞耻量表的修订.中国心理卫生杂志（4），217-221.

任朝霞．（2002）.浅谈移情对儿童攻击性行为的影响.山东大学学报（哲学社会科学版）（4），5.

任海涛．（2017）."校园欺凌"的概念界定及其法律责任.华东师范大学学报（教育科学版）（2），43-50、118.

任素洁．（2017）.新疆青少年道德认同与亲社会行为现状及关系研究（硕士学位论文，石河子大学）.

施文捷．（2009）.集体行动对社区集体效能感的影响：一项实证研究（硕士学位论文，复旦大学）.

石雷山，高峰强，胡伟平.初中生班级集体效能结构的多水平因素分析.应用心理学，2016，22（3）：261-270.

唐静燕，李新影．（2022）.疫情居家期间父母教养方式与复学后欺凌受害及抑郁的关系.中国临床心理学杂志，30（2），377-381.

王丛丹.父母教养方式对儿童马基雅维利主义的影响：依恋与移情的多重中介作用（博士学位论文，郑州大学）.

王嘉毅，颜晓程，闫红霞．（2017）.校园欺凌现象的校园伦理分析及建构.中国教育学刊，3，54-60.

王菁，刘爱书，牛志敏．（2017）.父亲缺位对少女较早性行为的影响.中国学校卫生，9，1438-1440.

工磊，宋锐．（2021）.学校松-紧文化对中学生欺凌的影响：集体道德推脱与集体效能感的中介作用.教育研究与实验（1），93-96.

王磊，邢诗怡，徐月月，陈娟．（2018）.班级环境对中学生暴力行为的影响：道德推脱的中介作用.教育研究与实验，5，88-91.

王兴超，杨继平．（2010）.中文版道德推脱问卷的信效度研究.中国临床心理学杂志（2），3.

王振宏，郭德俊，马欣笛．（2007）.初中生情绪反应、表达及其与攻击行为.心理发展与教育，23（3），5.

魏雷东，宗千雅．（2022）.校园欺凌治理的社会工作介入：赋能模式与循证实践.河南师范大学学报（哲学社会科学版）（4），89-95.

温忠麟，叶宝娟．（2014）.有调节的中介模型检验方法：竞争还是替补？.心理学报，46（5），714-726.

温忠麟，侯杰泰，马什赫伯特．（2004）.结构方程模型检验：拟合指数与卡方准则.心理学报，36（2），186-194.

夏宇娟，孔繁昌.直升机教养的内涵、影响和后效.心理科学，2021，44（3）：612-618.

肖亦宗．（2016）.社区居住类型与集体效能感研究.美与时代·城市（6），57-58.

杨继平，王兴超，高玲．（2010）.道德推脱的概念、测量及相关变量.心理科学进展（4），671-678.

杨卫敏．（2014）.中学生受欺负行为的影响因素研究——基于HLM模型多层分析（硕士学位论文，浙江师范大学）.

叶彩霞，王磊．（2021）.坚毅训练课程对初中生校园欺凌的影响：一项准实验研究.第二十三届全国心理学学术会议摘要集（下）：471-472.

张静竹，郭菲，陈祉妍.（2022）.共同养育对儿童亲社会行为的影响：父亲教养投入的调节作用.中国临床心理学杂志（3），635-639.

张珊珊，郭爽，张野，申婷.（2020）.校园排斥对初中生攻击行为的影响：宽恕倾向，积极应对的中介作用及性别的调节作用.中国特殊教育（12），62-68、96.

张爽.（2010）.一般压力理论对社会敌意的解释.江苏警官学院学报（4），117-122.

张文新，王益文，鞠玉翠，林崇德.（2001）.儿童欺负行为的类型及其相关因素.心理发展与教育（1），12-17.

张文新.（1997）.城乡青少年父母教育方式的比较研究.心理发展与教育（3），6.

张晓燕，高定国，傅华.（2011）.辩证思维降低攻击性倾向.心理学报，43（1），10.

张雪晨，褚晓伟.（2022）.同伴侵害和网络欺负：一个有调节的中介模型.

周心怡.（2019）.中学生集体自尊与校园欺凌：集体效能与未来取向的中介作用（硕士学位论文，中南民族大学）.